ちくま学芸文庫

# 物と心

大森荘蔵



筑摩書房

目次

# はじめに

論文集であるというその性格から、本書で半ば意図され、半ば自然に浮びでてきた全体の図柄とでもいったものを初めに記しておく。それは一方では私の偏見を押し売りすることになるかも知れないが、お読み下さる方の視線の大よその角度をきめる便ともなる、と思ってである。

まず、全体の主調は、一括して「表象主義」と呼びたい二元論の仮構を取りこわすことにある。存在と意識、物とその表象、世界自身とその世界「像」、物と心、身体と心、そして認識論的主観と客観、こうした様々な形をとるが実は一つのものに他ならない二元論の打ち消しである。

そこで二元論的な匂いからできるだけ離れたいということから、ものごとの「立ち現われ」、という奇妙で未熟な言葉を使わざるをえなくなった。世界のものごとが、意識とか心とかに「映ずる」のではなく、単にそこにじかに立ち現われる、このことを表現するためである。いわば、世界の「像」と思われがちな知覚風景を、世界そのものの「立ち現われ」として世界の側に返還するためである。

この返還は単に知覚風景の返還にとどまることはできない。一切の「心の中」のできごとと思われがちなものすべての全面的返還であり、元利、頭をそろえての全額返済なのである。すなわち、記憶、感情、意図、空想、等々これら一切の「心的なもの」の返済なのである。当然、言葉の「意味」といわれるものもこの返済に含まれなければならない。「心」の底をはたいて、内なる「心」は文なしになる。だが、それは同時に私の「心」がいわば世界の側に乗りうつることでもある。認識論的には私と世界、主観と客観、との間に切れ目はなくなり、ただ生存と行為において私は世界の他のものと鋭く区切られ、時として敵対することにもなる。

それが一切合切の返済であることからして、「誤り」とか「想像」とか、世界に「実在」しないと言われるものまで世界の側に返されることになる。当然そこで、「現実」だとか「実在」だとか、より広く言えば「真理」ということが見直しをうけざるをえなくなる。簡単にいえば、「実在」と「空事《そらごと》」とは真偽無記の立ち現われ群の中の組織的分類（ただし、命を賭けての）である、*ということになる。幽霊のような幻も世界の中（例えば墓地に）の立ち現われであって「心の中」にではないように、嘘や空想もまた世界の中の立ち現われの一種なのである。

＊　この点については、本書第6章、第7章の他に、拙論「言い現わし、立ち現われ」、岩波講座『文学』第I巻［↓『新視覚新論』］を参照戴きたい。

この返済の結果、われわれが毎日、目で見、耳で聞き、五体で触れている日常世界はもはや科学的世界（科学的実在の世界）の主観的「像」であることはできない。日常世界と、科学が描く科学的世界も一つに融合するのである。同じ一つの机を「見」、そして「触れて」いるように、その同じ一つの机を「考え」たものがその机の原子分子の構造なのである。一にして同一なる世界の、二種類の言葉でなされる二つの「抜き描き」が日常世界と科学的世界の描写なのである。知覚的な「立ち現われ」を叙する言葉で「抜き描き」されるのが日常世界であり、非知覚的で思考的な「立ち現われ」を叙する言葉で「抜き描き」されたものが科学的世界なのである。

この一元論的構図の中で、われわれの「身体」は、極めて特異ではあるがしかしやはりこの世界の中の一つの「もの」であり、この「もの」を科学的に「抜き描き」すれば、脂肪と蛋白質の塊りという生理学的描写となる。また一方、その同じ「もの」を知覚的に「抜き描き」すれば、それがわれわれが日々体感している「からだ」である。

ここで伝統的な「心身関係」はその形を変えることになる。「心の中」のできごとは世界の立ち現われに返却されたのだから、「身」と「心」との関係は、世界の中の一つの「もの」と世界全体との関係となる。特に、脳生理学が示してきたような心身関係の厖大な知見は、「脳」と呼ばれる「もの」の科学的抜き描きと、世界全体の知覚的抜き描き（感情や思考の体験を含めて）との関係となる。

この関係は上述してきた一元論的構図においては、もはや生理学者が考えるように、物的な脳と心的な意識との「原因‐結果」、あるいは「平行論」や「対応論」の関係ではありえない。それは、脳を含む世界全体の科学的抜き描きと、その同じ一つの世界全体の知覚的抜き描きの関係である。それは、同じ一つの世界の二種類の抜き描き描写の間の関係として、「原因‐結果」や「平行論」の関係よりは遥かに強い関係で連動する。一方の変化はすなわちそのまま他方の変化なのである。この変化の様式を私は「共変」と呼んだ。

以上では、科学的抜き描きと知覚的日常的な抜き描きとのコントラストが強調された。それはまた、思考的立ち現われと知覚的立ち現われとのコントラストでもある。しかし、このコントラストの中間に私が「虚想」と呼んだ今一つの特異な立ち現われ様式があることを強調したいのである。その特異な性格によってこの「虚想」は、時空的に局限された知覚現場と、時空的に果てのない全宇宙の科学的抜き描きの間を橋渡しするとともに、また私を他人に橋渡しするものであり、生と死を橋渡しするものと思う（第Ⅲ部）。

上にスケッチした図柄は、数年にわたって書かれた本書の各章の屈折する経過の中で浮びあがり、そして沈澱していった図柄である。したがって、一つ一つの章では、この図柄のそれぞれの部分や脈絡が色濃く強調されている反面、他の部分や脈絡はただ淡く浮き出している、あるいは、ただ予感されるにとどまっている、といった風であろう。それで、それらをお読み戴くとき、今上に述べた図柄をその上に重ねて読み込んで下されば、というのが筆者の願いである。ただしかし、この図柄が最終目的だというのではなく、私が大切と考えるものはあくまで或る仕方で「配列」されたディテールである。そういうディテールによってのみ始めて、世界なり人間の姿が幾分なりと浮び出てくる、と思うからである。図柄はむしろこのディテールの「配列」をきわ立たせる役割を持つのである（比喩もまた一つの配列の方法である）。

一方、この図柄から欠落しているものもまた明瞭であろう。特に、「意志」とか「意図」とかと呼ばれる人間のあり方、そしてまた人間の「行為」が殆んど全く触れられていない。それらは課題として筆者に残されている。恐らくそこから、認識論的「主観」ではない「自我」の姿が浮び出てくると思う。

本書の出版に当っては東京大学出版会、特に担当の門倉弘氏には校正や字句の訂正を含めて大変お世話になった。また再録を快く御承諾下さった出版社各位に厚くお礼を申し上げたい（なお初出は巻末に記したが、それぞれに若干の加筆訂正を加えてある）。

# 物と心

# Ⅰ 物と心

1 科学の地形、と哲学
2 科学の罠
3 痛みと私
4 無心の言葉
5 ロボットと意識

# 1　科学の地形、と哲学

## 1

もとより、哲学の土地と科学の土地は地続きである。哲学の対象も科学の対象も共に、我々と、我々の住む世界にある。それにもかかわらず、おのずから両者の歩く土地が分かたれているようにみえる。いわば、両者の足の向く方角が違うようにみえる。これが分岐であるとすれば、その分岐には始点があるはずである。その始点はどこにあるだろうか。

あるとすれば、それは我々の端的な経験、日常茶飯の経験であろう。日常茶飯の集合が我々であり、また我々の住む世界だからである。そこで、このありふれた日常の経験を一つとってみよう。

私は自分の部屋の中で机にむかって腰をおろしている。机の上には、私になじみの深い古びた小道具が雑然と散らばっている。その向うには、色のあせたカーテンの隙間から狭い庭がみえる。すべてが、私の熟知した風物である。箱の中に何があり、石の向うがどうなっているか、私はよく知っている。時々、聞きなれた夜の町の音がきこえてくる。犬の吠え声、車の音、風の音、それと共に、私の中にも様々な想念の風が吹いている。昨日のこと、明日のこと、星のこと、食事のこと。しかし、この事もないありふれた情景が、この時点での私のすべてであり、私の住む世界のすべてである。

このとき、この情景の中から、一つの関心の向きを選別する。すなわち、ランプや机や車の音、つまり（普通の意味で）私の外にある事物や事に関心を向ける。更に、これらの事物や事にまといついている私の憶い出や情感を関心の外におく。現象学の言葉を借りれば、しかし現象学とは反対の方角にその言葉を使えば、一切の私的なもの、一切の私の心情と想念とをエポケーし、カッコに入れるのである。そして、ただランプが如何に安定し、箱の重さはいくばくであり、音はどこにある何から聞えてくるか、このようなことにのみ関心を向け、そこに関心を限るのである。この限られた関心においては、私の体（手足、眼、神経、内臓）もまたランプと同様の物体として眺められる。このような関心を選別したとき、私は科学の土地、特に物理学の土地に足を向けたのである。そして、ただ一歩踏みだせば、そこは科学の地、具象の地に他ならない。

その一歩こそ科学に入る決定的な歩みと言えよう。その一歩とは、私の知覚風景を現出するものとしての物理的世界の定立である。それは、私がそれを見る見ないにかかわらず存在し、私の生死にかかわらず過去の果てから未来のきわまで持続する世界であり、その逆天文学的に微小な部分を知覚の風景として私にかいまみせる世界である。私の部屋を、机を、ランプを、その世界の些細な一部の「見え」としてながめること、それがこの物理的世界の定立であり、そのとき私は科学の土地に立っているのである。しかし、この科学の土地に立つためには、私の日常のなまの経験から、物理的世界の定立という一歩を踏み出さなければならなかった。「今」「ここ」での「私の」経験をこえて、地の果て、時の果てにまで連なる「世界」を定立したのである。それと共に、私はこの世界をその生《なま》のままで見、生のままで聞くことはできなくなる。この物理的世界は、現代物理学が描くように、色もなく音もなく匂いもない世界なのである。そこには、或る波長の電磁波または光子はあるが、色はない。空気の疎密波はあるが音はない。神経の電位パルスはあるが痛みはないのである。それゆえ、私が古びた色のランプを眺めているとき、私は生のままの物理的ランプを見てはいない。私に見えているランプは無色の物理的ランプ（素粒子の集り）ではなく、それによって引き起された、あるいはそれに対応する一つの姿なのである。

鏡の中の私の顔の場所には物理的には全く別種のものがある。私の鏡像は物理的世界には存在しない何ものかである。物理学者は虚像と呼ぶが、虚像とは（例えば眼球に到達する）光束の進路の透視画法的な焦点に他ならない。それは幾何学的な位置に過ぎず、そこに私の映像が物理的に存在するのではない。また、私が赤い色メガネをかける。すべてが赤く、また黒く見えるが、物理的世界が赤化、黒化したわけではない。物理的に変化したものは、赤メガネの後ろの電磁波であり、大脳に至る電位パルスであって、向うの壁やカーテンが変化したわけではない。したがって、赤く見える壁やカーテンは物理的世界には属さない何ものかである。色メガネに代えて、歪んだメガネをかければ、私に見える世界は奇妙な姿になるだろう。だが、物理的世界が歪んだわけではない。とすれば、この奇妙にねじれた風物の姿は物理的世界のものではない。だが、なにも歪んだメガネをかける必要もない。普通のメガネをかけている人が、メガネをとれば、世界の姿は若干前進、または後退し、いくらか輪郭がぼけるだろう。これは物理学（光学）自身が教えるところである。だが、物理的事物が進退したり、輪郭がくずれたわけではない。したがって、進退し、輪郭がぼけた事物の姿は物理的事物ではない。それは物理的世界に属さない。

そして、一切の鏡やメガネを除いても（すなわち、もって生れた眼球メガネと神経伝達装置だけを残しても）、事情は同様である。肉眼にうつる映像は物理的世界に属さない。彩られ、ぬくもりがあり、ざらつく、ランプシェードは物理的世界の物ではありえない。素粒子も、電磁波も、電位パルスも、アセチルコリンも（物理的事物である限り）色を云々し、ぬくもりを云々し、手ざわりを云々することが意味をもたぬものだからである。

それにもかかわらず、科学者は（またわれわれも）色を語り、寒暖を語り、肌ざわりを語る。しかも科学の中でこれらの知覚を語る。このとき、彼等は二枚舌を使い、二つの世界、物理的世界と知覚風景の世界をダブって語っているのである。色もぬくみも持たない物理的ランプと共に、色とぬくみを持つランプの見え姿をそれにダブらせて語っているのである。ダブらせるとは、時と場所、時間と空間の中でダブらせることである。物理的ランプとランプの見え姿は、今私の手前の同一の場所にあるとしてダブらせ、重ねているのである。だが時には、それを少しずらせて語る。物理的太陽は今その「姿」が見える場所から西へ二度ばかり先に、また、望遠鏡で見える船の「姿」の場所の遥かかなたに物理的船があるとして語る。また、今夜見えるシリウスの「姿」の場所に、物理的シリウスが位置を占めたのは約八年八カ月の以前であると。このような適当な調整をほどこしながら、科学者は物理的世界と知覚風景との時空的な重ね描きをしている。しかし、重要なことは、この重ね描きをする仕方は科学理論からはでてこないということである。光学は、今私の眼球に到達した電磁波は約八分前に太陽からでたものであること、その八分の間に太陽は私に対して約二度西に進むこと、また九年足らず前にシリウスからでた電磁波が今夜私の眼に達すること、これらのことを教える。しかし、その電磁波を眼にうけて、その進度方向に太陽やシリウスの「姿」を「見る」ということは、光学その他の物理理論からはいささかも示されない。鏡から反射した光束が、鏡を取り除いてその鏡像が結ぶ位置に（左右反転した）原物をおいた場合の光束と（鏡と眼との間では）等しい、このことは幾何光学から導きだされる。しかし、そのいずれの場合にも、その鏡像の位置に知覚像を「見る」ということは光学理論からはでてこない。また、波長七千オングストローム前後の電磁波を眼に受けたとき、赤の知覚を持つということは、電磁気学からも大脳生理学からもでてこない。実際、網膜に達した電磁波（または光子）はそこで吸収されて消滅するのである。そして、その消滅せねば、つまりそこで死ななければ視神経のパルスに変動を起さないのである。そして、そのパルスによって生じた脳細胞の特定の物理的変化に赤の知覚が対応するか青の知覚が対応するか、物理学も生理学もその理論から導き出せないのである。それは、物理学や生理学の理論の外にある。したがって、私が七千オングストロームの光にすみれ色を、四千オングストロームの光に赤を感じたところで、物理学はいささかも訂正される必要はない。それは、色メガネや歪んだメガネをかけて、太陽がどのような色に、またどのようないびつな姿にみえようと、球形のガス体としての物理的太陽にいささかも訂正の要がないのと同様である。物理的状態がどうであるということと、その物理的状態に対応してどのような風景を見、聞き、感じるかということは別のことであり、この対応がいかなるものであるかについては物理理論は何も語れない。鼓膜が破れれば、空気振動が聴覚神経パルスを変調しなくなる、ということは物理（生理）理論が教える。だが、鼓膜が健全であり、正常なパルスが発生したときに、何の音も聞かないとしても、物理理論は何の文句も言えないのである。

こうして、自然科学は実は二つの世界を重ねて語っているのである。無色無音無味無臭、完全不感症の物理的事物の世界に重ねて、感覚に溢れる眼耳鼻舌身意の世界を語るのである。そして、この重ね具合は、そのずれを含めて極めて整合的であるにせよ、物理理論から導き出されるものではない。

したがって、自然科学は端的な日常経験の世界から一歩踏みだして、それとは別途の土地を造成したと言えよう。この造成された埋立地が自然科学が測量し区画し開発している土地に他ならない。そして、哲学の土地はこの埋立地の崖下にある。哲学は科学者がその上で創造的に駆け廻っているこの造成地自体の身分を崖下から検討するのである。この埋立地の由来、その造成法、その合法性、その地層、それらを時にもぐらのように嗅ぎまわり、時には建築規準局の吏員の目で眺めるとき、哲学が動き、哲学的議論のざわめきが生れるのである。しかしもちろん、この科学の崖下だけが哲学の土地ではない。科学の土地に果てがないように哲学の土地にも果てがない。むしろ、哲学の土地は、それが如何に未開泥濘とはいえ、人間活動すべての底に横たわるものといえよう。この全体性、包括性こそ哲学の土地の第一の特徴と言わねばならない。それに対し、科学の土地は果てがないがしかし哲学の土地の一部の上にしかない。だからこそ、科学に対しても哲学的議論が起るのである。哲学が、人間の活動の全体からみて、その中で科学の土地を定位しようと努めるとき、哲学的議論が生じる。この「全体の中での定位」こそ、あらゆる学派を超えた、哲学的議論の根本的特性であろう。

## 2

科学はすでに、日常的経験という一つの全体から一歩踏みだして自分の土地を造成した。「目の前にランプが見える」という端的な経験の全体から、物理的状況というものを抽《ひ》きだし、造成したのである。この事情を検討してみよう。

ランプが見えている、という一つの全体的経験を言葉で表現してみる。欧文脈を採ってみると、

「私は——ランプを見ている」

となるだろう。ここに、物理的ランプ（素粒子の集り）とランプの姿（知覚像）との区別を持ちこむと、

「私は——（物理的）ランプを——ランプの姿（知覚像）として——見ている」

となろう。この表現を哲学的品詞にはめこめば、

「主観——（物理的）対象——現象——（認識）知覚作用」

となることは明瞭であろう。

この四項（もちろん一応の項別に過ぎないが）のつながりの中から、自然科学は、対象と現象の二項を抽きだし、更に、対象のみの土地を造成したのである。そうしておいて、こ

の対象の世界と、現象（知覚風景）とを時空的に（ずれを含めて）重ね合わす。このとき上述のように、この重ね合せ方は対象世界の理論からはでてこない。それにもかかわらず、この重ね合せは破綻をみせないで見事に遂行されている。

哲学はこの科学を経験の全体の中に定位しようとする。当然その議論は、科学の造成した（物理的）対象、及びその対象と現象（知覚像）との関係に集中する。物理的対象こそかけねのない存在であり、知覚像は大脳という一つの物理的対象の持つ性質である、或いは、物理的対象と知覚像は別種の二つの「もの」でありその間には或る対応があるだけだ、或いはまた、物理的対象は知覚像について語るために構築された概念（または言語）に過ぎない、等々。これら様々な議論の多様さと対照的に、これらの議論の「種《たね》」は二、三の問題に固着しているようにみえる。それは、「超越」「可知性」「無限」の問題である。これらの問題は更に、対科学の問題に限られず哲学問題の殆んどすべてにしつようにまといつく問題でもある。それゆえ、これらの問題についての議論には或るきまったパターンが現われることになる。

物理的対象は、それが物理的対象であるということ自身によって、現象、すなわち知覚像を超越している。われわれは物理的ランプを端的に見ることはできない（色のない――透明だと言うのではない――ランプをどうして「見る」ことができよう）。われわれが見るのはその知覚像である。その見も、触れもできない物理的ランプについて云々すること、また云々したことが正しいか否かを決めること、それはどのようにしてできるのだろうか。物理学者が実験と言い、観測というのもつまるところは知覚像に他ならない。つまり、知覚像（現象）によってのみ、それを「超越」する物理的対象について語っているのである。

ここに一つのパターンを認知することはたやすい。すなわち、様々な（一般には無限の）「あらわれ」（現象）が与えられているが、当の「あらわれるもの」（対象）はその「あらわれ」を超越するものとして直接には与えられていない、というパターンである。このパターンは様々な他の問題にも共通に現われるものである。プラトンの洞窟の比喩、カントの物自体と現象、等はその古典的な例である。また、いわゆる「他我の問題」ではこのパターンは典型的な形で現われている。他人の振舞いや応答は私に与えられている。だが、その振舞いや応答として「あらわれる」他人の意識（他人の知覚、感情、思考等）は私の経験を「超」えているのである。或いは、操作主義者や実証主義者にとって、例えば磁場は様々な「オブザーバブル」（現象）として「あらわれる」不可解な何ものかである。また、人間の素質とか能力とか性格といわれるものは、その多様な「あらわれ」の背後にあって、それ自身は「あらわれない」ものと考えるならば、ここにも同様のパターンが生じる。

これはこれらの問題が問題として持っているパターンであるが、この問題についての議論もそれに応じたパターンを示すのである。この議論のパターンの方は二肢に分れる。一方では、対象と現象の二元をみとめる。すると、現象を「超える」対象の「可知性」の問題が起きる。どうして、例えば、他人の痛みを知ることができ、また、磁場が存在することが知られるのか。われわれの知りうるのは、他人の痛がる振舞い、磁場のひき起す因果的作用、つまり「あらわれ」だけではないか。この可知性の問題である。それに対しては、多少の相違はあるが、推論または類比による可知性が持ち出される。それらの「あらわれ」を証拠として、「あらわれるもの」が推論または類比的推論によって知られるのであると。しかし、この推論や類比は非常に風変りな推論とならざるをえない。というのは、足跡から泥棒への推論や、症状から病原への推論とは違って、「あらわれ」からの推論は、その推論の帰結である「あらわれるもの」を、推論とは独立に確かめることができない、つまり推論の正誤をチェックできない種類の推論なのである（「反映」についてもこれと平行的な事情が生じる）。対象と現象の二元論（例えば、唯物論）はこの事情に面して、対象についての知識（真理論）の問題に悩むことになる。実在に対する素朴な信念や常識が持ちだされるか、またはいわゆる、真理の整合説（常識的、科学的知識の見事な成功を含んで）に走ることになる。それに加えて、今一つの議論の方向である現象主義の誤りを主張して、いわば帰謬法的に自説を補強する道がとられる。

これに対し、現象主義的議論は、現象のみの一元論をとる。したがって、対象の「可知性」の問題は自動的に消失する。しかし、まさにこのことによって今度は、「対象」に当る何ものかを「現象」だけから構成するという困難な事業を引受けることになる。だが、手にできるものは「現象」だけなのだから、結局はこの「現象」をかき集める以外にはない（その最も素朴なかき集めを、マッハの「感覚の束」にみることができよう）。「親切な性格」とは、種々な状況にあって親切な振舞いをしており、またするだろう、ということに尽きる、つまり、「親切な性格」とは「親切な言動」という現象の集合に他ならない、とする。他我の問題では、「彼が怒っている」とは、怒りの表情、怒りの言動等の集合以上でも以下でもない、とするのである（哲学的行動主義と呼ばれることがある）。現象を「超越する」対象を云々することは、実は無数の現象をまとめて語る「語り方」に他ならず、現象を超越する何ものかを名指して語っているのではない、というのである。ここに唯名論との強い類似性を見てとれよう。事実、いわゆる普遍論争の論議はこれと同一のパターンを持っているのである。

鋭角でも鈍角でも直角でもない「三角形」（三角形一般）、ポチでも太郎でもなく、コリーでもセッターでもない、等、ないないづくしの「犬」（犬一般）、これら一般概念と個々の三角形や犬との対置は、対象と現象の対置と同じパターンを持っている。だからこそ、実在論と概念実在論が、他方では現象主義と唯名論とが親和性を示すのである（もちろん、フッサールの如き例外もある）。唯名論的傾向は先の現象主義と平行的に、一般概念を個物の無限集合（外延）で置換しようとする。現象主義が対象を現象の集合に還元しようとするのと同じく、唯名論は一般概念（意味、または内包）を外延に還元しようとするのである。両者ともに、「還元主義」のパターンをとると言えよう。

だが、このパターンが現われるのは以上にとどまらない。哲学史上最大の問題の一つである、実体―属性、の対置もまたこのパターンに属している。今、ここに位置し、バラであり、赤い色を持つ、これらの属性をになう何ものか、それを実体と呼べば、実体は属性をになう何ものかであるが故に、それ自身は性質を持たない。また、「変化」と言うとき、何ものかが「変化」するのであれば、この何ものか自体はその「変化」を通じて同一のもの、すなわち不変のものでなければならない。昨日の私、今朝の私、そして今の私を通じての「私」は、昨日から今に至るまで同一の私、すなわち不変の私でなくてはなるまい。しかし、端的に存在するのは、ここにある赤いバラであり、時々刻々の私である。ここに前述の還元主義が働けば、実体としてのバラとはその属性（位置、形、色等）の集りに他ならず、変化を通じての私とは各時刻での私の全無限集合ということになる（ここで特別のケースは、物理学の素粒子である。素粒子は、位置以外の属性が時間を通じて不変なもの、そして、素粒子からなる複合物のあらゆる変化はその素粒子群の位置変化となるものである。空間的事物の「変化」を描写するには、この不変粒子の運動としての変化と、何ら実体的なものを必要としない場による描写の二つしかないと思われる。ここで素粒子に論理的に要求されるのは、着目した変化を通じてのこの不変性であって、非分割性《アトモン》ではない。より激しい変化では分割することも許され、また創成消滅も許される――精しくは拙著『言語・知覚・世界』第八章「物と知覚」)。

以上のような各領域での還元主義はまた共通の困難に面する。それは無限集合の造成である。見やすい例をとってみよう。一つの円はその円周上の点の無限集合である。その円を形造るものは点以外にはない。だが、この円を点の無限集合に還元するとき、特定の無限集合、すなわち丁度その円の周上にある点の無限集合を指定せねばならない。しかし、その指定には、まさに「その円周上にある点」と言わねばならない。あるいは、中心からrの距離にある、というような、いずれにせよ「円」の概念に相当するものが不可欠である。つまり、「円」を「点」の無限集合に還元しようとすると、その無限集合を指定するためには、当の還元されるべき「円」が不可欠になるのである。「犬」を個々の犬の無限集合に還元しようとすると、まさに「犬」であるものの集合としてその集合を指定せねばならぬのである(これはラッセルの階型《タイプ》理論で言えば、一階型高い概念を低い概念に還元しようとするときに必ず生じる現象である。また、クワインの唯名論的論理学にあっても、「円である」「犬である」という述語は不可欠であり、それによって、名詞としての「円」や「犬」の機能を代行しているのである)。

しかし、この困難を過大評価すべきではなかろう。この困難は、「犬」や「円」という一般概念の「意味」の不可欠なことを示しはするが、「犬一般」「円一般」の存在を不可欠にするものではないからである。同様に、「他人の腹痛」の「意味」の必要性を示すが、その「存在」を証するものではない。腹痛の振舞いの特定の無限集合を指定する表現は不可欠であるが、その表現はあくまで振舞いの集りの表現であって、他人の腹痛を名指す表現ではないと言えるからである。

いずれにせよ、これらを通じて哲学的議論の特性とでも言うべきものの一面が明らかになったと思う。第一に、哲学の議論の目指すところは、すべてのものについて、それを人間の経験全体の中に定位しようとするところにある。科学について言えば、それぞれの科学的事実は科学の中に科学的に精密に定位されている。したがって、哲学はそれらの科学的定位の網の目を持つ科学全体を今度は人間の経験全体の中で定位しようとするのである。科学的議論と違って、哲学の議論が十把一からげ的になるのはそれがためである。それに応じて、哲学の面する問題は広範ではあるが単純なパターンを示すことになる。更に、この問題の単純なパターンに応じて哲学的議論もまた単純なパターンを持っている。しかし、そのパターンの単純なのにかかわらずそれが問題であること、これが哲学の困難さを示している。それは、哲学が全体の中の定位を目指すところからくる。全体の中での定位とは、人間の全経験の定位であり、個々の事象の局部的定位（例えば科学での定位）の基盤となる定位である。換言すれば、最も根本的な定位なのである。それは、定位の試み、定位の作業自身をも定位せねばならぬ定位なのである。当然、そこには自分の影を追うような無限退行、眼で自分の眼を見ようとするような循環、嘘をつくことを嘘つくような自己還帰

(self reference) がつきものとなる。そこでは、単純なパターンの問題であるにかかわらず、それを言葉で定着できない。定着した途端にすりぬけてまた向うに単純な姿で現われる。見つめれば目まいがし、触れると反転する。奇怪な単純さがそこにある。哲学問題の持つ根本性とはこういうものではあるまいか。

　そこで行なわれる哲学的議論の様式はあくまで記述であり描写である。経験全体の中での定位とは、その全体の中で占める場所を述べ、その場所を描写すること、これ以外にはあるまい。哲学の議論は一見、論証や証明の様式を採るように見える。しかし、論証や証明とは、前提から帰結を論理的に演繹することである。そして論理学、特に近代論理学が明瞭に示したように、この論理的演繹とは、前提で述べたことの全部または一部を、言葉を変えて言い換えることに他ならない。したがって、論証とは、既に一度述べたことを繰返し（別の言い方で）述べることなのである。それはパラフレーズなのである。論理的誤りとは、誤った言い換えであり、間違ったパラフレーズに他ならない。それゆえ、哲学者が論証を行なうとき、彼は同じことを繰返し述べているのである。彼が他の哲学者の誤りを論証するとき、彼はその哲学者が二カ所で違うことを言っていることを指摘しているのである。換言すれば、論証の機能はひと連なりの叙述の中の整合性或いは非整合性を検出することである。しかし、その叙述自身の機能は記述であり描写であって、論証はその記述または描写の整合性の点検という副次的な作業である（例えば、ピタゴラスの定理の証明の機能も、ピタゴラスの定理がユークリッド公理系の整合的な言い換えであることの点検記録の作成にある)。したがって、哲学的議論の本来の目的と機能は、(広い意味での)事実の記述又は描写であって、論証や証明は記述の一形態、整合性の点検を伴った記述に他ならない。一種の保証票つきの記述なのである。哲学の議論が論証に溢れ、時には論証一本であるように見えるとすれば、それは哲学的議論が如何に不整合的記述の危険に満ち、それゆえ終始整合性の保証書を必要としているかを示すものであっても、その議論が記述でないことを示すものではない。

哲学の議論の標準的問答形式、「なぜ……」「……だから」、もまたその論証性を示すようにみえる。だがこの場合も、答は一つの事実描写を与え、問われた事実描写はその答が述べる事実の言い換えであることを述べているのである。それゆえ、この問答をきりなく続けることは意味がない。或る回で答は底をつく筈である。その底には最も広範な事実描写があり、それがまさに事実描写であることによってそれ以上何の根拠も必要としない(自然科学の問の底が、基礎法則という最も広範な事実描写であるのも同じ理由による)。

しかし、先に述べたように、哲学の困難はこの事実描写の獲得にある。そして哲学の根本性は(時に誤解されているように)「なぜ」をとめどもなく連発するところにあるのではなく、人間の経験全体の根本的事実が「いかに」あるかを見定めようとするところにある。そこで今一度、全体としての経験に立ち帰ってみよう。

## 3

前節の始めに述べたように、例えば今ランプを見ているという経験の全体は、対象としてのランプ、知覚像（現象）としてのランプの姿の二項だけで尽きるものではない。「私がそれを見ている」、或いは「私にそれが見えている」のである。この「私が見ている」または「私に見える」については自然科学は何も触れないし、触れることもできない。私がランプの姿を「見ている」とき、自然科学が語るのは、物理的ランプ、それからの反射、発射電磁波、眼球レンズでの屈折、網膜での吸収、視神経内のイオン電位パルスの変調、シナプスでのアセチルコリン、大脳皮質細胞での電気化学的変化の生起等である。これらのどれをとろうと、またそのすべてをとろうと、それは「私が見る」ことではありえない。私が食べ物を食べて消化すること、私が高跳びをすること、これらは自然科学によって完全に描写できよう。しかし、私が見、私が聞き、私が考え、私が感じること、これを自然科学がその世界像の中で描写することはできないのである。自然科学が描写できるのは、私がランプを見るときに、私の肉体の内外で生起している自然科学的事象である。しかし、それが、「私がランプを見る」ことではない。前に述べたように、自然科学はこの私のなまの経験に、その自然科学的描写を重ねて描くのであって、このなまの経験を描くのではなく、また描くこともできない。

ではこの自然科学が棚上げにした、「私が見る」ということを経験全体の中でどう定位すればよいのだろうか。これは全くありふれた平凡な事態である。私が覚めている限り、常に何かを見、何かを聞き、何かを感じ考えている。しかし、この平凡極まる事実を、いくらかでも明確に見定めようとすると、たちまち濃密な霧の中にその姿を見失ってしまう。ここに再び、哲学の問題に特有な、奇怪で把え難い単純さが立ちあらわれてくる。そしてこの問題こそ哲学にとって最も中心的な問題の一つであると、少くとも私には思われる。ここに哲学の象の墓場がある。

「ランプの姿を見る」とき、ランプの姿というものがあり、それに加えてランプの姿を「見る」ということがあるのだろうか。この分節は非常に重要であると思われる。この分節を認めるか認めないかがそれ以後の方向を決してしまうからである。今この分節を仮に認めてみよう。すると、「見られるもの」と「見るはたらき」または「見ること」が区別されたことになる。すなわち、「もの」と「こと」、「もの」と「はたらき」、知覚や思惟の「作用」と（知覚、思惟の）「内容」とが分別されたことになる。

この分別の上で、次にはこの「はたらき」がどういう「はたらき」であるかで論議が分かれる。全くの働きなしの受動的なはたらきか、或いは、「もの」に様々な「はたらきかけ」をするはたらきであるか。分別論者の多くが後者を採るのも自然であろう。「はたらきかけ」ない「はたらき」とは矛盾でないにしても、理解に苦しむはたらきだからである。だが一方、「もの」にはたらきかける「はたらき」ならば当然そのはたらきによって「もの」は変化する。と同時に、その「はたらき」の対象として、いかなる「はたらき」にも汚染されていない無垢の「もの」がまずなければ、「はたらき」がはたらきかけることができないし、またその結果、変化を起す当のものがないことになる。つまり積極的分別論者のパターンは、まず無垢の「もの」があり、それに「はたらき」がはたらきかけて、その無垢の素材が加工されて、われわれが「見る」最終的製品ができあがる、というものなのである。その源はすでにギリシャの質料―形相概念にみられるが、一つの典型はカントの認識論であろう。無垢な「直観の多様」が、直観形式や悟性概念の「はたらき」を受けて、経験の対象が造成される。また生理学者の擬似的認識論での、物理的事物――感覚器官と大脳での変調――知覚像、という経路も同型のパターンを持っている。更にまた、実証主義者(例えば、初期のラッセル)もこのパターンを示す。推論や読み込みで汚染されない感覚与件《センス・データ》に、推論や解釈が加わって、机や椅子が見えることになる、というのである。このパターンは哲学を超えて、教育学者の素質と環境、文芸批評での作品―解釈、歴史学者の史実―史観の見方にまでみられる広範なものである。

　この合成主義、或いは加工主義のパターンに共通な難点は、「無垢な素材」となるものがどこにも存在しないというよりは、それが「無垢」であるが故にそれについて一言の規定もできない、という点にあると思う。何か言えば、それは解釈を加え、読み込みを加えたことになるからである。感覚与件は一つの分裂症的読み込みであって「無垢」ではない。この「無垢な素材」は先の「実体」や「物自体」と共通に、属性に対して無垢でなければならず、それ故、何の規定も持ちえないのである。解釈抜きでは小説は読めず、あらゆる環境から遮断された素質なるものを考えることができぬと同様、何の規定もない何の属性も持たない無垢の素材はまさに無である以外にはない（タブラ・ラサの比喩は成り立たないのである）。

それにもかかわらず、この加工のパターンが根づよいのには理由がある。同一の事物がそれを見る人々に様々に、また同じ人にも時と状況によって様々に見えることは端的な事実だからである。私にはありふれた万年筆と見えるものが、その持主には深い思い出の感情を伴わないでは見られない。パイロットの目にうつる計器盤の姿は、私の見るその姿とは全く異なったものに違いない。また、もし私がパイロットの訓練を受ければ、それは私の目にも今とは非常に違った姿で見えるだろう。一つの木切れが人間には物をかきよせる道具に見えても、チンパンジーにはそれが稀にしか起らない。一つのものが、それを見る者の知識や関心や生い立ち、それを見る状況によって様々に見えるのである。枯尾花が幽霊に、朽縄《くちなわ》が蛇に、そして蛇が朽縄に見えるのである。そこから、心のはたらきによってものの見え具合が変る、と考えるのは余りにも自然であろう。そして、その心のはたらきを受ける何ものかが想定されるのである。われわれの言語自体がこのパターンを持っている。すなわち、「見る」「聞く」等は補語を要求する動詞であり、「見る」作用と、「見られる」もの、このパターンは言語の中に築造されているのである。そこには、当然、「見るはたらき」をするものとして主観に相当するものが必要となる。こうして、主観――認識作用――客観という図柄が生じてくる。

更に、心のはたらきには、見たり聞いたりすることの他に、「知り」「考え」「想像し」「思い出す」等がある。そこには、見られたり聞かれたりする「もの」に対し、知られたり考えられたり思い出されたりする「こと」がなくてはならない(言語的には、that, dass, ことを、等が対応している)。空から落下しつつある水滴という「もの」を見るが、それを「知る」とは言えない。水滴が落下しつつある「こと」、雨が降っている「こと」を知るのである。水滴は「もの」であり事物であるが、雨が降っている「こと」は事物ではない。水滴には大きさがあるが、「その水滴が米粒大であること」には大きさはない。また、「それは雪ではないこと」「雪は降っていないこと」を「知っている」が、雪である「もの」は今ここに存在しない。

この「こと」は物理的存在ではないように見える。それは見たり聞いたりできるものではなく、知ったり考えたり思ったりすることなのである。しかも、この「こと」を知る(哲学者は「判断」と言う)ことなしには、「もの」を見ることができない。「落下しつつあかを雨として、或いは水滴として「見る」ことはできない。逆に言えば、雨を「見」、水滴を「見」たならば、それは「雨であること」を、「水滴であること」を「知って」いなければならない。とすれば、「知り方」が違えば「見え方」が違ってくることになる。このことはまさに、この「知り方」が先に述べた心のはたらきに当ることを示すものである。同じ計器盤がパイロットと私に違って見えるのは、計器盤についての「知り方」が違うからなのである。灰皿が単に中がへこんだ焼物としてではなく、灰皿として見えるのは、それが灰皿である「こと」を知っているからである。多くの家具や器物がそれぞれ特有の道具性を備えて見えるのは、その使われ方を知っているからである。*

このことに加えて、ある「こと」の非在を知る否定判断、非在の「こと」を考える思考や想像、既に過ぎ去った「こと」を思いだす記憶、まだない「こと」を目指す意図、これらすべてが、心の「はたらき」をまざまざと指し示して、加工のパターンに誘うのである。すなわち、主観——作用（はたらき）——もの、のパターンである。そして先に示したように、最終項の「もの」が「現象」と「対象」に分節して、この三極パターンを四極パターンへと導いてゆく。繰返し述べたように、このパターンはまた、われわれの言語が持つパターンであることは、それが人間の経験の奥深い所に根ざしていることを示している。

＊「もの」を「見る」、「こと」を「知る」、という分業は正しくないと今では考えている。本書第

8章「宇宙風景の「もの－ごと」」を参照していただきたい。

しかし、この分節は見かけほど安定したものではない。分節への傾向に常に癒着への傾向が拮抗している。現象と対象の癒着への試みを前に見た。そして、その癒着物である「もの」、すなわち「はたらき」を受ける素材の位置がゆらぐのも前に見た。つまり、「はたらき」を全く受けない無垢な素材（そうでなくては、はたらきを受けられない）とは虚構としか見えないのである。更に、主観は急速に溶解して一点に収斂して行ったことは哲学史上の明白な事実である。主観は多くの場合、「はたらき」の作用そのものの中に吸収されてゆくか、経験の統一という一つの構造に転化されるか、或いは経験の幾何学的焦点としての認識論的主観にまで稀薄化されている。主観はただ「はたらき」の中に、或いは経験の統一の中に「あらわれる」がそれ自身は対象化されることのできぬものとなるのである。ここにまた、哲学特有のパターンが現われている。実体や物自体や無垢の素材においてみたパターンが、主観において再びあらわれている。至る所その爪跡と痕跡を残すが、決してその姿を見せぬ何ものか、それが実体であり物自体であり主観なのである。それらはすべて、見せるべき姿を持っていないのである。神や亡霊のように。

こうして、四種に分節したパターンは崩壊してゆく。残されたものは「はたらき」である。しかし、この「はたらき」とて安定しているだろうか。見る、知る、考える、これらのことを「はたらき」と呼び「作用」と名づけたところでそれらが一体何であるかを少しでも明らかにするものではない。逆に、「はたらき」と呼び「作用」と名づけたからこそ、はたらきや作用を行なうもの、それを受けるもの、という分節が生じたのである。その分節が崩壊するとすれば、それはその呼び名自体が適切でなかったことを示すのではあるまいか。事実、見る、や、知る、は動詞ではあるが、食べる、や、言う、とは極端に違う。それらは動作ではない。ここでの「見る」は見つめたり視線を向けたりする動作ではない。「知る」ももとより動作ではない。或るもの「を見る」とは、そこに一つの風景「が見えている」こと、一つの風景がそこにあることである。或ること「を知っている」とは、知覚とは違う様式でではあるがやはり一つの風景があるということである。痛みを痛むのではなく、端的に痛みがあるのである。結局、「見る」や「知る」は動作ではなく、「はたらき」ではないように思われる。もしそうだとすれば、四極構造のパターンは一つのもの、端的な経験の全体に溶融してしまうことになる。だとすれば、再び哲学特有の循環をひとめぐりして振出しに戻ったことになる。

## 4

この分節のパターンが崩壊する理由は、それが論証や証明を誤ったためではない。このパターンが事態の適切な描写ではなかったためである。では、その描写が適切さを失ったのはどこであろうか。

前に示唆したように、この分節は言語の分節に密着している。主語――動詞――補語、の分節に照応して、主観――作用――もの、の分節に誘われるのである。しかし、言語の分節には落し穴が多い。分節した各項が、それぞれ互いに分離できる対象を指名するとは限らない。「風が吹く」と言うが、吹くことと独立な、吹かぬこともある風があるわけではない。「病気にかかる」と言うが、誰もかかっていない病気がどこかに待機しているわけではない。また、「美しい」「善い」等の形容詞を剝離すれば、イデアや本質の大洪水が起る。また一方ではそれが実体―属性の分節に導いたのである。このように言語的分節は必ずしも直接に事態の分節を指すわけではない。

「見る」の場合にも、「私はAを見る」の中の分節が事態の分節を示すとは思えない。「私」と「見る」と「A」の分節はむしろ副詞的な限定の積み重ねと見るべきではあるまいか。すなわち、誰の話なのだ？　彼でも彼女でもなく私である、その私のどのような状態なのか？　ものを見ている状態である、どのような状景をなのか？　Aの姿がそこにある状景である。つまり、一つの不可分な事態を次ぎ次ぎに限定しているものと思える。換言すればこの分節は、

[私が]↓[見る]↓[A]の形ではなく、

私が見るAの形なのである。

（時枝文法のふろしき構造がこの場合に最も適切に思われる）。

この点、日本語の方が欧文に較べて遥かに素直に事態を表現しているように思われる。日本語での「見る」は多くの場合、「視線をむける」「目をむける」の意味であって、普通には「机を見る」とは言わず、「机が見える」という。つまり、端的に机の姿がそこにある、という事態に沿っているのである。

「私がAを見る」事態は、この言語構造に対応して、一体で不可分な事態なのである。そこに、幾つかの項を分別して、次にその項を組合わせて元の事態を合成復元するという、科学者の分析―合成の手法を持ち込もうとするのが加工のパターンであり、三極または四極のパターンなのである。

この加工主義は以上のように言語の分節の性格を正しく見なかったことによると思えるが、これに加えて、哲学的議論は事態に「理論的説明」を与えるべきだという観念にも誘われたのではあるまいか。まず、自然科学における理論的説明というものの性格が見誤られ、そして、この見誤られた理論的説明を今度は哲学に求める、という二重の誤りがその背後にあるように思われる。科学的説明の本性は、理論からの論理的演繹にあるのではなく、よりよい事実描写によってより粗い事実描写に置き換えるところにある。水が凍るとかさが増す、これは常識的な事実描写である。科学がそれを説明するとは、水の状態と氷の状態における水の分子の立体的配列の描写を与えることなのである。その描写において、氷の中の分子配列が水の中でよりも大きな空間を占めている。このとき、われわれは、水が凍ればかさが増えることの説明をうけたのである。統計力学が熱力学を理論的に説明するのも、物質の個々の分子原子におよぶ精細な事実描写によって、熱力学の粗大な事実描写に代えることによってである。科学の理論的説明は、こうして、「実はかくかくしかじか」という、「実は」の事実描写なのである。それは決して、えたいの知れない理論的概念や極限概念を組立てて、事実のからくりを説明することではない。ところが、加工主義はまさにこの過誤を犯しているようにみえる。姿を見せぬ私の主観が、何の規定ももたない素材に、把えることのできぬ作用を及ぼして、ランプの姿が眼前に現われる、これによってこのランプの風景が「説明された」と言わんばかりである。

しかし、哲学の議論の目指すべきものは、事実の的確な描写、科学におけると同様「実は」の描写ではあるまいか。哲学は、常識や科学が不用意になじみ狎れている描写を、「実は」の描写で置き換えるものではなかろうか。哲学はわれわれの経験を、われわれの世界を説明するものではない。また、科学のように新事実の発見を本務とするものでもない。それは的確な事実描写、事実ありのままの描写を模索するものであり、事実の真の「見方」を探索するものではなかろうか。そして、それこそ至難の業なのである。

こうして加工主義の分節は再び癒着し、一体不可分の経験に立ち戻ることになる。ランプの姿が見える、この全くありふれた経験に立ち戻る。だがこれは、くつろいだ常識に立ち戻ることではない。逆に、これは常識とはまさに正反対の非常識なのである。常識はこの経験を、三極のパターンで見ている。私の生死にかかわらぬ世界があり、私は、今そのほんの一隅を、見ている、と描写するのである。それに対し、一体不可分の経験という描写は、ただ在るのはランプの姿であり、そこから「私」や「見る」作用を切り出すことはできぬと言うのである。世界というものが厳然と存在してそのあちこちの部分を見ているのではなく、もし世界というものがあるとすればそれはこれらの風景から何らかの形で組み上げられたものとしか考えられぬ、と言うのである。私が見る見ないにかかわらない同一のランプが在るのではなく、在るのは時々刻々その相貌を変えるランプの姿だけだ、と言うのである。

これは常識どころか、最も非常識、非科学的な描写ではあるまいか。グロテスクにまで観念論的であり独我論的な描写ではなかろうか。事実、観念論とか実証主義と呼ばれる哲学の多くの背後に、この一体主義のパターンがあるのである。このパターンには、緊張した凝視を必要とする。常識から無理強《じ》いの反転がある。私に見られる見られないには無関心な世界、たまたま私に見られればその一片の像を見せるだけの世界、私に全く関心を持たぬ世界、そういう世界から、見えていることがその命でありその存在である風景への反転である。

このパターンがわれわれの経験の的確な描写であるか否かは、それが科学や常識の世界をもその描写の中で的確に定位できるか否かにかかっている。科学や常識の描写を、「実は」の描写で置き換えられるかどうかにかかっている。更に、様々な哲学が描いてきた様々の描写をも、このパターンの描写によって「実は……」と置き換えうるか否かにかかっている。もし、このグロテスクな描写がそれに幾らかでも成功したとすれば、われわれの経験自体が「実は」グロテスクなものなのである。そして当然、哲学の議論もグロテスクであるべきものとなる。

常識と科学はこのグロテスクな描写をとらず、すこやかにくつろいだ加工主義のパターンをとってきた。しかし、常識はともかく、科学がわれわれの経験全体の描写を試みようとするならば、哲学と同様このグロテスクな描写に直面しないわけにはいかない。だが、科学は本能的にその直前で踏みとどまるように見える。脳生理学が脳の物理的状態と意識との「対応」や「投射」projection を語り、またそれを語るにとどまること、心理学や一部の社会科学が漠とした意味での行動主義の枠内にとどまろうとしていること、これらは科学がその上に展開してきた素朴な加工主義のパターンの限界の無意識的な自覚のあらわれと言えると思う。また、量子力学での観測の問題の困難は単にミクロとマクロの接合にかかわるものではなく、加工主義のパターンと端的な経験風景との接合の困難に根ざしているのではないかと疑える。観測装置（物理的事物）と観測されるミクロ系との関係であれば、それは加工主義のパターンの中で処理される科学的問題であろう。しかし、物理的世界描写の中に端的な経験風景（メーターの針の風景、霧箱写真の風景、ランプの風景、等々）を整合的に描きこもうとするならば、そこに科学的には処理できない、経験描写の二つのパターンの衝突が起るはずである。古典物理学は脳生理学と共に、この衝突が起る手前にとどまり、科学的描写と端的な経験風景の描写という、二つのパターンでの二つの描写を重ね描きしていたのである。だが、現代物理学は加工主義描写の柵を踏み越えるところにまで進展したがために、この衝突を起さざるをえず、そのあらわれの一つが観測問題となったのではあるまいかと、疑えるのである。かつて科学は哲学の土地を離れ、自己固有の土地を造成することによって巨大な進歩をとげたが、その進歩そのものによって再び哲学の地に接せざるをえなくなったように思われる。

その哲学の土地とは、何の変てつもない日常茶飯の経験である。それは、われわれの誰もが熟知している土地である。それにもかかわらず、その的確な描写を求めようとするとたちまち泥濘に化する土地なのである。それは僅かな起伏しか持たぬ、単純で単調な泥地である。その見定めがたい単純さがその把握を至難なものにし、その泥が歩行を苦業にしてしまう。この泥濘の中の蹌踉たる歩みが哲学的議論に他ならない。だからこそ、それが不毛の苦役ともみえ、不屈の決意の所業とも見えるのであろう。

## 2　科学の罠

自然科学、または自然科学的世界描写それ自体が罠であるのではない。科学に善意や悪意を言うことは全く無意味である。また科学が特定の人間的、歴史的概念枠の中で形成されたことを、したがってそれが唯一の真理ではないことを認めるにせよ、それが全体として信頼できる真理であることには間違いあるまい。つまり、科学にうさん臭い所はない。しかし、この無邪気な科学に人が或る仕方ではまりこむ時、科学は罠となるのである。科学は仕掛けられた罠ではないが、天然自然の罠の形をしているようにみえる。それと意図して作られたのではないが、天然のハエ取り器の形に作られている。そして、そう作ったのは他でもない、ハエ自身なのである。このハエは明らかに自縄自縛の習性、というより本性を持っている。

この罠から抜け出すには、罠の作成過程とその出来具合を見てとることが一番の近道であろう。縄抜けするには縄の結ばれ方を承知せねばなるまい。

だが馬車が自動車の原型であり、ソロバンがコンピューターの原型であるように、科学の罠型は日常的常識にその原型をもっている。その上、知識としての科学は常識を遥かに超えているが、その罠の形は、常識のそれとさして変りがない。ナイロンの織り物も、その織り方は原始人の竹籠の編み方と変りがないようなものである。それでまず、常識の罠が作られてゆく工程を観察してみよう。

## 1　常識の罠

今、坐っている私に壁ぎわの本箱が見える。罠の入口は、この本箱が私から離れた所に見える、という余りにも当然すぎる所にある（当然でなければ罠にはなるまい）。ここで人は考える。離れた物がここにいる私に見えるためには何かの仲立ちがあるに違いない、と。（こう考えねばならぬ、というのではない。こう考えるのが我々の常識の習性なのである）。プラトンは私の眼からでてゆく視線が本箱から出てくる何かと真中あたりで握手すると考えたし、エピクロスは本箱の表面から薄膜のような映像《エイドロン》がはがれて私の眼に入ると考えた（眼はそれにしては小さ過ぎないかと思うがルクレチゥスにもこれについての申し開きはない）。デカルトは更に、眼に達した光（微粒子または圧力）が神経の糸を引張り脳室内の動物精気溜《だまり》にその影響を伝え、それが例の松果腺を揺さぶる、と考えた。ここまでくれば、現代科学の描写と構造的には全く変りがない（竹籠の編み方がナイロンブラウスの織り方と変りないように）。われわれもまた罠にかかりうる程度には知的であると自負する限り、これら偉大な常識人の常識はまたわれわれの常識でもあると認めねばなるまい。この考え方を「近接作用（action through medium）の要求」と呼んでもいいだろう。触覚と味覚の場合のように、身体表面以遠がからまないときにはこの要求が起らぬ理由も明らかであろう。

　この要求は非常に自然なものである。本箱と私の間に何かあれば本箱が見えなくなる遮蔽効果（まぶたを閉じても同様）、しかし鏡をうまく置くとそこにうつるという反射効果、などのありふれた経験にぴったり適合する。例えばルクレチゥスは、映像が鏡の面で「全体的にひっくり返ることなく直線的に打ち返される」ので鏡像の左右が実物と逆になることを記している。しかし、この如何にも自然な近接作用の要求は同時に如何にも奇妙な帰結を同伴している。それは、私に届くものは本箱自身ではなく、いわば本箱からの手紙だということである。映像も、松果腺に届くものも、脳細胞の興奮も、本箱自体ではなく、そこから届いた通信なのである。しかも更に、私は私に届いたこの通信を私のいる所で読むのではなく、その発信地に投げ返して読むことになる。なぜなら私は本箱の姿を本箱の場所に、つまり、私から離れた場所に見ているのだから。ベルグソン（『物質と記憶』）、または心理学者や脳生理学者が「投射《プロジェクション》」というのはこのことを指している。そして、この投射、または投げ返された手紙、を読むためには何の仲立ちを考えることもできない。

もし仲立ちを考えるとすれば、それはまた同じ手紙を出してもらう、つまり、始めからやり直すことになる。だからそれは仲立ちなしの「遠隔作用」action at a distance に止まらざるをえないのである。つまり、本箱→私→本箱、という往復旅行《ラウンド・トリップ》の往きと還りは全く異種な旅行となるのである。

だが奇妙なのはこの旅行の仕方だけではない。この旅行の目的もまた奇妙なのである。この旅行は、本箱から光なり映像なりが旅立つところから始まる。だがこのとき、その本箱とは何だろう。疑いもなく、今私に見えている本箱である。だが「私に見えている本箱」とはまさに旅行の終点である「本箱の姿」ではないか。この旅はだから、旅の終りが旅の始まりという奇妙な旅である。この旅の目的は何だろう。というより、これは一体旅なのだろうか。

常識の本性はその健全さにある。健全な常識はもちろんこのような奇妙な旅を受け入れない。そして、その健全さによって罠の第二段階に落ちるのである。すなわち、その到着点から出発する、というわけのわからぬ旅をまともな旅にする一番自然な道を本能的に進むのである。その道とはただ到着点と出発点とを別にするということに他ならない。私に今見えている本箱の姿はとにかく旅の終りなのだから、旅の始まる本箱はそれとは違ったもの、実の本箱だと考える。当然、その実の本箱からの便りで私に見えるに至った本箱の姿は、その実の本箱の「像」あるいは「見え姿」ということにならざるをえない。この、実物と像、という一見単純素朴な剝離こそ、常識が罠にがっしり捕えられたことを意味する。だがよく出来た罠の何よりの条件は、それが罠であることを気付かせない、かくれた罠であり透明で見えない罠であることであろう。事実、この罠はまことによく透きとおっており、日常世界をくもりなく眺めさせるのである。多くの経験がこの「実物‐像」の剝離が真実のものであることを指し示しているように思われる。

第一に、実物は元通りなのにその像が様々に変る。赤メガネをかけると白壁は赤く「見え」、黄疸にかかれば黄色に「見え」る(デカルト)。風邪をひくと、煙草や食べ物の味が変るが、煙草や食物の方には何の変りもみられない。まぶたを強く押すと、または酒を飲み過ぎると、徳利も何もかも二重に見えるが、実の世界が倍増したわけではない。メガネなどで実の世界が赤化、黄化するのではないのと同様である。眼を細めたり、焦点をかえたりするだけでさえ世界の風物は変って「見え」る。世界は流転の塵界であるとしても、この種の流転変貌を世界の側に帰することは常識には承知できない。そこで、変貌するのは像の方であって実の世界ではないということになる。第二に、見間違えがある。実物とくい違って見えるからこそ、「間違い」がありうるのである。第三に幻視幻聴幻影肢のたぐいがある。これらが「対象なき知覚」と呼ばれるのも、「実物‐像」の剝離があってこそである。第四に記憶や空想がある。昨日のオレンジはもうない。私が食べてしまったからである。しかし、私はその姿や味を思いだす。そこで思いだされたオレンジは今は亡き実物の像である他はない。第五以下はきりがないので省略する他はない。

このように、すべてが「実物－像」の二元的剝離を指し示しているようにみえる。実際、上記の第一、第二、第三のような事例をたてにしてこの剝離を主張するのが錯覚論法(arguments from illusion)と呼ばれるもので哲学史上繰返してあらわれる。しかし、若干の人々（例えばJ. Austin）が指摘したように、この論法は異常例から正常例への根拠のない拡張である。この論法は「実物－像」剝離の積極的論拠ではなくて、事例呈示にとどまる消極的保証でしかない。剝離が生じる道は論証ではなく、上に述べてきた罠へのはまり方なのである。ヒュームもまたこの論法を根拠としてではなく、人がこの罠（彼の言葉では「二重存在」double existence）にはまる誘因として描いた。ここに問題はない。罠にはまるはまり方が幾通りかあっても不思議はないからである。

いずれにせよ、すべての経験がこの「実物－像」の剝離を至極当然なものに思わせる。だからこそ、それが罠たりうるのである。では、そのどこが罠なのか。

この罠の仕掛けもまた至極簡単である。この剝離の想定それ自身によって「実物」への手掛かりが皆無になる、これがこの罠の仕掛けである。なぜなら、この想定自身によってわれわれの見聞きするのはすべて像であって実物ではないからである。黄疸にかかって黄色に「見え」る壁が像であると全く同様に、病癒えて白く「見え」る壁もまた像であって実物ではない。幻の本箱が像であると同様、今私に見えている本箱も像であって実物ではない。ということは、この剝離の想定を至極当然なものに思わせた多くの経験での「実物」と「像」は、実はこの想定で要求された意味での「実物」と「像」ではなく、この想定の「像」の中での、「実像」と「虚像」だったのである。先の錯覚論法が説得力を持たない理由もここにある。この後の方の分別、「実像と虚像」の分別を比喩として、真正の「実物と像」の分別を主張するのは明らかに比喩の誤謬に他ならぬからである。にせ札と本物の札があるから、本物のお札もまたもっと本当のお札のにせだと思う人はいないだろう。だから、錯覚論法は比喩としてすら説得力を持たないのである。

しかし、罠に気付かぬ人、罠であることを認めない人は、もちろん罠から抜けようとはしないで、逆に罠に合せて思考の糸を紡いでゆく。この人々は、われわれの見聞きするものはすべて実物ではなくその像であることを喜んで認める。そしてここで、実物は所詮不可知である、或いは何を言っても疑わしい、と不可知論や懐疑論のあきらめ顔をするか、あるいは、或る像は実物の正しい像であることを、証拠抜き理由抜きに確信して実物はかくかくのものであると布教するか、この二つの道のどちらかをたどることになる。

例えば、ロックやデカルトは後者の道をとった。ロックは一方で、「物体の中の性質とこれらの性質によって心の中に生じる観念《アイディア》との区別」をする（『人間悟性論』CH. 8, §22)。そして、ミクロ粒子の本来的、一次的（original, primary）性質から、粒子集団の粒子配置(organization）がわれわれに色、寒暖等の感覚を生ぜしめる力という意味での、二次的

(secondary) 性質が派生するが、これらの色、寒暖等はその二次的性質そのままの像ではない。「黄色は実際に金の中にあるのではない」(同、CH. 23, §10) のである。しかし、「円または四角は観念の中にあっても実在の中にあっても……同一のもの」(同、CH. 8, §18) である如く、「物体の本来的性質の観念はこれらの性質の像であり、これらの観念の原型は実際物体そのものの中に存在している」(同、§15) のである。だがロックは、なぜ形や大きさ等の本来的性質の観念(像)が実物そっくりであるのかについては一言の説明も与えることができない。ここで彼が、順序を逆にして、実物の方が観念そのままのものとして設定されると考えれば罠の抜け口に近づいたはずである(バークリィがそれに近づいたように)。他方デカルトはロックのように無頓着ではなかった。彼は、感覚にとってではなく精神にとって明晰判明な観念(像)は実物の正しい像である、と言いたかった。しかし結局は「神の誠実」に頼る他なかったのである。だがカントは明確にこの難所をみていた。彼の先験的観念論は、像の中に実物を構成する、あるいは、像の中に既に実物は前提されている、ということであったと言えよう。だからして、「外的対象の現実性に関して推論を必要としないのは、私の内感(私の思考)の対象の現実性に関して推論を必要としないのと全く同様」(『理性批判』A 371)、だと言えたのである。

このような事情を承知した上で、なお「実物-像」の剝離に固執する道は恐らくただ一つしかあるまい。それは、実物世界の在り様、およびそれと像との関係を一つの「仮説」

とする、そして、像世界の中での整合性をもってこの仮説の保証とする、という道である。この道は、外見がいかに実在論的にみえようと、その内実は現象主義なのである。「実物」は神棚にあげられてひっきりなしに祈り唱えられるが、決して「像」世界に介入できないからである。

これはもちろん、罠にとどまる道である。しかし、われわれはこの道を強制される必要はないことをみてとるために、事の始めにもどって検討をする必要がある。

## 2 風景の相貌

われわれが見、聞き、触れるとき、われわれに見え、聞こえ、触れるものを「風景」と総称しよう。一つの風景の全体、また風景の中のいろいろな事物や部分は、これから「相貌」と呼ぶ「見え姿」や「聞こえ」を必ずもっている。ある歌は物哀しい相貌をもっているがそのある一部は諧謔的相貌をもって聞こえる。「明るい」風景の中に「暗い」小屋が見える。「怒り」の表情の中で眼元だけが「笑っている」、というように、どんな風景でも事物でもおよそ何らかの相貌をもたないものはない。いかようにも見えない情景、いかようにも聞こえない歌、そういうものは考えられないからである。相貌抜きの風景はありえない。

相貌の何よりの特性は、それの全体性である。相貌はその相貌をもつもの全体の相貌であって、その時空的部分に分散的に所有されるものではない。だから、有名な『ミリンダ王の問い』で長老ナーガセーナはこの相貌の全体性を逆用した詭弁を弄することができた。全体の部分自身はまた相貌をもつが、それは全体のそれとは別な相貌である。びっこの相貌は両脚の相貌であって片脚だけでびっこであることはできない。十字架の形の相貌はその横木にも縦木にもないし、五重の塔の相貌をその各層がもつことはできない。三角形の各辺は三角形ではないし、円弧は決して円ではない。細長い棒の一部はやはり細長いが、その「細長」の相貌は全長の「細長」の相貌とは全く別である。小さな円と大きな円との相貌もまた別である(つまり、「相貌」という語を、完全な個別性を持たせて使う)。

この相貌の全体性という性格は以上にとどまらない。すなわち、一つの風景の一部がもつ相貌は、その風景全体の相貌から孤立的に切り離すことはできない、という更に強い全体性がある。一軒の家の相貌はその家がその一部となっている風景全体(の相貌)から孤立してはありえないのである。背景前景が代わればその相貌は変る(5節で述べる「共変」という変化の仕方で)。物理的には同じ一小節も別のメロディの中ではその相貌を変える。このとき、この家にはその家固有の相貌がもともとあって、それが周辺風景の変化の影響(または対比)で変る、と考えるのは基本的な誤りである。その家固有の相貌なるものがありえないからである。空間的事物としての家は、その家の「周囲」というものを必ずもたねばならない。周囲のない家とは、地のない図と同じく矛盾概念である。空白や暗黒の周囲にせよ、周囲のない家はない（心理学の実験は多くこの種の周囲を設定する）。したがって、家の相貌は必ず、ある特定の風景の中の家の相貌なのであり、いかなる風景からも孤立したその家固有の相貌なるものはありえない。それは「犬が走る」「球が走る」等の文の中の「走る」にいかなる主語からも孤立した「走る」固有の意味（普遍的三角形に類する普遍的走り）がないのと同様である。また、例の反転図形に、いかなる見方からも孤立した固有の「見え」がないのと同様である。より一般的に言えば、多くの現象において、部分のもつ性質はその部分固有の孤立した性質ではなく、特定の全体の中でのみ意味のある性質なのである。これを、無頓着に、全体は部分の和ではない、と言うのは適切ではない。全体に先だって和の項となるべき固有の部分（的性質）がないからである。さらに、既に在る特定の全体は部分に分割できるからである。換言すれば、全体は、その全体に何の手も加えないならば部分に分割できる（理知的区別）、しかし全体から独立した部分から全体が合成されているのではない。合成以前の部分は合成後のその部分とは（相貌的に）別のものだからである。

当然、同じことが時間的部分についてもみられる。一分間の長さの映画フィルムの断片を想像してみよう。そこでは、画面の左から右へ裸のひげの老人が街を走り抜けているとする。この断片をその前後は空白のままうつしてみる。次に自然なつながりで現代劇に挿入して、ついで古代劇のフィルムに挿入してうつしてみる。それに従って、その同じ一分の情景は非常に異なる相貌で見えるだろう。例えば、気狂い老人の疾走、老ストリーカー、浮力発見直後のアルキメデス、と。時間的断片も、空間的部分が周囲を必ずもつように、その前後なしではありえない。前後のない時間帯は時間帯ではありえない。そして、その時間帯のもつ相貌は必ず特定の前後の中の相貌でしかありえず、前後とかかわりない(前後から孤立しての)その時間帯固有の相貌なるものはありえないのである。人は或る日の生活を一時間毎の時間帯に分けて他の時間帯と無関係にその各時間について書き、それを連ねればその日の日記になると思いがちだが、その各一時間はその特定の日の生活の中の一時間としてしか書けないのである。そして、その一日は彼の特定の人生の中の一日としてしか書けないのである。人の日記の一頁を読むとき、われわれはそれを一つの人生の一日として読んでいる。それが如何なる人生であるかを漠然とながら想像しながら。

以上述べてきた、相貌の全体性はまだ本当の全体に依存してのそれではない。一つの風景全体の相貌も更に包括的な全体の中でのみ「風景の相貌」でありうる。一つの風景が私に見えている、この状況全体の一部分が、私の前面に「見えている風景」なのである。まず、風景(視覚的)は必ず、どこからか見られるものである。すなわち、一つの視点からの風景である。私に見える風景は、ここからの風景である。当然、視点が変れば風景の相貌もまた変る。双眼鏡で見る風景が時に異様になるのに気付いた人もいよう。例えば、肉眼ではなだらかなお寺の屋根が双眼鏡ではけわしくなる。それはお寺に十分近づいて肉眼でみれば屋根は見えなくなるのに、同じ程の近さにみせる双眼鏡では屋根は前通りに見えるからである。通常ではこのような距離と角度の分離が起らないが、風景の相貌が変ることにはかかわりない。だが、風景の相貌が変るのはこの視点の変化だけではなく、私の体調、気分、感情によって変るし、眼の状態によっても変る。眼をすぼめる、焦点を外す、色眼鏡をかける。これらで風景の相貌は変る。また、けだるい、緊張している、探索的になる、いらいらする、退屈している、等々によって風景の相貌はがらりと変る。このとき、私の気分等にかかわりない風景固有の相貌がありえないことは、風景の一部である一軒家に固有な相貌がないのと同様である。したがって、私の気分等に依存しない風景の相貌がまずあり、それが私の眼鏡や気分でいわば変調される、といった考えは不可能である。無情の風景に情を感じるのではない、風景そのものが既に有情なのである。

選手のまずい動きがあり、それを見て私がいらいらする、というのではない。選手のいらいらするような動きが見えるのである。いらいらと無関係な風景が私をいらいらさせるのではない（そのような風景にいらいらする筈がない）。その風景がいらいらするような相貌で私に見える、そして事実私はいらいらしているのである。蛇を摑んだ時のぞっとする感触から、ぞっとする、ということを差引いた感触などはないのである。心地よい海の水の冷たさから、心地よさを抜いた冷たさを考えることはできない。まして、更に冷たさまで取去った水の感触などは。同様に、先の風景から私のいらいらを分離して差引いた風景などはありはしない。平静な風景はもちろんある。しかし、その風景には私はいらいらしない。私の渇きに無関係な水の相貌があり、それをみて、喉から手が出る思いがするのではなく、喉から手が出るような相貌をもって水が私に見えているのである。

結局、私の眼前に展開している風景の相貌とは、風景が私に見えているという「状況」全体の中での相貌なのである。この状況全体から「見えている風景」を孤立的に切り離すこと、またその切り離した風景の相貌を考えることはできないのである。同様に、この状況全体から「私の気分」（これも相貌である）を切り離し、風景と関わりのないその相貌を考えることもできない。何かにいらいらしている時、その何かと、それとは分離されたいらいらがあるわけはない。悲しみの中で陽も暗く見えるのであって、悲しみのゆえに陽が暗く見えるのではない。こうして、特定の「状況」全体の中で、風物の相貌、そしてまた気分（の相貌）がありうるのであり、「状況」から切り離された相貌なるものはありえないのである。この切り離せない「状況」を分断するとき、「主―客」「見るもの―見られるもの」「事実―価値」、といった二元論の束が生れるのである。

しかし、このことは前節の「実物－像」の剥離と抵触するものではなく、むしろそこでの「像」の持つ性格を述べただけである。したがって、前節での罠からの抜け道を示したことにはならない。ただ、抜け道の準備にすぎない。

## 3　状況の「抜き描き」

今一度、前節の結論を言い換えてみよう。すべての風景（視聴味触匂）は相貌をもっている、そしてその相貌について語ることは同時にその全状況（全体験）について語ることであり、この全状況から切りとられた「見え、聞こえている風景」について語ることはできない。本箱の相貌は、実は本箱固有の相貌ではなく、「その本箱が私に見えている」という全状況の中での相貌なのである（しかし以後も、「本箱の相貌」と簡略化して言う）。

だからこそ、様々に異なる状況を通じて中立不変な本箱風景というものはありえないのである。しかし、それに対し、様々に異なる状況を通じて中立不変なものがある。それは位置である。本箱の右上のかどは丁度壁のしみの位置にある、ある本の上縁はその隣りの本の帯の上縁の位置にある、といった、本箱の様々な箇所の位置である。やや過度に厳密に言うと（従って適切でない）、本箱や壁の無数の「点状箇所」の「点位置」である。更に、「これらの点位置をただ連続的（または離散的）に連ねた」ものとしての線や各種の図形、つまり「形」と「大きさ」とその「相互位置」もまた、状況を通じて中立不変の性質である。ここで持って廻った言い方をしたのは、形と大きさ、特に形は常に相貌をもつので（例えば、丸い、鋭い、平たい、縦長の、真直ぐ等）、この相貌を抜いた「点位置の連ね」を指定したかったからである。それゆえ厳密には「点位置の連ね」は「形」ではないが、簡略的に「形」と呼ぶこともある。

さて、相貌の方は、状況の一体性から「本箱自身」の相貌として切り離し分断することができないのに対し、点位置的性質は状況の変化に対して固定しているゆえに、状況から分断的に切り離せる。点位置について述べるとき、相貌の場合と違って状況全体に言及することにはならないのである。簡単にいえば、点位置は「客観的」なのである。視点が変れば点位置相互の「見え」は変化するし、本箱が動けば点位置も動くが、それにも拘らず、「本箱自身の点位置」という分断的表現の意味をわれわれは持つことができるし、また現に持っている。それに対し、「本箱自身の相貌」という分断的表現の意味をわれわれは作りあげることができないのである。

このゆえに、点位置を状況全体から孤立的に記述し、孤立的に計測できるのである。「孤立的に」とは、状況のそれ以外の部分への言及なしに、という意味である。したがって、点位置こそ状況全体の、真の意味での「部分的性質」と言えよう。これに対し、本箱の相貌を描写することは、いや応なしに、状況全体を一体的に描写することであるのである。

常識の分断語法、例えば、「競技風景があり、それを見ていらいらする」という述べ方は、競技風景に代えて競技の点位置描写を代入するならば、非常識的にはなろうがとにかくより適切となるだろう。しかし、それでは不十分である。「それを見ていらいらする」のではなく、「そしていらいらする相貌を持つ状況である」と表現せねばならない。換言すれば、元の文は、まず状況の分断的孤立的性質である点位置性質の記述をし、ついでその同じ状況の相貌的性質を述べる、というのでなくてはならない。つまり、例えば始めにバラの色を述べ次いでその形について述べる、というのと全く同様、同じ一つの状況について、まず始めにその孤立的性質を述べ次いでその相貌的性質について述べているのである。同じ一つの状況の、異なった性格をもつ二種類の性質を分ち述べているのである。そして、この分ち述べられた二つの叙述を接ぐのは単純な"and"であって、「それをみて……する」というような「主語—動詞—目的語」的接続を匂わせるものであってはならない。

この"and"の分ち述べの二つの叙述のいずれもその状況の部分的描写なのである。どんな状況でもそれを言葉で描き尽すことはできないことを考えれば、なおのことそれらは粗っぽい部分的描写だと言わねばなるまい。しかし、大切なことは、点位置描写も相貌描写もともに同じ一つの状況、「競技風景が私に見えている」という状況の部分的描写、すなわち「抜き描き」である、ということである。

ところが、共に「抜き描き」として同列に並ぶべきこの二つの描写が、質料と形相、台と上部構造に類似した上下関係の中で把えられがちなのである。しかし、この誘惑には根強い原因がある。その原因の第一は、上で述べた、点位置が孤立的性質として状況の他の部分、特に私から孤立している（つまり、私という他の部分を顧慮することなく）、ということである。すなわち、状況の一要素である事物の点位置性質は、状況の他の部分（私）への顧慮なしに把握され記述される、ということである。原因の第二は、点位置性質は事物的存在の概念に密着している、ということである。というのは、本箱の或る箇所の点位置とは、とりもなおさず、その存在位置でもあるからである（もちろん、常識的な「存在」の意味で）。そして、本箱の外の或る箇所（例えば空中の一点）の点位置とは、本箱の非在位置でもあるからである。このことと、上の第一の原因が組み合わさって、点位置描写を、見物人から独立な存在描写とするのである。ここまでには何も誤ったところはない。しかし、ここから人は、この存在描写を何か基底的描写（主語的、実体的描写）だとし、相貌描写はそれについての述語的、附加的な描写であるという考えに誘い込まれがちなのである。この誘惑にはまると、その存在描写もまた状況の「抜き描き」の一つであることが忘れられる。また相貌描写が状況全体の一体的描写であることが忘れられ、状況の一要素の描写にされてしまう。

　先に述べた、ロックの、本来的性質（の観念）と、二次的性質によって生じる感性的性質との身分差別、デカルトの、物体の本性としての延長と主観的感性的性質の分別は、この誘惑の見事な所産であろう。しかし、このことは、この誘惑が第1節でのべた罠と同じものであることを意味しはしない。そのどちらもが他方の帰結ではない、という意味で、先の罠とこの誘惑とは互いに独立である。しかし、この二つは鍵と鍵穴が合うようにぴったりはまることは容易にみてとれよう。お互いに相手を暗黙の中に予想しているのである。このゆえに、この誘惑とあの罠とは通常相携えて現われる。デカルトとロックの場合もまた然りであった。そして、現代自然科学が世界を描写する描法の骨格は、デカルトやロックのそれと変りがない。また、エピクロスのそれとさして変りがない。しかし、科学の描法そのものは、歴史的には彼等の「哲学」の影響の下で形成されたとしても、論理的には彼等の「哲学」から独立しており、彼等の「哲学」を前提しているのではない。したがって、科学の描法は、上の誘惑にのりあの罠にはまった結果の描法ではない。そうではなく逆に、この科学の描法自体があの罠や誘惑として働き、多くの科学者やわれわれを捕えるのである。この事情をみる必要がある。

## 4　科学描法の罠

科学は論理的にはデカルトやロックの哲学とは独立であるが、より曖昧だがより包括的な哲学に動機づけられている。その哲学とは、世界は人間の知覚とは独立である、という単純だが強力な哲学である。この哲学的な指導原理にかなう世界描写の方式を科学は形成してきた。個々の科学者がこのことを意識してそうなったというよりは、意識するまでもなく当然のこととしてそうなったと言うべきであろう。しかし、この指導原理に導かれて一つの世界描法が選択されたとしても、一旦選択された上は、その描法はその原理を（論理的に）前提ともしないし、帰結ともしない。科学の描法は単に一つの世界描法として自立しており、哲学とは無縁なのである。

では、世界は知覚から独立している、という指導原理にそうためには、どんな世界描写の方式を選択すべきだろうか。事は簡明である。この原理は、人が見ていようといまいと、目覚めていようといまいと、生きていようといまいとに関わりない世界描写を要求する。したがって、この世界描写の用語は知覚語を排除する。色、手ざわり、（見える）形等、人が生き、目覚め、見聞き触れしているときにのみ意味を持つ語を使うことはできないのである。もちろん、相貌を表現する語は使用不能であり、使用禁止である。このことは、日常言語の殆んどすべてを禁句にすることを意味する。日常言語の殆んどすべては相貌語（走る、動く、等）であり、知覚性質語（赤い、丸い、静か、等）であるからである。

では、可能な用語は何であろうか。誰が探しても候補者として、幾何学語と運動語以外にはあるまい。しかし、幾何学語といっても知覚される形や大きさであってはなるまい。知覚的な形や大きさは、赤や青の色語や寒暖語と全く同様、知覚語であることは、バークリィやヒュームの指摘をまつまでもなく明瞭だからである。許されるのは、知覚の場面とかかわりなく理解される用語なのである。この条件を満たすのはまさに、幾何学の用語である。幅のない線、拡がりのない点、それらは見も触れもできない。それにもかかわらず、われわれはそれらの語を理解し、幾何学の問題を扱っているのである。これらの幾何学的線や点からなる幾何図形もまた知覚の場面とかかわりなく理解される。その理解の様式は「考える」または「思う」conceive, meinen という様式であり、知覚的形状（例えば、リンゴの丸さ）の「見る」「触れる」等の「知覚する」という様式での理解とは全く別の様式での理解である（現量に対する比重）。事実、知覚的形状は必ず或る視点（距離、角度）からの形状であるのに対して、幾何図形は視点を持たない。無視点なのである。このように、知覚形状の理解と幾何図形の理解は異なる様式での理解であるにもかかわらず、前者の理解様式は後者の理解様式を伴わずしてはありえない。幅のある線の知覚的理解は、幅のない「縁《ふち》」の幾何学的理解なくしてはありえず（本書第12章3節）、三色旗の知覚的理解には、色域の幅のない「境界線」の幾何学的理解が含まれざるをえないのである。しかし一方、幾何学的理解は必ずしも知覚的理解を必要とせず、独り歩きが可能である。幾何学の問題で紙の上に描かれた知覚形状は単に補助的なものであり、それに助けられてわれわれが理解するのは幾何図形そのものである（プラトンはこのことを明確に知っていた）。

　大切なのは次の二点である。第一に、幾何図形は知覚の場面とかかわりなく理解される。第二に、それとは逆に、知覚形状の理解の中には必ず幾何図形の理解が含まれている。この二点である。この第一点によって幾何学用語は先の指導原理の要求を満しており、科学の語彙に含まれうることになる。更に、幾何図形の運動（幾何運動と呼ぼう）を考えることができ（この点は詳説しない）、幾何運動もまた知覚とかかわりなく理解されることによって科学用語となる。一方、上の第二点によって、幾何図形と幾何運動とは、知覚の場にあっては、知覚形状や知覚運動と密着したものになる。それによって、意識（知覚）と独立な世界描写でありながら、知覚の場では知覚的描写と密着し、知覚の場での実験や観測観察と重なりうることになるのである。

このように、上の指導原理に従うかぎり、幾何学語と幾何運動語を科学の基本用語とすることは、殆んど必然的な選択であり、それ以外の選択は考えられない。したがって、この選択は殆んど唯一可能な、それゆえもっとも自然な、水が低きにつくような選択なのである。しかし、一旦この選択を行なった上では、その選択に導いた哲学的足場は外される。そのときそれは単に、世界描写のための一つの用語選択であるにとどまり、何らの哲学でもない。

しかし、この幾何図形と幾何運動は「述語」の性格をもっている。何ものかの位置や形、何ものかの動きを叙述する語群なのである。したがって、科学は当然、それらが述語されるべき対象を必要とする。この対象もまた、先の指導原理によって、知覚と独立に理解されるものであることが要求される。デカルトはこの要求を自覚していたと思われる。彼の

「延長物体」はまさに知覚とは異なる理解様式、すなわち、知的了解または精神による洞察によって理解されるものだったからである（あの有名な蜜蠟の事例）。近代科学の素粒子や場もまたこの要求を満していることは明らかである。それらは知覚されえない何ものか、したがって、知覚とは別種の様式、すなわち「考え」「思う」という様式で理解されるものである。素粒子はその小ささの故に知覚されえないのではなく、たとえ直径一メートルの球であったとしても知覚されない。それは、ただ「考え」られるものでなければならないからである。同じ理由で、科学的世界、科学的全宇宙もまたただ「考え」られるものである。そして、科学はその宇宙の「考え」られた科学的対象を、「考え」られる述語、幾何図形と幾何運動によって描写する。この描写方式が科学の描法なのである。

では、われわれの知覚現場ではこの科学描写はどのように働くのだろうか。科学描写はただ「考え」られるもの、というその基本的性格は知覚現場でも貫かれねばならない。とすれば、事は簡明である。知覚状況が見られ聞かれるのではなく、「考え」られたものがその知覚現場の科学描写なのである。本箱は見えると共に「考え」られているのである。同じ一つの本箱が「見え」そしてまた「考え」られているのである。ここで、この「見え」と「考え」とはてんでんばらばらの二つの本箱把握ではない。それらは位置において一致し合致している。この一致を可能にしているのが、「見え」の「点位置」の理解に既に含まれている幾何学的点の理解、「考えられた点」の理解である。本箱の「見え」での右隅の「点位置」と、その「考え」での「その位置」にある素粒子、こういうことが言いうるのである。簡単に言えば、「見え」と「考え」は同じ一つの空間（そして時間）においての「見え」であり「考え」なのである。

こうして、知覚されている本箱と、素粒子集団としての科学的本箱と、この二つの別種の本箱があるのではない。同じ一つの本箱の「見え」と「考え」があるだけなのである。また、一つの知覚状況は相貌的にも、点位置的にも、そしてまた科学的にも描写されるのである。この三通りの描写は、同じ一つの知覚状況の三通りの描写なのである。ただ、相貌描写が全体的でしかありえないのに対し、点位置描写と科学描写は孤立的であり、一方、科学描写が「考え」描写であるのに対し、他の二つは「見え」描写なのである。前節では、「見え」描写の中ですら、相貌描写と点位置描写とはともに知覚状況の「抜き描き」であることを示した。これに「考え」描写を加えれば、それらは尚更のこと「抜き描き」である。が、それと共に、科学描写もまた知覚現場ではそれらと同じく一つの「抜き描き」なのである。上の三通りの描写は、そのいずれもが、同じ一つの知覚状況の「抜き描き」なのである。しかし、その各々が同じ一つの知覚状況の「抜き描き」であることから、相互の間に密接な関係がある。特に、この状況を科学が具体的にどう描写するかは、主として「見え」の「点位置」描写に依存している。通常の事物の描写では、科学はその事物の「点位置」輪廓に沿って素粒子集団や場を「考え」るのである。これをフッサールのように科学による「理念化」（『学問の危機』）とみるのは根本的な見誤りである。科学は日常的「抜き描き」の理念化ではなく、単に今一つの「抜き描き」なのである。時に人が何げなく口にする、「自然科学的に見るならば、……」という言い方はこの「自然科学的抜き描き」の直観的了解を示しているのかもしれない。ただ、その抜き描きは「考え」の抜き描きで、それが「知覚」の抜き描きとどう関連しているかを理解することが問題なのである。

物理学者W・パウリは一九五二年の論文で次のように述べている。「精神と肉体との関係、すなわち人間の外と内との関係という一般的な問題は、前世紀に提案されたような心身平行論の考え方では解くことができなかったといえよう。現代科学はおそらくはこの関係についてもう少し満足のゆく解釈を与えてくれている。それは物理学自身の中に、相補性という考え方が導入されたからである。精神と肉体とが、同一の現実の相補的な二つの様相として解釈することができるとすれば、それはおそらくもう少し満足すべき解決であると思われる」（ケストラー『偶然の本質』、村上訳七三頁より）。しかし、「相補性」の概念は心身問題と或るかかわりはあるが（本書第8章二七四―二七五頁）、パウリの述べる仕方でのかかわりではありえないと考える。粒子描写と波動描写とが同時に両立できないのが「相補性」であるからである。反対に、「考えられた」科学描写は、「知覚された」知覚描写とは両立し、そして互いに「相補的」なのではなく「補完的」な「抜き描き」なのである。

以上のように、科学は知覚状況の「考え」的な部分的「抜き描き」であるにもかかわらず、それを知覚状況とは別種な何ものかの描写であると思わせる誘惑が非常に強い。この誘惑は、知覚していない世界部分では科学描写のみが可能であるかに見える（しかし虚想による描写も可能――本書9・10章）、更に、科学描写は事物を完全に規定するという事実によって増幅されている（ここでは詳説を控える）。一旦この誘惑にはまれば、相貌と点位置の「見え」描写は、科学的対象の「像」の描写とされるのは自然のなりゆきである。「実物－像」の剝離が生じたのである。更に、相貌描写は孤立的事物の像の描写とされて知覚状況の一体性が崩される。「見るもの―見られるもの」の剝離が生じたのである。この連動した二つの剝離こそ、科学の罠の結果なのである。

たしかに、科学はこのように天然の罠の形をしている。そして現に多くの人を捕えている。しかし、それは科学の罪ではない。科学描写は、相貌、点位置描写と並んで（知覚現場では）知覚状況の「抜き描き」なのである。それらは、実物描写と像描写の関係にあるのではなく、例えば、リンゴの形の描写と色の描写のように、「連言関係」にあるのである。

## 5　共　変

しかし、なお幾つかの疑問が残るだろう。その一つは、太陽や鏡像の相貌描写と科学描写の間の「位置のずれ」である。頭上に輝く太陽の西方に科学描写は核融合中の素粒子集団を描く。鏡の中のリンゴとは違った場所にリンゴの素粒子集団を描く。この時、実物は科学描写の位置にあり、その単なる像が別の所に見えているのだ、とする以外にはないではないかと。しかし、観点を逆にして、太陽もリンゴもその見えている所に見えており（これには疑いはないだろう）、そして、それらのいわば物理的な影*（但し、立体的な影）を科学がその西方に「考え」ている、とみる（足のない幽霊にはその上この物理的考影もない）。あの罠に馴れた目には、これはいかにも詭弁と映るだろう。その人は、この物理的な影を「実在」と呼び、輝く太陽や、リンゴのみずみずしい鏡映をその知覚的な影と呼べばいい。ただ、「実物－像」の関係さえ持ちこまなければ、その人と私との具体的事実のすべてにおいて一致する筈である。物とその影とは少くとも同じ身分で存在するからである。

* たまたま言葉だけの暗合にすぎないかもしれないが、エディントン（*The Nature of the Physical World*, 1928, 序文）も「物理学の世界ではわれわれは日常見なれた生活の影の部分の振舞いを眺めているのである。……物理科学はこのような影の世界にかかわるものである……」と書いている。だがもちろん、彼には「抜き描き」の明瞭な自覚は見出せない。

今一つの重要な疑問は、疑いえない生理学的事実からくる。すなわち、私の末梢、中枢神経に薬物なり電極なりを作用させると知覚風景が変る、という事実である。このことが、因果関係としての「実物－像」の剝離に人を誘うのである（例えば、知覚因果説）。ここで私は、われわれが馴れ親んでいる物理的変化とは全く異なる型の変化があることを指摘したい。

メロディの一小節を変えるとメロディ全体の相貌が変る。将棋の一駒を動かすとその全局面が一変する。絵の一部を変えるとその絵の全貌が変る。口もとのかすかなゆがみが顔全体の相貌を変える。木一本、本箱一つ動かしても庭や部屋の相貌が変る。この種の変化は科学の伝播的近接作用的因果変化とも全く違うし、遠隔作用的変化とも異なる。科学的変化のない所で起る変化である。この型の変化を「共変変化」と呼ぼう。全体の一部に物理的変化（点位置変化）が起ることによって全体の相貌が、したがって他の部分の相貌が共変するからである（確信はないが量子状態が観測によって一変する――波束の収縮――のもこの共変変化として把えうるのではあるまいか）。共変変化は相貌または意味の変化として、因果的変化とは全くその性格を異にする。

さて先に強調したように、風景の相貌は、状況の一部としての風景固有の相貌ではなく、その状況全体の中での相貌なのである（2節）。このことから、例えば私の脳に或る物理的変化が起ることとは、状況の一部が変ることであり、その中での風景の相貌も共変する、と言えないだろうか。*つまり、脳の変化によって風景がその相貌を変えるのも、また本箱自身の変化によって風景がその相貌を変えるのと同じく、因果的変化ではなく共変変化なのではあるまいか。なるほど、本箱は外にあって見えているものであるのに対し、私の脳は見えない。しかし、次の例を考えてみて戴きたい。

＊　オーストラリアのJ. Smartの提案に始まった、心的経験と脳の物理的状態を同一不二とする「同一説」Identity Theoryとの相違がここにある。私は同一の「全状況」の二種類の「抜き描き」が共変的にリンクしていると考えるのである。同一説はその全状況を「脳」に局所化する誤りを犯している、と考える。

本箱の前に半紙大の赤い透明セロファンを吊す。当然、風景は異なって見える。風景の中の事物が変ったからである。このセロファンを漸次眼に近付けてみる。風景も漸次変化する。セロファンが移動したのだからそれはまた当然である。ついに、セロファンを眼の直前にもってくると、部屋全体が赤く見えるが、セロファン自身は見えない。ここでセロファンの代わりに赤い液を眼球に注入する。次いでそれに代えて、同じ赤化の効果をもつ薬物なり電気刺激なりを視神経、または皮質細胞に与える。この過程で、眼球を境にして異なる型の変化が起きるとは私には思えない。全過程を通じて、状況の一部（例えば脳）の物理的変化と共に、その状況の中の風景の相貌が共変すると言えよう。脳をいじる場合、それによって風景も共変する。しかし、それは通常の原因結果の「よって」ではない。それによって、共変型変化が生じたのである。一にして同一なる全体状況の一部が物理的に変ることはすなわち、その風景相貌が全体的に変ることに他ならない。それは因果的変化よりもはるかに直接的でそのものずばりの端的直截な変化なのである。それは、唇をかすかに曲げることによって、顔の表情を変えるのと同じ形の変え方なのである。唇を曲げることによって唇の中の血圧を変える変え方ではないのである。

これで疑問が解消したとはとうてい言えまい。科学と常識の罠から脱ける道はそれに落ちる道に較べて恐ろしく長い。

**補記** 校正の段階で伊東俊太郎氏（「科学の縄」、『エピステーメー』昭和51年1月号）から御批判を戴いた。幾つかの論点があげられたが紙幅の関係から、やや技術的ではあるが重要な一論点についてのみここに記する。

その論点とは、視点をもつ知覚形状と、無視点の幾何学形状とがそもそも重なりえないではないか、ということである。

だが、例えば新幹線のレールに沿った平行する幾何学的曲線を「考えて」戴きたい。そこには「視点」はあるまい（無限遠視点とでもいうものを持ち出さねば）。さて、東京駅のプラットホームから新幹線のレールを「見て」みる。それは視点を持ち先すぼみに「見える」知覚形状である。このとき、われわれは先程の先すぼみにならぬ「考えられた」平行曲線をそれに重ねて「考える」ことができ、また事実「考えて」いるのではあるまいか。

# 3　痛みと私

アリストテレスが哲学は驚きから始まる、と書いたことは誰でも知っている。しかし、この言葉は何か驚天動地、青天霹靂のこと、あるいは少くとも釣った魚が急に話しかけてきたというようなことに驚いて哲学が始まる、といった風に聞える。哲学はそういった晴れがましいびっくり仰天から始まるのではなく、もっと陰気なそしていくらか奇妙な当惑から始まるように私には感じられる。われわれが日頃慣れきった熟知の物事が急によそよそしく把え難いものに見えてくる、あのとき人が感じる当惑に似た当惑である。幾分気狂いじみていて離人症的とも言える当惑である。

歯の痛み、おなかの痛み、それがどんなものであるか誰でも知りたくもないのに熟知させられている。一方、たいていの人は多少の解剖学的知識を聞きかじっていて、痛覚神経とか中枢神経とか電気パルスの神経伝導だとかのことを知っている。おなかの中に何かが起ってそこの痛覚神経が刺激されそれが脳に伝わって、といった位のことは聞かされて知っている。だがあるとき、ふとこの状況を見直してみる。すると、この生理学の描いている痛みの姿には実はどこにも痛みが登場していないのに気付くのである。電気パルスはただのイオン電位であり、脳細胞の「興奮」と呼ばれるのも何もわくわくするような興奮ではなくてただの物理化学的な変化にすぎない。それらはみんな、痛くも痒くもないものなのである。つまり、どこにも痛みのひとかけらもないのである。それは、皮膚に受けた傷が物理的にはただ分子原子の配置換えであって痛みとはかかわりないのと同様である。

そこで当然、人は——生理学者も含めて——それらの生理学的状態そのものが痛かったり、あるいはその状態が「痛み」なのではなく、痛みとはその状態によってひき起されるものだ、と考える。しかし、どこに？　もちろん「私」にである。だがその「私」はどこにいてその作用をうけるのか？　またどのような仕かけで？　脳細胞の興奮の作用をうけるのだから「私」はその脳細胞のそばにいなくてはならないのではないか。だが「私」が頭蓋骨の中にうずくまるなり寝そべるなりしている、というのは滑稽ではないか。いや、もちろんその「私」にはうずくまるための足もなければ寝そべるための胴体もない、要するに五体をもたぬ「私」なのだ。すると五体のない「私」が脳細胞のそば、あるいはそれ以外の場所にせよ、どこかに居るというのは一体どういうことなのだ。

当惑が始まったのである。らちもない、とこの当惑をふり捨てることはいつでもできる。

まっとうな人ならそうするのが当然、また、まっとうな人は土台こういう当惑を始めからもたないだろう。だが、この当惑に強迫され、蛇にみこまれた蛙のようにこの当惑にみこまれて、その果てない悪夢に白昼さいなまれる、これがアリストテレス流にいえば哲学の始まりなのである。そして終りはない。「出口なし《ユイクロ》」なのである。だから「続けよう」！　あのサルトルの芝居ならその言葉で幕になるのだが。

「私」はどこかに居るのか？　もちろんここに居る。この部屋のここにいるのであって隣の部屋にいるのでもなく机の向う側にいるのでもない。だが、その「ここに」とはも少し精しく言えばどこなのだ？　足の指先にも私はいるのだろうか？　胃袋の中にもいるのだろうか？　私の五体を浸してエーテルの如くにいるのだろうか？　だとすれば「私」には空間的部分というものがあることになる。膝の部分の「私」、親指の部分の「私」、舌先三寸の部分の「私」、といった具合に。エピクロスの「私の魂《アニマ》」は昼間は五体に拡がり眠ると胸のあたりに集ってくる超微粒子の集団であった。デカルトの「私の精神」は頭蓋骨の中の松果腺のすぐ後ろにいたように聞える。*もちろんその「後ろ」とは松果腺の後ろ何センチといったものではなく、別種の「後ろ」なのだが。だがその別種の「後ろ」とはどのような後ろなのか、それはデカルトにもわからなかったと私は確信している。だが、「私」が空間的諸部分に分れる、つまり「私」にはプロパンガスのように体積がある（「私」の体積《ボリューム》はこの頃少しふえて60リットル位ですかね)、と言うのは何ともおかしい。丈がとめどもなく伸びてゆくアリスが「アンヨちゃんさようなら」と言ったように、頭の部分の「私」が足の部分の「私」に挨拶できるとは。

＊「精神は身体全体に結合してはいるものの、それでもやはり身体のうちにはある部分があって、そこでは精神が他のすべての身体部分におけるよりもいっそう直接的にその機能をはたらかせている。その部分は……脳の最も奥まった一部分……非常に小さな腺……」(『情念論』31節)。

「私」はたしかにここにいる。私の体が在るところにいる。しかし、ガスのように、あるいは電磁場のように「拡がって」いるとは言えないような仕方で「いる」のである。だが「拡がり」がなくてどこそこにいる、とは了解し難いではないか。「私」が物質的なものではないとしても、ともかくここにいる、と居場所を指定できる、空間の或る領域を指定できるからには、その領域を「占めている」のであり、それはとりもなおさずその領域にどんな意味であるにせよ「拡がって」いなければなるまい。

いや、そう言うのは少し性急である。この奇妙な「居り方」ほど奇妙ではないが、これに類似の奇妙な「在り方」は珍しくはない。ここに短い棒がある。この棒の「短さ」はどこに在るのであろうか。それはこの棒が在るところに在るのであって、この棒の上方とか右手の方とか隣室にあるのではない、このことはたしかであろう。だがそれではその「短さ」は棒全体に「拡がって」いる、と言えようか。もちろん言えない。また、悲しみに満ちた顔の「悲しみ」はその顔のところにある以外はない。あのチェシャー猫が消えたあとに残った「猫笑い」ですら猫の顔があった場所に残ったのである（キャロル『不思議の国のアリス』）。「悲しみ」が顔からはがれて別の場所にあるわけがない。といって、その顔全体に「悲しみ」が敷きつめられている、とは文字通りには言えないだろう。額の生え際にも、頰のホクロにも、上唇の左半分にも、「悲しみ」が拡がっているとは。五重の塔の各層は「五重」でなく、びっこの足の一本一本の足、そのまたひざや足首までくまなくびっこであるというのは意味をなさない。このような「全体的相貌」（ゲシュタルト）はたしかにその相貌を持つ当の物の場所に在るが、その物に「拡がって」在るのではないのである。

しかし、これらの相貌的在り方と似ているからといって、「私」は私の体に、悲しみが悲しい顔に在るように、短さがチビた鉛筆に在るように、居るのだ、と言っても少しも合点がゆかない。「私」なるものが、「デブ」だ、「ひょろひょろ」だ、といった式の「体の相貌」だと言われるなら、まさか、と言うだけだろうからである。ただ、相貌的在り方のことを考えれば、「私」がここにいるその居り方の奇妙さが幾分なりと目立たなくなるだろう。

だがこの「私」の居り方が奇妙だというのは本当だろうか。奇妙だ、というのは普通と違った見なれないということだとすれば、奇妙だという方が余程奇妙なのではないか。なぜといって、私は寝てもさめても「私」なのであり、生れてこのかた死ぬまで「ここ」に居るのだから、これほど見なれたこれほど普通なことはないだろうからである。「私」はどうあがいても金輪際「ここをはずす」ことはできないのである。だから哲学の風邪にかからないまともな人は誰一人自分の居り方が奇妙だなどと感じはしない。ただ始めの当惑を当惑し続ける人間がそれを奇妙だと言うのである。だがそういう人に奇妙だと言わせるのは何からだろうか。明らかにそれは、そういう人が何か、も一つの「普通」と見較べて奇妙だと言っているのである。そのも一つの「普通」とは、普通の物——草木や家具や文房具や食物——の「在り方」、或る空間領域を占めそこに「拡がって」ある在り方である。つまり、ふた通りの「当り前」があってその一方からもう一方をみて、当り前じゃない、と言っているのである。もちろん、机やボールペンや焼き魚の在り方からみれば「私」の居り方は何とも不思議千万ということになるのに不思議はない。だが当然その逆があっても不思議はない。事実、人が家具や食物を売店から買ってくる生活をしない以前には、むしろ「私」の居り方を、現今われわれが「物」と呼んでいるものにも感じていたのである。木にはその木の「私」である木魂《こだま》が居たし、森には森の「私」が居たのである。ケプラーには「地球霊」さえもいた。神や悪霊ですら現在のような抽象的な存在ではなしに、「私」や森の精と同じような仕方で「居る」ものであった。だから、今「私」の居り方の奇妙さに当惑するのは一つにはわれわれの今の暮し方からくる、大げさに言えば文化現象であり文明病なのである。しかし、こういう粗雑な病因を知らされた位でおさまる当惑ではない。

私は当惑し続けざるをえない。

　木魂は消え森の精も絶えた。今では木も森もただの物体である。言い換えれば、「ただの物体」という観念が形成され、その観念がわれわれを支配し、その観念によって木や森や石を眺めることを強制しているのである。この強迫観念に最初に（少くとも残存文筆上）かかった人達、例えばデモクリトスやエピクロスにとってはこの観念は斬新で創造的なものであった。だが今は新奇斬新であるどころか「当り前」のただの観念になってしまった。

　この至極当り前のものとなった「ただの物」という観念からみれば人間の体もまた「ただの物」であり、それまた至極当り前のことになってしまった。たしかに医者や生理学者からみて私の体はただの物であろう、またこの二十世紀に育った「私」が自分の体をみてもどこからどこまでただの物であるとしかみえない。机や椅子のようにがっちりした固形物でもなく、きっちりした形もしていないが、しかしチキンフライやビフテキに似た「物」ではある。生理学者はそれを蛋白質や脂肪のかたまりだと言い、更には酸素原子や窒素原子のあつまりだと言うが、私にもそれは当然のことに思われる。自分の体のどこをつまんでも肉切れとしか思えないし、だから色んな装置にかければ生理学者の言う通りのものであろうと思われるのである。

　しかし、「私」が居る。時々歯や肩や足が痛くなり、少し腹がへり、いくらか眠く、こういうことをくどくど考え書きとめている「私」が居る。その「私」には明らかに「物」

らしいところがない。色も何色ともいえず、二つに分割することもできず、つまむところもない、「物」とは違って痛みに襲われ、味を感じ、あれこれの思いにふける。たしかにこの「私」はただの物ではない。奇妙な物、でさえない。奇妙な物、とはなおともかくも「物」であろうから。しかし、楕円だとか五次方程式だとか民法だとか、そうした「物」と全くかけはなれた何かでもない。この「私」は私の体という「物」の在る所に居るのである。「私」は駅や野球場といったところに居ることができるが、五次方程式は今風呂場におります、とはとても言えない。「私」は私の体と貼り合わせになっていて、体の在り場所が「私」の居場所であり、体に傷がつけば「私」は痛がり、体にアルコールが注入されると陽気になり陰気になるのである。

「私」は健全な精神だとは到底思えないが、それでも人並に自分の体に「宿っている」のだろうか。だが、その「宿り方」は一体どんな宿り方なのか、ほんのひとことでも言える人がいるだろうか。ほんのひとかけらの想像でもできる人がいるだろうか。どういう風に「私」が体にすべりこみ、蚊が手をさせば、「私」がどういう風にして痒がるのかを。もともと、「宿る」とは、或る状況で一つの物体が他の物体の中にあることをいう。それを、「私」は私の体に宿る、と流用(盗用?)するのは既に「私」を準物体扱いにしようとしているのである。いくらかでも「私」を「ただの物」に近づけてその居り方の奇妙さを減殺しようとしているのである。

いや、この無意識な下心は既にその前からかくれて働いていると私は勘ぐる。「私の体」と言うとき既に、安心して「ただの物」とみえるものをあらかじめ「私」から抜き取ろうとしているのである。そして残った得体のしれない「私」をせめて準物体らしくしたててその「体」に寄生させようとするのである。この下心の働き方が先にも述べた文化現象の一つなのである。どうしても当り前の「物」とはみえぬ「私」という異物を、少しでも当り前にみえるように取りつくろおうという文化運動なのである。文化運動だからこそそれには前衛だとかラディカルだとかいったものがあり（自然科学的唯物論）、反対運動といったものがある（各種の精神主義）。だから、哲学的当惑なるものも、必ずしも気のしれない個人的当惑なのではなくて案外文化的でもあり社会的なものでもあるのである。とはいってもその本音は原始的である、いやむしろ原始文化的である、といった方がいい。つまり、非文化、反文化、未文化、の意味で原始的なのではないが、時代文化的、現代文化的なのではなく、時代時代の文化状況の、短期的な違いでは動かない鈍重な人間生活の根とでもいったものに吸着しようとする、そこから起る当惑なのである。もちろん、その人間生活の根に吸着しようとする仕方、その道の選び方取り方には、まぎれもなくその時代の時代精神の刻印がうたれている。更に、その人間生活の根を何とみてとるか、これもまたその時代精神に呪縛されているだろう。同じ「自然に還る」にせよ、まずその「自然」の概念が各文化各時代によって違い、またその「還る」仕方がこれまた違うようにである。それにもかかわらず、そこには同じ指向、同じ下降の姿勢が一貫している。科学が集積し進展する「知識」であるのに対し、哲学が反復し繰返す「行為」であるのはそのためである。ギリシャ科学が科学の「始まり」であるのに対し、ギリシャ哲学の「中で」哲学する人々が今も数多いのもそのためである。哲学には何か性や飲食や愛憎に似た原始的なものがあるのである。

だが哲学談義で当惑がやむわけではない。当惑はきりなく続く。

この当惑を上に述べたようなデッドロックに導いた迷路の入口に戻るのにアリアドネの糸はいらない。一歩戻って右に折れればそこがもう入口なのだ。私が「私の体」と呼んだとき、もうそれがこの迷路の入口であったのである。私が「私の体」と呼んだとき、もう既に私の五体は「物」の一つに登録済みになってしまっている。「私」は何か得体のしれないものだが、少くとも「私の体」が「物」であることは言うまでもない当然のこととして了解済みのものだったのである。こうして「私の体」がまず差し引かれ、その残りの「私」の居り場所と居り方が困惑をひきおこしたのである。バークリィが、人は自分で埃をたてておいて向うが見えないとこぼす、と述べたがそのように、「私」から「私の体」を剥がしておいて今度は貼り合せるのに当惑するのである。

今一度自分の腕の真中あたりをつまんでみる。たしかにそれをいくら眺めてもありふれた「物」としか見えない。色があり、多少の抵抗があり、温かみがあり、体積があり、空間的な部分がある。しかし、それと共に「感じ」がある。少しつまみ方をきつくすると「痛い」のである。もちろんそんなことは子供でも知っている。しかし、このとるにたらない些事が少し大げさに言えば人間観の重大な相違に導くのである。それはいわば、目立たないが基本回路を左右するメインスイッチなのである。一方の回路では、痛む、痒い、冷たい、それに何かに触れる感じ、これらまったくの日常茶飯事、それをもって「体」をその他の「物」と別種のものとする。他方の回路は、「体」は他の物と何ら異なることのない「当り前の物」であり、痛みや痒みはその「体」の物理的変化を「物」とは別種な「私」が感じるのだとする。この二通りの方向を切り換えるスイッチなのである。この後者の方向、すなわち物心二元論、心身二元論、霊肉二元論の道をたどれば上に述べたようなデッドロックに乗り上げることになる。

それに対し、前者の道は哲学的当惑などに気をもまない常識の道である。日常の暮しのなかでは、私は私の「体」と、どういう仕方でかはしらないがその体に「宿る」ところの「私」に分れるなどとは思ってもみない。私の体は家具や木石とはまったく別な「身《み》」なのである。その「身」が「私」なのである。「身の上」に起ることは「私」に起ることであり、「身を入れる」のは「私」が懸命になることであり、「身にしみる」のは「私」にしみるのであり、「身をかためる」のは「私」がかたまることである。穴があったら入りたいのは、「私」が入りたいのであって、「私」の宿主である体を穴に入れることで、それに便乗している「私」もまた人目からかくれたい、というのではあるまい。「体」と分別された「私」なら何も穴に入らなくても、人目につくことはもともとありえないはずである。もちろん、私の胃袋や脳味噌が人目につかない、というのは全然別の意味、もっと強い意味でである（胃や脳は少くとも外科手術によれば人目に触れる）。日常生活では「私」は即ち「身」なのであって、「私」と「体」の分裂はない。ということは即ち、「私」である「身」は机や椅子のような「物」ではない、ということである。私が街を歩くとき、それは一つの物体運動で「私」はその物体に乗っかって運搬されているのだとは誰も言うまい。そして私が歩き疲れるとき、疲れたのはただ乗っかっているだけで歩きもしなかった「私」であってその運動物体は車と同様に疲れるということはない「物」なのだとは。つまり、「私」は即ち「身」であり、手足胴首といった空間的部分があり、重さもあれば色もついている、さらに熱伝導度や電気抵抗もある、しかし「物」ではないのである。

しかし、この常識は首尾一貫しているどころか実はまことに頼みにならぬ、心もとない常識なのである。この「身」をたちまちまたも二つにわけて「身も心も」と言う常識なのである。手足の痛みとは別に「心の痛み」と言い、手足の舞いとは別に「心が躍る」と言い、顔には出さない「心に秘めた」思いを云々する常識なのである。恐らくそれが健全な常識というものであって、健全な「体に宿っている」のであろう。たしかにこの常識の「心」への傾斜はまことに自然にみえる。街をただ歩くといった何気ないときと違って、私が喜び悲しむとき、喜び悲しんでいるのは手足や胴体ではなくこの我が身の奥深いところの何かであると感じるのである。しかし、私の胸の厚さは30センチに満たない。そこには何の「胸の奥底深く」もない。それにもかかわらず、その喜び悲しむ何かは決して体の外、上下左右の外ではなく体の「奥」にあると感じる。それはどんな小理屈もよせつけない「実感」であると言いたくなる。そしてこの実感によって再びあの心と体、「私」と肉体、との分裂が再生される。そして哲学的当惑はまたまたその振り出しにもどってその当惑を始めることになる。

しかし、喜びや悲しみを体の内側に、体の奥に実感するのは、果てのない大空を大地にかぶさった半球の覆いに感じるあの実感に似た一つの錯覚ではないだろうか。身近な人の死に悲しむとき、悲しいのはその人のいない世界、「私」の外の世界なのではないだろうか。あの青空の澄んだ青さは私の脳細胞や視神経にあるのではなく天空高くにある。五体の内にではなく外にある。そのように悲しみもまた私の五体の内側にではなく、外側にあるのではないだろうか。

そんなはずはない、第一その悲しみは君だけの悲しみではないか、君以外の人間は今大抵は悲しくはないだろうし、悲しい人も君とは別の悲しみを悲しんでいるのだ、だから君の悲しみは君にプライベートな何ものかであり、君の内部にしかありえぬものだ。人はこう言うであろう。だがそう言う人は色盲の人に向って、あなたの今見ている空の色はあなただけのものであってあなたの内側にしかありえないのだ、と言わねばならない。当然その色盲の人は、それならそう言う君の見ている空の色も君の内側にあることになる、と答えるだろう。こうしてすべてわれわれが見るもの聞くもの味わうものがことごとくいわゆる主観的なものにされてしまう。これはプラトンの洞窟の比喩の再現である。現代の自然科学者の多くもまた言わず語らずのうちにこの比喩の影の下にある。私にはこの比喩は明確に誤解であると思われるがここではそれには触れない。

ただこの比喩においてすら、見られた色や形は五体の外、つまり洞窟の壁にあるのであって五体の内部にあるのではないことに注意して戴きたい。それなのにどうして悲しみが五体の外部にあってはいけないのだろうか。冬の海辺の物哀しさはその海辺の光景にあるのではないか。その海の鉛色がその海の色でありその海にあるように。いやしかし、その物哀しさを「感じる」のは私なのだ、だからその物哀しさの「感じ」は私の内部にあるのだ、こう人は言いたくなるだろう。だがたとえ私が感じるのであっても、その感じられた物哀しさはまさに私の前にひろがる海辺にあるのではないか。私が感じた色がその海にあるようにである。美しい絵に私が感動するとき、その感動された美しさはその絵にあるのであって、心の中にせよどこにせよそれ以外のところにあるのではあるまい。それとも、その美しさは絵にあるがそれに対する感動はそれから剝がれて私の内側にあるのだとでも言うのだろうか。だが、その感動はまさにその絵の美しさの感動であって、その絵抜き、その美しさ抜きの、からっぽの純粋感動だと言うのではあるまい。だとすれば、もしその感動が私の内にあるのであれば、その絵もその絵の美しさもまたその感動と一緒に私の内にあるのでなければならない。すると実物の絵は壁にかかっているのだから、私の内にあるというその絵は何かその写しか複製の絵ということになる。すると私はその壁の絵ではなく心の中の写し絵に感動したことになる。だがもちろんそんなはずはない。

それなのに人はともすれば、絵の美しさとそれに対する感動とをひき剝がしてその感動を自分の内側にとりこもうとするのである。いやそれにとどまらず、絵や風物の美しさまで自分の内側にしまいこもうとする。絵とは何だ、絵具の平面的分布である、その絵具とは何だ、原子分子の組合せである、だから絵そのものに美も醜もない、美醜はただわれわれが心に感じるものだ、と。これは的確に、心と肉体のひき剝がしに対応し平行している。つまり、肉体はただの脂肪と蛋白の塊りだ、だから痛みを感じ美しさに感動するのはそれとは別の「私」なのだ、というあの剝離に対応し呼応しているのである。この互いに呼応している剝離の剝がし口は共通なのである。それはともに、すべての事物を「ただの物」（自然科学的「物《ぶつ》」）とみる文化的偏執に根ざしている。だから、ただの物にそぐわないものはすべて「私の心」にぶちこまれることになるのである。

しかし、私の「身」、私である「身」、は物理的性質をもつとともにまた痛みを感じるものなのであって、物理的性質だけをもつ「体」と、感じたり悲しんだり感動したりする「心」との貼り合わせでもなく合金でもない。それと同じように、あの絵は絵具の塊りの性質をもつとともにまた美しいものなのである。親しい人を失った世界もまた、物理的性質をもつとともに悲しい相貌をもつものなのである。「それは当然だ。自然科学は一面的なのだ。自然科学はこれらのものの特定の性質や特定の構造、即ち、物理的化学的性質や構造についてのみ述べるだけなのだ」。なるほど、多くの人がそう言う。それはまったく正しい。しかし、そういう人々の多くが同時に、自然科学が語ることができぬものとして「心」とか「意識」だとか、とにかく「物」とは別種のものを云々しがちなのである。その人々がそうしがちなのは、痛んだり喜んだり考えたり意図したり、といったことが、重さとか色とかDNAとかといったことと余りにもかけ離れていてとても一つのもので一緒になることはできない、と感じるからである。同じ一つのものが思索したり悲しんだりするとともにまた分子構造をもつとは感じられないのである。文字通り「考える葦」だとは感じられないのである。

しかし、それらは現に一緒になっているのであり日々われわれはそれを経験しているのである。私がタバコを見るとき、私の心が眼窩の隙間からタバコを覗いているのではない。それに火をつけるのは、私の心が手に命じてやらせる、つまり私の心が手を操っている（だが一体どうやって？）のではない。それを喫うとき、味覚神経の興奮が脳細胞に伝わり、その脳細胞の興奮がこんどは私の心に伝わって（だが一体どうやって？）味がするのではない。生化学的には脂肪と蛋白の塊りでもある私がタバコを見、火をつけ、そして喫って味わった、それだけである。

しかし、でもどうして脂肪と蛋白の塊りが何かを見たり味わったり悲しんだりすることができるのか。この疑念が押さえても押さえてもでてくるであろう。だがそのとき人は、悲しみとは無縁な姿での脂肪や蛋白、例えばそれらの構造式とか、バターやラード、せいぜい肉屋に並んでいる切り身の肉の姿での脂肪や蛋白を思い浮べているのである。もちろんそれらに悲しみを考えることは大笑いであろう。しかし、その笑っているときの自分の姿での脂肪や蛋白を思い浮べるべきなのである。そのときもなお、あの化学的あるいは肉屋的な姿が跡を曳くだろう。ということは、化学的肉屋的姿で脂肪や蛋白の全貌が尽されている、言い換えれば我が身を構造式や切り身の延長として、それらに過ぎないもの、それで尽されたもの、それ以上何ごとをもつけ加えることのできぬもの、として思い浮べるのである。原子格子や二重ラセン構造に似た、何か科学線写真といったものを思い浮べるのである。当然、そのような原子骸骨は感覚や感情をもつことはできぬ、だから感情や感覚は脂肪や蛋白とは全く別のものに属すると感じられることになる。しかし、私の「身」は脂肪や蛋白の塊りであること以外の規定を受入れる何ものかなのである。つまり、感じたり悲しんだりする何ものかなのである。そして一方、バターや切り身もまた脂肪や蛋白であるとともに、美しかったり毒々しかったりするものなのである。

この意味での脂肪や蛋白の塊りでもある私が何かで悲しんでいるとき何がそこで起っているのだろうか。生理学者は私の脳の視床下部のあれこれやアドレナリン分泌の減少や血圧降下や脈搏の減少があると言うだろう。また傍の人は私の顔面筋肉の動きや姿勢や動作のにぶさについて言うだろう。それらの多くは全く正しい。しかし、もし生理学者が私の脳や血液のそういった変化によって、即ち、それらが原因となって、私に悲しみが生じたのだ、と言うとすればそれは全くの誤りだと言いたい。

私は虚空の中で悲しむのではなく、家の中で、街の中で、車の中で悲しむのである。そして多くの場合私が悲しむのはそういう私をとりまく世界の中に何かが起ったからである。そしてその世界が悲しみの相貌を帯びるのである。それとともにその世界の一部である私の「身」の内部にも生理学者が言うようなことが起きているのである。その内部で起きていることの一部は何かの原因の結果であろう。例えば、飼犬のむくろからの反射光線が原因となって私の視覚神経や脳の視覚領野の細胞に変化が生じたであろう。しかし、それらの物理的生理的変化が原因となって私に犬の死骸の姿が「見え」たり「悲しくなる」のではない。その悲しい状況の全体の中での私の体内を科学的ボキャブラリーで描写したのが生理学者の叙述なのであり、他方、見えるとか悲しいといったボキャブラリーで描写すればその同じ状況全体の、しかし粗雑で日常的な叙述になる。この二通りの叙述はともに、同じ一つの状況の叙述であり、当然この二つの叙述には密接な連関がある。一方の叙述が変るということはその状況が変るということなのだから、当然他方の叙述も変ることになる。つまり、この二つの叙述は連動して連れだって変るのである。しかしこの連動は決して、原因の叙述とその結果の叙述の連動ではない。

彫刻家が製作中の胸像の顎に粘土をつけ加える。するとその胸像の表情はがらりと変るであろう。単に顎の部分だけではなくその全表情が変るであろう。例えば額の表情も変るであろう。だが物理的には額には何ら手が加えられていないのである。だからこの額の表情の変化は顎の物理的変化から物理的作用をうけての変化ではない。その意味で、この額の表情の変化は顎の変化と連動はしているが物理的原因作用の伝播によるものではない。それは「即ち」の変化なのである。顎の物理的変化「即ち」、額の表情変化なのである。胸像全体の表情もその一部の物理的変化と連動してこの「即ち」の変化をする（この型の変化を「共変」と呼びたい）。

それと同様、悲しみの状況全体、つまり私を含む世界全体の相貌はその一部の物理的変化とこの「即ち」という形で連動して変る。例えば悲しんでいる私に薬物が注射されればその全状況は悲しみの相貌を失ってけだるい相貌を持つにいたるかもしれない。しかしそれはその注射された薬物から何らかの物理作用が私の外部に及んだわけではない。といって、その薬物がまず脳の状態を変え（これは物理的作用である）、ついでその状態が私の心の状態を変え、ついでそれによって外部の悲しみの相貌が消失する、というのではない。私の「心」なるものが脳の近くにあるというわけではないからである。この変化には何らそのような仲介的な橋渡しはないし、また必要ともしない。その薬物注射によって悲しみの全世界状況が「即ち」の変化、「即ち」の相貌変化を起したただけなのである。

ここまできても当初の当惑が消えたわけではない。しかし、当初よりは幾分の確信をもって、私はここに居る、と言える気がしてくる。

# 4　無心の言葉

「言語的交信の本質をおおざっぱに述べれば、
話し手がまず、外的かつ公的に観察可能な聴覚現象を作りだし、その現象における音声および統辞構造によって話し手の内的かつ個人的思想や観念が符号化され、ついで他方がそのような物理現象に明示された音声および統辞構造を解読して、その同じ思想や観念の内的個人的経験をうる、
ということになる」（J. Katz, *The Philosophy of Language*, 1966, CH IV. 訳書八〇頁）。

近代論理学のものの言い方に馴れていない人には、この舌をかむような言い方は耳ざわりであろう。しかし、この現代アメリカ言語学の開拓者の一人が言おうとしていることは、次の平田篤胤の言葉と同じことなのである。

「物あれば必ず象あり。象あれば必ず目に映る。目に映れば必ず情に思う。情に思えば必ず声に出す。其声や必ず其の見るものの形象《アリカタ》に因りて其の形象なる声あり。此を音象《ネイロ》と云う」（古史本辞経。時枝『言語本質論』［『時枝誠記博士論文集』1］三三二頁より）。

そしてもちろんこれは偶然の一致などではない。この二人が述べていることは多少の差はあれ基本的には言語学者の大部分に共通するものである。さらに、言語学者ならずとも多くの人が抱く、「話し、聞く」ことの基本的図柄であろう。しかし、この図柄は単に、言葉で話し、聞くことの図柄にとどまってはいない。それはまた同時に、話したり聞いたりする当の我々自身の図柄でもある。「言葉を言い、言葉を聞く人間」の図柄だからである。心で思うことを口に出し、耳に聞えたことを心で理解する、という図柄なのである。この図柄はいかにも当然な、そしてまた自然な図柄に見える。しかし、その自然さは実は見せかけの自然さであり、出口のない迷路に誘いこむまやかしの自然さなのである。少くとも私にはそう思える。ひとことで言えば、この図柄は遂行できない図柄、つまり不可能な図柄なのである。

ここでそれが不可能な図柄であることを示したいのだが、それにはこの迷宮にまよいこみ、そして出てこなければならない。しかし、ここにはアリアドネの糸はない。あるのは当のこの迷宮の図柄の中で作られた言葉だけなのである。ということは、迷宮の言葉でそれが迷宮であることを示さねばならないのである。すると、この作業自体がまた不可能な作業なのかも知れない。しかし、それが少くとも論理的な不可能性でないことだけは確かである。ゲーデルが算術の言葉でその当の算術の（完全な計算体系としての）不可能性を証明できたことを思えばである。いや、私は少し誇張に走ったようだ。結局のところ、ことはもっと簡単なのかもしれない。とにかくことを始めよう。

1

誰の目にも明らかなように、上の図柄の基底には、「物理現象」と「内的個人的思想」の対比、「物」と「情《ココロ》」との対比、がある。すなわち「物」と「心」の対比がある。この対比が哲学史の中でも最も古参の問題の一つであるいわゆる「物心問題」または「心身問題」の核心であること、これまた一目瞭然であろう。しかし、そのことは決してこの対比がカビくさい哲学の骨董品であることにはならない。すでに人々の生々しい日常の暮しの中にこの対比は根深く埋めこまれている。哲学はただそれをそのいささか気狂いじみた詮索癖から掘り起して深追いしたまでである。その点で哲学の作業は精神分析のそれに似ているといえなくはない。ただ、精神分析は正常人だと自負する分析医が異常人と目された人間を分析するのであるが、哲学にあってはいくらか異常だと自認する人間が正常な人間を分析するといったあべこべがあるが。更に、その分析のあげく、屢々《しばしば》さして害のない矛盾や葛藤が不当に誇張され拡大されてグロテスクな画像となる点においても似たところがある。

「物と心」の対比も日常の暮しの中では、その中途半端な曖昧さでぼかされ中和され、むしろそれなりの有効性を持っている。だがそれが融通のきかない硬直した哲学言語の中で仕上げを蒙むると、生水が氷結し生卵がゆであがったように動きのとれないものになる。この哲学的ゆで卵がデカルト的物心二元論なのである。だがこのゆで卵は時の経過の腐蝕もうけず堅固な化石のように今なお居すわっている。単に哲学者ばかりではなく、現代の心理学者、生理学者、作家、言語学者の「心」の中にも滞留しつづけているのである。日常の暮しの智恵がほどよいぼかしでとどめておくところを、これらの人々の職業的良心はあからさまに言い切ってしまうことを求める。そのことは例えば、最も良心的な言語学者の一人、時枝博士の「心的過程としての言語本質観」の章（前出本）をみれば納得がゆくであろう。これは博士のソシュール批判であるが、ソシュールの「聴覚映像と概念との結合としての言語」を、「継起的過程」として把え直さねばならぬ、というのがその主眼である。その継起的過程とは、会話の場合ならば、（話者の）概念──→聴覚映像──→音声……空間伝達過程……（聞き手の耳に達した）音声──→聴覚映像──→概念──→具体的事物、という過程なのである（同書三二―三三頁）。そしてこのことは、「脳神経の解剖学的生理学的研究の証明する処によっても明らか」(三二〇頁) なのである。だが上の過程の中で少くとも「概念」は心的なものであって生理学的なものではない。だから、言語は、「私はこれを心的過程と考える」(三二二頁)、と率直に述べられているのである。

ところが、この図柄の肝心かなめのところが「脳神経の解剖学的生理学的研究によって明らか」であるどころか、そのような研究では原理的に明らかになしえないのである。なるほど例えば失語症の研究によって大脳の局所的損傷と言語能力との関連については多大の成果がえられた。しかし、その関連がどのような種類の関連であり、どのような過程でその関連が生じるのか、これは大脳生理学も病理学も立ち入ることが原理的にできない問題なのである。デカルトの松果腺において、松果腺が動物精気溜《だまり》の中で揺れることと我々が何かの物の姿を「見る」こととの関連が語られた。しかし、どうして松果腺の或る揺れが例えばライオンの姿を「見る」ことになるのか、デカルトはひと言も語らなかったし、また語りえなかったのである。彼に語れたのはただ、「精神に感覚を与える」(『情念論』23節)、「精神に呈示する」(26・47節)、「精神に見させる」(35節)、「精神に思い浮べさせる」(42節)、のたぐいのことだけであった。そして、現代脳生理学にあってもこの事情に何の変りもない。さらに、未来の生理学が想像を絶する進歩をとげたとしても、それが脳生理学である限り、この事情に変更はありえない。

「人間」を二つに引き裂いて、一方に「物質」としての肉体（脳は脳ミソという物質である）、他方に物質ではない「心」または「意識」というものを設定する限り、この両者の間には平行論的対応以外の関連はありえないのである。なぜならば、物質（電磁場を含めて）とは空間的に定位できる何ものかであり、その「作用」もまた空間的位置や形態の変化として描写される何かである。一方、物質ではない「心」は空間的に定位することが意味をなさない何かであり、したがって物質とは空間的関係にたちえない何かなのである。それゆえ、「心」が物質から何かの「作用」を受け、また物質に何かの「作用」を与えるということが意味をなさないのである。脳の何かの作用を受けるためには、その作用が近接作用であるならば「心」は脳のそばにあらねばならず（デカルトの「精神」は松果腺のそばにうずくまっていたように感じられる）、それが遠隔作用（action at a distance）だとしても「心」はどこかに位置していなくてはならない。ところが、「心」は空間的所在を云々できない何ものかとして考えられている以上、このような「作用」は考えられることができない作用なのである。それなのになお、かかる作用を考えようとする人の頭には、奇妙なテレパシーのようなものが思い浮べられている。脳から「心」へ、「心」から脳への、テレパシーである。それは、電波や音波のように至る所で受信可能なものではなく、特定の一つの脳と特定の一つの「心」との間にのみ交信ができる、という点でまさにテレパシーなのである。霊媒とその専属の霊との間の交信と同じく、混信も盗聴も不可能な完全シールドのテレパシーなのである。

この奇妙なテレパシーを拒否するとき、残るのはただ、脳と心との平行性、何の作用もかわさない単なる平行性である。脳と心はあらかじめよく調整された二つの時計のようにぴったり調子を合わせて進行する、ということになる（ライプニッツ）。するとわれわれ人間は誰も、背中合わせにカチカチ時を刻んでいる一組の時計ということになろう。あるいは、永久に交わることなき一対のユークリッド平行線、ということに。要するに、われわれの肉体と心はそれ以上望みえぬまでに完全に剝離されたことになる。いやだからこそ、「独り、心に閉じこもる」、ということもできるのではないか。こう言う人には尋ねたい。ではその心に閉じこもるのは誰（何？）なのか、と。閉じこもるのが「心」なのであれば、それは今更閉じこもることもない、始めから閉じこめられて出られないのだから（心にはモナドと同じく「窓がない」のである）。だといってそれが肉体であるのなら——それは不可能というものである。

これらの不条理に導かれたのは他でもない、肉体から、「物」から、遊離した「心」の幻に誘われたためではあるまいか。ここで必要なのは、その「心」と呼ばれるものが生活の現場でどう振舞っているかを観察することであろう。何が「心」というひそかなものを考えるようにわれわれを誘うのか、それをみてとるためにである。

## 2

まず、何かを「見る」ことから始めよう。何が「見えている」にせよ、私はここからその何かを見ている。その何かは「ここ」から、「そこに」または「あちらに」あるものとして見えている。この全く当り前のことを私はなぜものものしく言うのか。それは、この余りにも当然すぎること、普段の暮しでは息の呼吸のように当り前のことが、一旦「見る」ということを一般的抽象的に考えだした途端、喉につかえて人を咳こませるものだからである。何でもない歩行が、次に出すのは右足か左足かと気にした途端に乱れるように。

そもそも（つまり、一般に）、ここからあそこにあるものが見えるには、あそこにあるものから何かこちらに来なければなるまい、こうわれわれは考えてしまうのである。事実、エピクロスは物から薄皮のようなもの（エイドロン）が剝がれてこちらの眼玉に飛び込んでくると考えたし、われわれは光子とか電磁波が飛び込んでくると考えている。すると理の当然、私が手にしたものはこの飛び込んできたものであって、あそこにある実物ではない、ということになる。となれば、私が「見る」のはこの手元にとどいたものによって見る以外にはないのだから、見えているものは実物そのものではない、ということにならざるをえない。では、この実物ではない何かは一体何なのだろうか。エピクロスの場合、それは微粒子が集った薄い「物」であった。しかし、その「物」は今や私の体の中（恐らく頭蓋骨の中であろう）にある。それを「見る」ことは眼玉がさかさについていてもおらねば不可能である。いや、たとえ逆についた眼（または心眼？）でそれを見たところでどうにもならない。私が今見ているのはあそこの、例えば、樹だからである。額《ひたい》の裏側に樹を見ているのではないからである。すなわち、私に今見えているものはあそこにある原物の樹そのものではないが、さりとてまた私の中に飛び込んできた「物」（とか電磁波）でもないのである。また、同じ理由でそれによってひきおこされた脳変化（それも「物」である）でもない。ここで否応なしに、それは「物」ではない何か、つまり、私の「心に映じた樹の姿」（その姿はあそこに見える）だとなってしまう。「心」が創造されたのである。

こうして案出された「心」はわれわれの様々な経験にぴったりとはまることでますます安定してくる。見間違い、錯覚、視覚異常、色盲、といった経験は、実物とその「心像」という二本立ての中にぴったりおさまるのである。このことは同時にまた、物的世界のいわゆる「客観性」を確保することにもなる。世界は一つ、だが「心に映ずる世界の姿」は十人十色、百人百様、ということになるからである。赤メガネをかけて赤くなるのはこの「心像」であって世界そのものではなく、まぶたを閉じて消えるのはまたこの「心像」であって世界ではない。このことを疑うのは狂気の沙汰である。こうして「心」は客観的世界の盤石の基盤の上に安置されることになる。

しかし、時として盤石の地球も小指一つで転がすことができる。もっともそのためアルキメデスは途方もなく頑丈で長大なテコを必要とした。だがここではその必要もない。ただ目を開いて何かを「見」さえすればよい。大切なのはこのとき、「見る」とは一般的に何であるかというようなことを考えないことである。そうすると、肝心の「見る」ことの方がお留守になるからである。そこでその用心をして何でもよい、例えば一冊の本を見て戴きたい。このときそこに「見えている」のは「物」ではなく「物」とは別種の何か、つまり「心像」だと思う人がいるだろうか。その本を手にとってみる。そのとき、今自分が見ている本もそれを摑んでいるおのが手も実物ではなしに、(どういう意味であれ)「物」とは別種の「心的なもの」だと言う人があるだろうか。なるほど確かにバークリィはそれは「心の観念」だと言った。しかし、彼にはそれと対比さるべき「物」が存在しなかった、より正確には、意味をなさなかった、ことを忘れてはならない。だから彼の「観念」は何ものの「像」でもありえなかったのであり、実物そのものだったのである。「私はなにも物を観念にしてしまおうとしているのではなく、観念を物にしようとしているのだ。これら知覚の直接の対象は物の像《アピアランス》に過ぎないと君は言うが私はそれらを本当の物自身だと考えているからだ」(第三対話、フィロナスの台詞)、われわれは「観念を飲食し、観念を着ている」(『人知原理論』38節)、バークリィの「観念」とはそういう観念なのである。だから、彼の言う「心《マインド》」とは実は世界それ自身のことなのである（そして、われわれの言う「心」もまたそうであると私は言いたいのである）。

しかし、先程「実物」と「心像」の図柄にぴったりはまると言った、見間違いや錯覚、それに客観的世界といったものは一体どうしたのだと言われよう。この場合もまた、一般的に考えることをやめて素直にことがらを見てみればよい。「物－心」の図柄がぴったりしてみえたのは、十人十色、百人百様の見え姿を「心」の側に収容して、無垢の一色一様の客観的世界を建立したからである。しかしそれは玉ネギの皮（鱗茎）を全部むいて残ったものを玉ネギの御本尊に仕立てようとするのに似ていよう。むき身の玉ネギというものを見たことのある人があるだろうか。

一本のネクタイの色は様々に見える。朝日の中で、木蔭の中で、夕闇の中で、蛍光燈の下で、その色合いは微妙に変る。また、黄疸の人（デカルト『方法叙説』）、色盲の人、呉服屋さんにはまた別様に見えよう。これらの十人十色がすべて「心に映じた」色であるというのであれば、ネクタイの客観的な色は一体何色であればいいのか。それは、カメレオンの本当の色は何かというのと同じように意味をなさない問いであろう。もし答がありうるとすればただ、客観的な色などはない、すべての色は主観的だ、ということでしかないだろう（ロックの第二性質による色観念）。つまり、客観的な「物」が脱色されるのである。だが、キャンバスに向っている画家、看板を塗っているペンキ屋が、今自分は「心像」に色をつけているのだと一瞬たりとも思うだろうか。いや、それは気の毒に彼等が十分な高等教育をうけてないからだ、と言う人は恐らく確固とした色抜きをした「物」を信じていることだろう。その「物」は「物」である限り、色はないにせよしっかりした「形」をもった何物かであろう（ロックの第一性質、デカルトの延長）。

しかし、色ほどではないにせよ、「形」もまた見る人、見る状況によって変ることのあるものである。一本の樹木もネクタイの色と同様、陽炎の向うで、霧の中で、安物の窓ガラスの向うで、二日酔いの人の目に、近視の人、老眼の人の目に、形を変えて見える。このとき、その樹の客観的な形とは正常な状況で正常な人に見える形だという人は単に一つの「標準形」を指定しただけである。それはカメレオンの「標準色」として緑を、ネクタイの「標準色」として売場の店員に見える色を（売手市場の場合だが）、指定するのと変りはない。したがって、客観的な「物」はもし脱色されるべきものならば、また形無しにされざるをえないのである。もはやむくべき玉ネギの皮はなくなったのである。少くとも形をもち色のついた皮は。

もしなお残余があるとすれば、それは「見る」こともできず、同じ理由で「触れる」こともできない何「物」かである。恐らく物理学者はそれが素粒子や電磁場だというであろう。ここではそれに立入るスペースがないが、ただ、そのような素粒子は玉ネギの皮をむいた後に残る何「物」かではなく、まさにむかれた玉ネギの皮を作りあげているものであることだけを付言しておく（〔本書〕前第1・2・3章参照）。

いずれにせよ、次のことは言えよう。もし私に「見え」、私が「触れ」、私が「味わう」ものすべてが「心像」であるならば、私の生きる世界はすべて「心像」であるはずである。だとすれば、「心」は私の内にひそむ何ものかではなく、私の部屋に、街に、海に、空に、日に月にまで拡がっている何ものかなのである。幻といわれるものすら私の外に見えるのである。まさに「心」と呼ばれたものは「世界」なのである。

何かわれわれは、眼球の背後に小さな私（「心」としての私）がいて眼窩から（心の窓から）外の世界を覗いているといった風に感じがちである。まぶたを閉じると何も見えなくなる。このことが、丁度窓のカーテンをひくことに類比されているのである。カーテンのこちら側には外を眺めている私がいる。だから、まぶたの内側にも外を眺めている「小さな私」がいる、こういう挿し画が自然に浮んでくるのである。まぶたに当るものがない味覚や触覚ではこういう挿し画はでてこない。誰も、舌や手のひらの内側に小さな私がいて味や手ざわりを楽しんでいるといったことは夢にも思わない。だが、音と匂いの場合には、耳に蓋をし鼻をつまむことができる。つまり一種のまぶたがあるにもかかわらずやはりこの挿し画はでてこない。ここに視覚の特異性がある。「見えるもの」には「見えない裏」がある（もちろん不透明な場合）、このことが視覚（そして触覚）を他の知覚から区別する特異性である。味、匂い、音、これらには「裏」がない。痛みにも裏側がない。この「裏側が見えない」ということが、「ここから見ている私」という挿し画をうむのである。だが、私が壁をなで象をなでるときにも「裏側はなでられない」のである。しかしこのとき「ここからなでている私」といった、視点に対応した触点の挿し画はでてこない。ただ、壁や象の「こちら側」をなでているだけである。それと同様、私にはただ風景の「こちら側」が見えているだけなのである。窓のカーテンがしめられれば、しめられたカーテンのある風景のこちら側、つまりカーテンをおろした部屋《ルーム》が見えているだけであり、まぶたを閉じれば、閉じたまぶたのある風景のこちら側、つまりまぶたをおろした空間《ルーム》が見えているのである。閉じられたまぶたは私と視覚的世界とを遮断したのではなく、一つの特異な視覚風景を見せるだけなのである。肉質の暗幕のある風景を見せるのである。そして、それを見ている小さな私が眼の中にいるのではなく、中肉中背の私が「ここ」におり、「そこ」に風景がある、ただそれだけなのである。私の「心」というものがあるとすれば、この「ここにいる私」と「そこに見える風景」がつくるこの全状況が「心」である以外にはない。「私の内に」ある心などはどこをさがしてもないのである。

3

しかし私はただ外の物を見たり触れたりしているだけではない。私は様々なことを感じ考え、思案したり気に病んだりする。それこそ他でもない私の「内なる心」がしていることではないか。

たとえば、今は取りこわされている昔私が通った小学校のことを考える。その古びた校舎は今はもうないのであり、鼻たれの級友ももういない（今は鼻をたらさない紳士はいるが）。それらもうないものが私の考えに登場するとすればそれこそ私の「心の内」にである。そして今はなきものはどこにであれ登場することはありえないのだから、その私の心に登場するものはコンクリ造りの校舎や血のかけめぐっている子供ではなく、それらの影でしかありえない。

アウグスティヌスもこの影について語る。彼は祈りの言葉の音綴の長短を云々するとき、「私の計るのは、もう存在しないところのものそのものではなくて、私の記憶のなかに安定しとどまるところのなにかであって、それを私は計るのである」（『告白』11巻35節、村治訳）、「過去がもはや存在しないということを誰が否定しよう。しかし、とにかく、過去のものの記憶がまだ精神のうちに存するのである」（同、37節）。

こうして影絵芝居の舞台として「心」が構築される。だからわれわれが「心」と言うときいつも何か影の薄いものがつきまとっているのである。「心」とはなにか？　と気構えて心をつかもうとするとゆらめく陽炎のようにすりぬけてゆくのである。それは当然である。それはありもしない幻なのだから。或る基本的な勘違いから見当違いの方角を手さぐりしているのである。少くとも私にはそう思われる。

今かりに、私の「心」に今はない昔の校舎の影（表象といってもイマージュといっても観念と呼んでもかまわない）が登場しているとしてみよう。もちろん、その影は他でもなくその昔の校舎の影でなくてはならない。そしてまたもちろん、そのことを私は承知しておらねばならない。つまり、その影が「昔の校舎」の影であることをである。だとすれば、私は「昔の校舎」をそのとき承知していることにならざるをえない。影ではなく、その「昔の校舎」そのものをである。そうでないとその影が何の影であるかが私にはわからないはずだからである。するとその影ではない当の「昔の校舎」そのものがすでに登場しているのである。それならばその代役として登場させられた影は余計なものである。そして、この想起において、主役と代役という二つのものが登場しているだろうか。端的な事実としてそんな二重の登場はありはしない。だから登場しているのは本ものの校舎そのものだけであって、その影（記憶像？）などはない。

アウグスティヌスは何かの経過時間を、「あとに残るところの印象、それを現在するものとして私は計るのだ。印象を生んで、過ぎ去ったものを計るのではない。もろもろの時間を計るとき、私はその印象を計るのだ」（前出、36節）、と言う。しかし、第九交響曲の記憶印象というものがあって、それが一時間の余も続くとでもいうのだろうか。いや単に、さきほど一時間ばかり続いた第九の演奏、あの既に終了した演奏が今想起されているだけなのである。それを計りなおそうとして口笛で、あるいは想像において、その全曲を再演してみて時計で計る、という人があるかもしれない。しかし、その第九はさきほどの第九の演奏に倣ってなされる今一つの個人的演奏なのである。そのおり、その個人的独演のテンポのお手本となるものはさきほどのオーケストラであり、お手本となるがためにもそれは「じかに」その想像の中に登場しておらねばならない（そして、過ぎ去った一時間が今また一時間かけて想起的に立ち現われるのではないように、アダジオ、例えば「海行かば」が今アダジオ的にゆっくり想起されるのではない。いわば一挙に、一瞬のうちに、立ち現われるのである）。

一般に、何ものかの「観念」という概念——例えばデカルトやロックの——もこの記憶像と同じく無役の影武者でしかありえない。或る観念が何ものかの（例えば、神の、あるいはエベレストの）「観念」である、ということは既にその何ものかが了解されていることを前提とする。そしてその了解はもはや「観念を通して」の、「観念越し」の、了解ではありえず、そのものの「じかの」了解でなければならない。だとすればその「観念」の役割は単に「控えの写し」であり、なくともかまわない余計な複製なのである。かりにこの役立たずの「写し」があるとすれば、その写しには「誤り」ということはありえない。何の観念であるかが承知されている観念がその「何」について誤ることはありえない。誤って、「誤った観念」と呼ばれるのは、その「観念」が実物通りでないというのではなく、その実物が「現実のもの」ではない、ということなのである。「標高四千メートルのエベレスト」の「観念」はまさに標高四千メートルのエベレストの観念として何の誤りでもない。ただ、「四千メートルのエベレスト」という（観念ではない）実物が現実のヒマラヤ山中にはない、というだけなのである。そしてそのことを発見するためには危険な探検や測量が必要だったのである。炉ばたでぬくぬくと明晰判明な「観念」をいじくりまわす「観念旅行」で発見されたわけではない。だが実はもともとそのような「観念」などは（何の「観念」であろうと）ありはしないのである。架空のものであろうと現実のものであろうと実物そのものがじかに立ち現われているのである。「何ものかの観念」という虚構が生れるのは、この実物の現実、非現実の識別をありもせぬ「心の中」に投影するからなのである（なお本書第7章「記号？　意味？」5節参照）。

だが、今はもはや存在しない古校舎がどうして登場できるのか。こういぶかるのは偏狭な「存在」だけを考えているからである。今現在、目で見え手で触れうるものだけを「存在」にかぎっているからである。知覚的に立ち現われるものにのみ「存在」をかぎっているからである。しかし、あの古校舎は知覚的にではないが、それとは違う様式、すなわちわれわれが「想起」と呼ぶ様式で立ち現われているのである。この想起様式の立ち現われを「存在」に含めるかどうか、ということとは全く別に、そう立ち現われていることには何の疑念もない。それは端的な事実であり、それが知覚的に「存在」しないから、という理由によって左右されることがらではない。

そして、それが想起的に立ち現われている時と所は今から幾年かの昔の、そしてここから何キロか離れた場所なのである。ここからも今からも離れた、しかし、こことは地続きであり今とは切れ目なく接続している時空場所である。明らかにその場所は私の外部の現実世界にあるのであって、私の「内なる心」などの場所ではない。それは私が今ここで「考える」東京駅やエッフェル塔はここと地続き海続きの東京の千代田区とパリの7区にあるのであって、ここにいる私の「心の中」などにはないのと同様である。

想像する、という場合もこの想起の場合と同様である。電車の向い側の席で何か本を開いている中学生、その中学生の老年の姿を想像するとき、私が想像している老人はその向い側の席にいるのである。その白髪はその中学生の今は黒々とした髪の場所にあるのであり、老眼鏡は彼の顔の真中にかかっているのである。私の「心の中」に腰かけているような老人はありはしない。「心の中」などはありはしないからである。私が架空の想像、たとえば竜宮城とか光源氏とかを想像するときすら、この世の外に想像してはいない。この世の海のどこかの底、この世の京都のどこかの屋敷内に想像しているのである。それらは三世を通じて「非在」のものである。しかし、「非在」のものをこの世のどこかに想像しているのであり、その「非在」のものは私の外のどこかに立ち現われているのである。かつては、今は「非在」のアリストテレスの天球が頭上高くに、フロギストンが暖炉の火の中に、エーテルが果てしない宇宙に想像的に立ち現われていたようにである。

想起や想像にあっても、知覚の場合と同様に、「内なる心」などはどこにも見当らない。もし「心」なるものがあるとすれば、それは「ここにいる私」を包んで果てのない時と空間に拡がるこの全宇宙なのである。

## 4

しかし、悲喜の情《ココロ》や恐怖の情《ココロ》、また、けだるい、退屈だ、闘志満々、憂うつ、ほがらか、といった様々な気分や「心地」、これらはその果てない宇宙とやらにあるのではなくまさにわれわれの「心の内」にあるとしか言えないだろう。こう言いたくなる。

しかしはたして、例えば恐ろしさはすっぽり「心の内」に抱かれているだろうか。歯医者とあのピカピカ光る拷問道具をこわがるとき、恐ろしいのはこれらの道具と拷問者である。恐ろしさはそれらの人と事物にいわば「附着」しているのである。それを引き剝がして、一方に、恐くも何ともない歯医者と道具、そしていま一方に、純粋結晶のようにとりだされた純粋の恐怖（恐怖のエッセンス、恐怖のエキス）、そしてこの純粋恐怖だけが私の「心の内」にある。しかしもしそうなら、私は一体何が恐ろしいのだろう？　かつて幻覚が「対象なき知覚」と〔誤って〕呼ばれたことがあるが、私は歯医者の椅子の中で歯医者なき幻の恐怖、いや恐怖の幻を感じている、とでもいうのだろうか。そうは誰もいうまい。だが、恐い歯医者がそこにおり、そしてその「恐さ」を私が「心に感じている」のだという人がいるだろう。しかし、中天の月を見るとき、夜空高く半月があり、その「冷たい色」を私が「心に感じている」、のではないように（2節、また前第3章）、そのような恐怖の電送写真で私が恐がっているのではない。ただ冷たい半月が中天に見えているだけなのと同様、ただ、恐い歯医者がそこに居るだけなのである。

だがそのときもちろん私は平静ではない。体がこわばりみぞおちのあたりが寒い。それらを「恐怖の感覚」と呼ぶのは少しも差支えない。しかし、その恐怖の感覚は「心の内」などにあるのではなく、五体やみぞおちのあたりにあるのである。腕相撲での「力みの感覚」が手足指先にあるように、また「渇きの感覚」が喉のあたりにあるようにである（ここで再び、それらは感覚である限り「心」が感じるものだ、ということはもとの振出しに舞戻ることである）。

この「恐怖の感覚」こそ恐怖そのものである、という取違えこそ私が一番避けたいことである。デカルトはもちろんこの取り違えをせざるをえない。「ある動物の……像は腺の上で一つの像をつくり、この像が直接に精神に働きかけてその動物の姿を見させる。……この姿が大変異常で恐ろしいとき……精神のうちに〈恐怖〉の情念《パッション》をひきおこす」（『情念論』35・36節)。これほど明晰判明にではないがわれわれもまた、恐ろしい動物を見て、その結果われわれの「内に」恐怖の情がおこる、と思いがちなのである。だからこの恐怖の情はわれわれの「内なる」恐怖の感覚に他ならない、と。しかしこの段取りは奇妙な段取りになっている。まず何か動物が見える、このときまだその動物は恐くない、恐くなるのはそれを見て恐怖の感覚が引きおこされてからだ、となっている。つまり、恐くもない動物が恐怖をおこさせた、ということである。そして更に、そうして引きおこされたものは、五体やみぞおちの感覚だというのである。だが一体どうして我が身の感覚がその動物への恐怖になるのだろうか。

そのような段取りがあるとは思えない。ことはもっと簡潔で端的なのである。恐ろしい動物がそこにいる、そして私は身がすくんでいる、これだけなのである。それがいわば、「恐怖の状況」のすべてなのである。身のすくみはこの状況の中にあって始めてその動物への恐怖の感覚なのであり、この状況から引き剝がされては単に「ただ身がすくむ」だけのことになる。他方、恐怖の状況の方も私の身のすくみを取り去られればもはや恐怖の状況ではない。口だけが笑って眼がきびしい顔はもはや笑顔ではないように、私がくつろいだ体で何かを恐がっているということは語義矛盾なのである。そして、この恐怖の状況からエーテル状の純粋恐怖を精製抽出して幻の「恐怖心」を捏造する必要は何もないのである。そのような恐怖の上塗りをしないでも、われわれはもう十分恐ろしいからである。

全く同じことが喜びや悲しみ、そして感激や感動、反感や嫌悪、愛着や憎悪についても言えると思える。それらはすべてブレンターノの言う「志向的体験」、現象学の言う「何ものかについての意識」、なのである（ただ、「意識」とか「体験」とかというのは「心」をいうのと同じような危険をはらんでいる）。そういうものとして、それらは対象から引き剝がすことが無意味な何かなのである。

晴れ上った雪の朝あけの身のひきしまる美しさは、その雪景色にあるのであってわれわれの「心の内」などにはないのである。或る風景、あるいは一枚の絵が、一人の人には感動を呼びおこし、他の人には嫌悪を呼びおこす、ということは珍しくない。このありふれた、いわゆる「主観的相対性」がまた人をさりげなく「心」の挿し画にたやすく誘う。一人が感動し一人が嫌悪する、だがその風景や絵はそんなこととは関わりない一にして同一なるものである。だからその違いは見る人の側になければならない。そして感動とか嫌悪とかは物質ではないのだから、見る人の体ではなく「心」にあるのでなければならない。こうしてまたしても「心」の挿し画がデッサンされるのである。

しかしそんな画は不用でもあるし間違いでもある。虎は或る人には黄の地に黒の縞があるとみえ、別の人には黒地に黄の縞と見えるだろう。われわれには柄杓《ひしゃく》にみえる北斗七星はバビロニアや古代中国の人には車に見え、プトレマイオスの頃には熊に見えていた。そして気のない人にはただの光点の配列（ななつぼし）に見えるだろう。絵にしても周知の

「多義的な絵」（盃と顔、若妻と老婆、等）がいくらでもあるし、ロールシャハの絵は多義性を利用しているのだし、それに似た抽象画はありふれたものになっている。だが、これら夜空やジャングルの風景やありきたりの絵から、その十人十色の「見え」を「心」の側にとりこむとあとには一物として残るものがないことは上に述べた通りである（2節）。それと同じく、風景や絵に対する、感動や無感動、共感や反感、を抜きとり剝ぎとることはできないのである。もし抜きとったとすれば先ほどの純粋恐怖と同じような、何に対する感動でもない感動自体、何に対する反感でもない純粋反感の結晶体、こういったありもしない心的浮遊物を生むことになるからである。

或る風景が感動的な姿で私に立ち現われる、そしてその同じ風景が私の同行者にはよそよそしい姿で立ち現われる。それだけなのである。そのとき、私は「胸に熱いものがこみあげてくる」かもしれない、そして同行者は「冷たいおりのようなものを胸に感じる」、あるいは更に「吐き気をもよおす」かもしれない。しかしそれらの身体的な「感じ」は何ら「内なる心」にあるのではなく、胸や胃袋のあたりにあるのである。更にまた、それらの「感じ」が感動や反感であるのではない。それは恐怖の感覚が何かに対する恐怖でないのと同様である。

感情、情念、気分、といったものはわれわれを含めた世界の状況の中にあるのであって、その世界から分離された、しかもべったり世界にまといつく「心」にあるのではない。われわれの生活は、無情の物質世界と有情の心的世界が不即不離にからみあったものではない。世界そのものが有情の世界なのである。

## 5

言葉もまた「心」の中で働くのではなくて、外気の中で働いているのである。

人から何かの出来事の話を聞くとき、私にはその出来事が或る姿をとって立ち現われる。想起において昔の古校舎が立ち現われ、想像において竜宮が立ち現われるようにである。それが、その人の言葉を私が「理解」するということなのである。そしてそれらの立ち現われるものは世界の中に立ち現われるのであって私の「心の中」に立ち現われるのでないことは、今私に見えている机と全く同様である。その人の言葉の「意味」を理解する、ということは何もその「意味」という世界の影が私の「心の中」に登場する、ということではないのである。そして、その「意味」の理解を通じて、つまり「意味越し」に、世界の何かを理解する、というのではないのである。そのような「意味経由」の廻り道などしているのではなく、直接に世界に直行しているのである。

その人の分節した声が私に何かの出来事を想像的に立ち現わしたのである。つまり、その人の声はその出来事を私に「言い‐現わした」のである。それは或る人に、マドレーヌの味や石段を登る姿勢がかつての日々を（想起的に）立ち現わすのと似て、しかし半ば強制的な「現わし」なのである。このように人の声が私に何ごとかを半ば強制的に言い現わす、そのことが私がその言葉を理解すること、その言葉を理解する能力《コンピータンス》を持っているということである。この能力は長い間の訓練と絶えざる実地練習《パーフォーマンス》によってえられ、そうして維持されている。それは一つの技術の習得であり、その技術には耳や舌や、ヴェルニッケやブローカの廻転を必要とすることは、ピアニストの技術に手指や大脳中心前廻転が必要なのと同じである。それらのどこかに損傷が起れば私の言語能力に損傷がおこる。失語症のさまざまであり酔っぱらいの舌もつれである。

しかし、言葉を話し解するということが二つの過程、すなわち脳や舌や鼓膜の動きといった物的過程と、表現し了解するといった心的過程、という二つの過程からできあがっている、というのではない。それは、笑顔というものが、皮膚や筋肉の動きという物的状態と笑いの表情という二つのものからできあがっているのではないのと同様である。笑顔という一つのものがありそれを筋肉運動と笑いの表情の二つに引き剝がすことができないように、言葉を解する、という一つのことがありそれを言語器官の動きと「理解」という心的過程とに引き剝がすことはできないのである。人の声で何ごとかが私に言い現わされる。この状況を生理学的に描写すれば鼓膜や脳の話になるだろう。それは例えばピカソのゲルニカを物理的に描写すれば絵具の堆積の分布になるのと同じである。だがそれは一つの

「抜き描き」、物理的抜き描きなのであり、ゲルニカはそれとともに「絵画的」抜き描きもできるのである（その天文学的価格はこの絵画的抜き描きに依存している）。人の話を解するという状況を、声による言い現わし、ことの立ち現われ、と上に述べたのもこの状況の「現場的」抜き描きなのである。それは生理学的抜き描きとともに、一つの言語状況のいま一つの抜き描きなのである。この二つの抜き描きは、生理学的原因の描写とその心理的結果の描写の関係にありはしない。絵具の或る分配がゲルニカの絵画的相貌の物理的原因ではないように（制作的原因ではある）。言語状況にせよゲルニカにせよ、そこでの二つの抜き描きは原因‐結果というようなわけへだてのある水くさい関係にあるのではなく、同じ一つのものの二通りの抜き描きなのである。だからこそ、抜き描きの一方が変わることは「即ち」他方の抜き描きが変わることなのである。ヴェルニッケ廻転の生理学的描写が変ることは「即ち」私の言語行動の現場的描写が変ることなのである。

この緊密一体な状況の中に、「心」の壁をもちこんで何の機能も果たさないへだてを作る必要は毫もない。私が見、思い出し、想像し、感じ、理解するとき、見られ、思い出され、想像され、感じられ、理解されたものはこの世の中に立ち現われるのであって、「心の中」に立ち現われるのではない。だがしかし、そのすべての立ち現われは「心」に対して立ち現われるのではないか。そう言いたければ言えよう。*世界のすべては私の「心」に対してある、世界劇場の唯一人の観客としての「心」にある、と。だが、この劇場のイドラにおいても、劇はすべて舞台の上で演ぜられるのであって「心の中」で演ぜられるのではないことを忘れてはならない。この「心」はユークリッド的一点として「拡がりをもたない」のである。「心」には「中」がないのである。

＊ しかし、「私に対して」という関係的構造は実はないように思われる。拙論「新視覚新論(2)」3節、『理想』昭和51年2月号〔↓『新視覚新論』第二章「見えている」〕。

# 5　ロボットと意識

ロボットには意識があるのだろうか。この疑問は、月には水があるのだろうかとか、ミミズにも心臓があるのだろうかとかという疑問とは根本的に違っている。というのは、水のあるなし、心臓のあるなしを判定する方法があるのに対し、意識のあるなしをどうしてきめるのか、そのきめ方がきまっていないのである。もし、意識のあるなしを判定する方法が通常の科学的手順で与えられているのならば事は簡単で、このような疑問にはとっくに答えが得られているはずである。たとえば、ある性質をもつ脳波のあるなしで意識の存否をきめるのであるのならば、電子部品からつくられたロボットは検査をするまでもなく意識をもたない。「脳」波がないからである。そのときもし、「脳」の定義を拡張してある種の回路も脳と呼ぶのならば、その「脳」を脳波検査器にかければよい。要求どおりの「脳波」があればそのロボットには意識があるのだし、なければ意識がないのである。

だが、問題はそのような手軽な判定方法に満足できないことから出てくる。たまたま、われわれ人間が生きているときには脳波があるが、「意識」は脳波などとはまったく違う、少くとも脳波などでは尽くされない何ものかである、こういう感じから問題が出てきているのである。しかも、この意識たるやそれをどうとらえてよいのかわからない。

いま、非常によくできたロボットを想像してみよう。ほぼ人の形と動作に近く、口もきければ笑いもする。応答もまず人なみ、はにかみもすればおこりもする。大学にもなんとか受かって喜びもする。ただその内臓と神経組織は人とは似ても似つかぬ構造で、ある設計図に従って組み立てられたものである。つまり、このロボットは人間とほぼ似た「意識ありげな」振舞いをするが、そのからくりは人間とはまったく異なっている。こういうときにさきの疑問が発せられる。意識ありげな振舞いをするが、はたしてほんとうに意識があるのか、と。この疑問の核心は、この「ほんとうに意識がある」ということで何を意味してよいのかが定かでないところにある。したがって、問題は、「意識がある」とはいったいどういうことなのか、ということになる。

ここに、この問題と並行的に、そしてこの問題に示唆を与えると思われるいま一つの問いを立ててみよう。すなわち、このロボットは「生きている」か、という問いである。このロボットは文句なく「生き身の」振舞いをするが、「ほんとうに命がある」のか、という問いである。ここでも、この問いの核心は「生きている」ということで何を意味するか、である。ビールスは「生きている」か、すなわち、ビールスは生物か、というよく知られた問いもこれとまったく同じ根をもっていることは明らかであろう。

さて、生物を生物たらしめているのは、生物がたとえばエンテレヒーだとか命の素だとかをもっているためではあるまい。そのようなものは存在しない。それらの存在を確かめる手段が提出できないからである。では、生きている猫と死んだ猫とを区別するものはなんだろうか。もちろん無数にあろう。心臓の動き、神経のパルス、物質代謝、体温、四肢の動き、呼吸等々。これら無数の現象の総体が、生きた猫と猫の死骸とを区別する。とすれば、猫の生死を分かつものもこれら無数の現象の総体という以外にはない。もちろん、これらの現象は相互に密接に関連しており、その一部が変化すればすべてがその影響をこうむる。なかんずく、たとえば心臓がとまれば通常は他の現象もとまる。そこで、生死の分別の通常の指標として心臓の動きをとることができる。しかし、それはあくまでいちおうの指標としてであって（脳波による脳死の判定もまたいちおうの指標である）、生死を区別するのは現象の全体なのである。心臓をとめても人工心肺で血流を維持されている猫はやはり「生きて」いるといわなければなるまい。

このような現象の総体が猫の生死を分かつとすれば、猫が「生きている」とは、その現象の総体を意味しているのである。つまり、猫が「生きている」とは、食べ、動き、眠り、呼吸し、消化し、血がめぐる等々の全体を意味している。それが、猫の生命であり、猫が「生命をもつ」ことなのである。

しかし、この猫の生命は猫特有の生命だといわなければならない。猫特有の「生き方」なのである。とすれば、それとは違った鼠特有の「生き方」、うなぎ特有の「生き方」、いなごに特有な「生き方」があることになる。さらに植物に目を向ければ、梅の「生き方」、きのこの「生き方」、苔の「生き方」があるはずである。これら千差万別の「生き方」に共通な何ものか、それが、「生命」であるといいたくなろう。たとえば、教科書は、運動、代謝、生殖、というような共通項目をあげ、それが「生命」の特性だという。しかし、このような共通項目をあげても、それは単に無数の「生き方」を大別してその分類題目を掲げただけのことである。運動といっても、再び猫の運動、うなぎの運動、いなごの運動等の千差があり、生殖といっても、猫の、梅の、苔の、といった万別の態があることにはなんの変りもない。DNA連鎖にも生物の数だけの差異があるはずである。

さらに、生命の様式には限りのない変化がある。一つの細胞が「生きている」生き方、細胞の核が「生きている」生き方、その核の膜が「生きている」生き方、あるいは極端には一つの蛋白質分子が「生きている」生き方、それらは千変万化する生き方ではあるまいか。これらの数限りない多様な「生き方」の総体が「生命」と呼ばれるものではなかろうか。ちょうど、一匹の猫の無数の現象がその猫が「生きている」ことであったように、多種多様な動植物やその細胞の構成部分のそれぞれに異なる「生き方」の総体が「生命」なのである。この総体の境界を明確に引くことはできないし、また引くべき理由もない。ここからこちらが「生きており」、そちらは「無生」だとする、そのような境界線を引く根拠はないと思われる。もちろん、定義的に、人工的に、そういう線を引くことはいつでもできる。だが、なぜそこに線を引いたかの明確な根拠を与えることはできないだろう。

夜はいつとはなく白み明けて朝になる。猫は漸次に死んでいく。夜と朝を明確に分け、猫の生死の境を明確に分断することは、ただ定義によってのみ可能なのである。生命と無生の間にも確然とした国境線があるわけではなく、夏がふけて秋になり、子どもが育って青年になるように、きれめのない連続的な移行があるだけである。われわれの手の表皮はいつから死んだといえるだろうか。

しかし、だからといって生死、生無生、の区別がいっさいつかない、というのではけっしてない。陽が高く登った午前一〇時は明確に夜ではないと同様、路傍の石は明確に無生の物である。明確な分別線が引けないからといって、その区別が成り立たないとはけっしていえない。われわれの日常生活での区別のほとんどすべてがこの境界のぼけた区別であることを忘れてはならない。およそ形態（ゲシュタルト）といわれるものの間の区別は、すべてこの境界のぼけた区別なのである。そして「生きている」ということもまた一つのゲシュタルトなのである。さらに、この「生きている」というゲシュタルトは一つの特徴をもっている。ここ数年、アメリカや日本で問題になっているコングロマリット（異種企業結合体、または複合企業）の名をかりて、コングロマリット的ゲシュタルトとでも名づけられる特徴である。すなわち、右に述べたように、猫、梅の木、うなぎ、その他さまざまの異種な「生き方」が複合したものが「生きている」というゲシュタルトなのである。しかし、コングロマリット企業はその中に、まったくかけ離れた業種を資本のつながりだけでとり込むのに対し、「生きている」ことのゲシュタルトはさまざまな類似性を通して異種な「生き方」を一つの網の目に結びあげる点が違っている。

猫の生き方と犬の生き方にはある強い類似性があるが、一方、猫の生き方は犬との類似性とは異なる類似性でたとえば蝶の生き方に似るのである。また、それらとは異なった類似性で、蝶の生き方はたとえば貝の生き方に似ている。このように、さまざまに異なる類似性を通してさまざまに異なる生き方が縫いあわされたものが「生きている」というゲシュタルトなのである。またそれが「生物」のゲシュタルトでもある。けっして何か「生きている」ということの刻印、「生物」の刻印というものがあって、その刻印をもつかもたないかで生きているかいないか、生物か無生の物かが区別されるのではない。前にも述べたように、そのような、すべての「生きている」ことに共通な刻印、すべての「生物」が共有する刻印、というものを考えても、それは単に大項目の標題のようなものであり、その標題でおおわれるさまざまな異質な要素はもとのままにあるのである。コーラル牧場の牛の共通の性質は何か？　コーラル牧場の焼印がおされていることである。この答が何程のことをわれわれに教えるだろうか。

以上で述べた二つの事情、すなわち、「生きている」ことはコングロマリット的ゲシュタルトであることと、その境界が定かではないこと、この二つの事情によって、はじめの疑問、ロボットははたして生きているか、あるいはまた、ビールスは生物かという疑問が生まれてくる。すなわち、ロボットやビールスをこのゲシュタルトの中に含めて「生きている」といってよいかどうか、という疑問である。ビールスは宿主細胞の中ではまぎれもない生物的振舞い、他の生物につながる形での代謝と増殖をするが、細胞外で待機中の結晶は無生物の様態を示す（しかし数千年の間、発芽を待機した大賀蓮の種子は生物だとされる）。ロボットはその応答や全身的振舞いは「生きている」さながらであるが、その内臓の振舞いは電子回路の振舞いに酷似する。つまり、ビールスもロボットも生きているともいえるし、生きていないともいえる。生きているといいかねるし、生きていないともいいかねる。われわれにその決断がつかないのである。

もし、この決断がつくとすれば、それは何か決着をつける理屈によってであろうか。そうではない。なぜならば、そのようないずれともつかぬビールスやロボットを「生きている」というコングロマリット的ゲシュタルトに含めるか含めぬかは、いかだを船に含めるか含めぬか、トマトを野菜に入れるか果物に入れるかという場合とまったく同様に、われわれにまかされている問題だからである。われわれの判決にまかされているのである。もちろん判決には判決理由がある。しかし、決定的にこうでなくてはならないという基準なり判別方法があるのではない。ビールスやロボットを「生きている」としたほうが自然だというさまざまな理由があり、また、「生きていない」とするさまざまな理由がある。しかし、そのいずれかにしなければならないという決定的基準はない。さらに、どちらかの判決を採択しなければならないというのでもない。みぞれを雨であるか、雪であるか、どちらかにきめなければならないものではなく、そのいずれでもない「みぞれ」とするように、いわば判決を留保して、ビールスやロボットは生きているのでもなく生きていないのでもなく、第三の様態をもつとしてもよいのである（ただ「半死半生」の様態ではないが）。そして、その様態を、ビールス的生命なり、ロボット的生命と命名し、本家の「生きている」ゲシュタルトに対し、その分家的なゲシュタルト、子会社的なゲシュタルトを創立してもよいのである。そうするか、またはそうしないで、それらを本家の「生きている」ゲシュタルトの辺境としてそれに吸収合併させるか、あるいは「無生」のゲシュタルトに含ませるか、それはわれわれの判決にまかされている。そのいずれを採択するかが人によって相違したところで、混乱も矛盾も起こらない。それは、ビールスやロボットがいかなるものであるかの知見に、なんの相違をもたらすものでもなく、ただ異なる理由によって異なる分類をするだけのことだからである。

こうして、「ロボットははたして生きているのか」という問いに問題があるとすれば、それはこの問いが純正な問い、イエスかノーかが一意的に与えられるはずの問いだと思い込まれていたことから生じる。この問いは、「金星にははたして磁場があるか」とか、「血液ガンはビールスによるものか」という問いのように、きっぱりイエスかノーをきめる判定方法がある問いではない。それはむしろ、「ガラスは固体か液体か」とか「光は波動か粒子か」という問いに類するものなのである（エディントンは後者の問いに wavicle という概念を立てたことを想起されたい）。この種の問いは、イエスかノーでは答えられず、問いの対象の精細な性質や挙動でもって答えられなければならない。その性質や挙動をくわしく述べた上で、かくかくの観点からはこれであり、しかじかの観点からはあれである、と答えるのである。そしてロボットは生きているか、という問いには、この型の答えはほぼ与えられているのではあるまいか。むしろ、このほぼ承知されている答えの上に、タイプを誤った問いが問われているのが、このロボットの生命の問題だといえよう。

以上、ロボットの生命について述べたことはまた、ロボットの意識についても基本的にはあてはまる。しかし、意識の場合は生命の場合と比べていま一段と錯雑した要素が介入してくる。というのは、「生きている」というコングロマリット的ゲシュタルトはその辺境では定かならぬところがあるが、それ以外では比較的に安定したものであるのに対し、「意識」のゲシュタルトはその周辺部はもちろんその中心部ですらしかと確定しているとはいえないのである。この事情のため、ロボットの意識の問題に対しては、事改めて検討をする必要が生じる。

「意識がある」ということの大まかな意味が、感じたり思い出したり考えたり、要するにデカルトがコギトと呼んだ精神活動があることとすれば、私に「意識がある」ことは自明である。しかし、私以外の人に「意識がある」といえようか。他人の感覚、感情、思考等を私が感じたり考えたりすることはできない。これまた自明のことである。友人の喜びを私もまた喜ぶことはできるが、この場合には喜びは二つ、友人の喜びと私の喜びがあるのであって、友人の喜びという一つの喜びを友人と私とが共に感じる（文字どおりの意味で、「分かちあう」）ことはできない。友人の歯の痛みに同情できるが、いくら同情しても、私が友人の奥歯を痛むことはできない。友人と「同じ考え」をもつことはできるが、友人の考えを私が考えることはできない。要は、私が私であり、友人が他人であることとそのことから、私は友人の「意識」を経験することは論理的に不可能なのである。当然、私は他人の意識を経験したことは一度たりともないし、今後もありえぬことである。したがって、かりになんらかの意味でロボットに意識があるとしても、私はそのロボットの意識を経験することは絶対にないし絶対にできない。

しかし、私は家族や友人を含めて他人が「無意識」ので〻くの坊だとは思っていない。私は他人の気持を察したり、その考えごとを推しはかる。何によって私はそうしているのだろうか。多くの哲学者はそれは類推によるのだと考えてきた。すなわち、その知情意、さまざまな振舞いからして他人に意識があることを類推するのだと。しかし、私に論理的に、経験できないことを類推するとはどういうことだろうか。赤外線の色を、超音波の音色を、類推できようか。自分が母の胎内にいたときの感覚を、また死後における感情を類推できようか。ミミズの喜びやカマキリの悲しみを類推できようか。できまい。しかし一歩ゆずって、人の場合には類推できると仮定してみよう。ところが、このとき何を類推してもその類推の当否を定める方法がないのである。いま、痛そうな振舞いをする人を見て、Aはその人は痛みを感じていると類推するとする。一方Bは、いやその人は快感を感じているのだと類推するとする。AとBとの類推のどちらが正しいかをきめる方法があるだろうか。Bは、その人は快感を感じるときに身をよじり冷汗を流すマゾヒスト的人間であり、その快感を「痛い」と呼んでいるのだというとき、AはBが誤っていることを示す方法があるだろうか。そのような方法はないのである。それは、他人の痛みを感じることはAにもBにも論理的に不可能であり、したがって他人の痛みを直接に確かめる方法がないからである。とすれば、この類推なるものがたとえあるにせよ、その類推は何を類推しようと誤りえない類推、何を類推するかが自由自在な類推、したがって、してもしなくてもよい類推、宙に浮いた類推だといわなければならない。

私が友人の気持を察したり、その腹痛に同情したりするとき、このような宙に浮いた類推をしているのではあるまい。だとすると、道は一つしかないように思われる。すなわち、他人が痛みを感じているということは、その振舞いや応答から類推することではなく、その振舞いや応答自体がそうなのだ、と解する以外にはない。振舞いや応答の一段奥に何か痛みの感じがあって、それを外から類推するのではなく、外にあらわれた振舞い＊や応答そのものが「他人の痛み」なのである。しかし、こう解すると二つの奇妙なことが生じることを認めなければならない。その一つは、他人の痛みや感情や思考、つまり他人の意識とは他人の振舞いや応答という物理的事象にほかならないということ、第二に、一方私の意識は私の振舞いや応答とはまったく別のもの、端的な痛みや端的な気分といったものだから、私の意識と他人の意識とはまったくカテゴリーを異にするものとなることである。この二点は奇妙ではあるが、奇妙な真実ではあるまいか。しかし、この奇妙な真実は奇妙であるがゆえに、説明を要する真実であることも確かであろう。

＊　この行動主義的見解は訂正が必要と思われる。本書第10章「虚想の公認を求めて」の5節参照。そして以下の叙述での「相貌」に、虚想された相貌を含める必要がある。

他人の痛がる振舞いや応答はたしかに物理的事象である。手足や胴体の力学的運動であり、音波を生じる舌やのどや唇の運動である。簡単にいえば、ある物体運動である。しかし、それは単なる物体運動ではない。たとえば、一つのピアノコンチェルトの演奏は聞き手にとっては一連の音波であり一連の空気振動であることにまちがいはない。しかし、それを単に一連の空気振動にすぎない、といえばそれはまちがいではないにしても、重要なことをいい落とした言及不足である。音楽である空気振動は、単に空気振動にすぎない空気振動ではない。それは、力強い、清純な、感動的ななどと叙される「相貌」をもった空気振動なのである。単なる空気振動といえる音はまた、「単なる空気振動」と述べられる一つの「相貌」をもった空気振動なのである。またたとえば、一枚の絵は、キャンバスに塗られた絵具の集積であることにちがいはない。しかし、それを単なる絵具の集積だというならば、それは言及不足であるか、あるいは誤りである。それが感動的な風景画の相貌をもつことをいい落とした点では言及不足である。また、もしその発言が、それは「単なる絵具の集積」の相貌をもっていることを意味したのであれば、通常の人にとってはそれは真実ではないゆえに誤っている。

われわれがものを見、ものを聞き、ものに触れ、ものを味わうとき、それらは必ずある相貌をもって見え、聞こえ、触れ、味わわれる。これらの相貌は明確な輪郭をもたず、かっきりとした部分から組み立てられてはいない。したがって、それらを自然科学の基底である座標言語で一意的に表現することはできない。また、数学的表現で確定的に表現することもできない、すなわち、科学的正確さをもった表現は不可能である。しかし、だから不正確だとはいえない。ただ、科学的正確さをもてないというだけであって、それとは異なった的確さをもっている。山の相貌、谷の相貌は的確なものである。ただ、山の斜面のどこからが山でどこからが谷か、このような「境界」の設定を要求する科学的正確さをもっていないだけである。黄色の感覚を生じる電磁波は、電磁波としてはたとえば周波数の強度分布（あるいは波形）によってきっぱりした境界を定義的に設定することができる。しかし、黄色という「相貌」をきっぱり境界によって定めることはできない。だからといって「黄色」があいまいな感覚だとはいえないのである。相貌の的確さと、科学的規定の的確さとは種類の異なった的確さであって、一方を他方に還元したり、一方から他方の不的確性を云々するのは的はずれであり、逆にこの両者の的確さが相まち協同して物ごとの的確な描写を目ざすものなのである。

さて、人の振舞いは物体運動であることにちがいはないが、しかし、単なる物体運動ではない。人の振舞いのもつ相貌は「単なる物体運動」の相貌ではなく、まさに「人の振舞い」の相貌をもっているからである。そして、このことは何かの理論や学説からそうなのではなく、端的に事実そうであるからそうなのである。ある婦人が口に手をあててほほと笑う。このとき、手と呼ばれる、筋肉や血管や骨の一塊が上昇運動を起こし、ある位置で停止、そして顔面筋肉の振動運動が起こり、あるエネルギーの音波がその口辺から伝播する。そのことにはちがいはない。しかし、この物理的運動は、単なる物体運動の相貌をもっているのではなく、「手を口元にあてて笑う」という相貌をもっているのである。顔面筋肉の物理的運動は、あるいは「ほほえみ」の、あるいは「しかめ面」や「仏頂面」の、相貌、すなわち表情をもっているものなのである。ときにこれらの相貌は他の相貌と交替したり、他の相貌に移りいったり、他の相貌と混在したりする。心理学者の使う反転図形（立方形や階段等）はこの相貌（たとえば、斜め上から見た階段、斜め下から見た階段の相貌）の転換または反転であり、かくし絵のかくされた図柄の発見前後ではその絵の相貌はがらりと変わる（ゲシュタルト心理学の、図と地の転換もこれにはいる）。また、男の子が戦争ごっこの最中に使う木の棒はその子には剣や銃の相貌を帯びていようし、女の子の人形遊びでは人形はときに「人の振舞い」の相貌を帯びるだろう。積乱雲が「入道」の相貌を帯びることもあるし、小暗い森はかつては人を脅かす霊の相貌をもったこともあるだろう。

このように、物体的には同一の事象があれこれ多様な相貌をもち、またその相貌をさまざまにとりかえる。しかし、このことから、あらゆる相貌をはぎとった裸の物体的事象というものがあり、あれこれの相貌はそのなまの物体的事象に衣裳のように着せられるものだと考えるのは誤りである。相貌をはぎとった生の物体的事象、着せかえ人形の裸のからだのような物体的事象というようなものは存在しない。音色のない音、いかなる形ももたない粘土が存在しないのと同様である。「物体的事象」ということそのことがまた一つの相貌なのである。ある星座の星々をあるけものの相貌で見ないで、ある幾何学的配置として見るならば、それは「幾何学的配置」という相貌のもとでそれをながめることなのである。あるものをながめるとき、それを何ものかとしてながめる以外にはなく、その何ものかが一つの相貌なのであり、相貌抜きでながめることは、何ものとももしないでながめること、つまり、ながめないことなのである（ギリシャ哲学ふうにいえば、形相のない質料なるものは無意味なのである）。

それゆえ、人の振舞いを単なる物体的運動とすることは、「単なる物体的運動」という相貌でそれを見ることである。そして、それを単なる物体的運動としてではなく「人の振舞い」として見ることは、それとは異なるいま一つの相貌のもとでそれを見ることである。ここには相異なる二つの相貌があり、そのいずれの相貌ででも人の動きを見ることができる。だが、普通の状況で、普通の人は、「人の振舞い」の相貌のもとで見ている、これが事実である。

しかし、ある人の動きを「人の振舞い」の相貌のもとに見るというとき、それはその人の肉体の動きのほかに何か心とか意識とかを見ることではない。一枚の紙切れを「千円札」の相貌で見るとき、その紙切れのほかに「購買力」とか「価値」とかを見るわけではないように、またある動きをする顔面筋肉のほか「ほほえみ」なるものがあるのではない（ただアリスの不思議な国では猫が消えてその笑いだけが残ったが）ように、「人の振舞い」なるものがその肉体の動きとは別にあるわけではない。その肉体とは別に「心ある振舞い」なり「そう振舞わせる意識」なるものがあるのではなく、その肉体が*「人の振舞い」をし、「心ある振舞い」をするのである。「ほほえみ」がある顔面筋肉運動と並んであるのではなく、筋肉運動が「ほほえむ」のである。存在するものは筋肉や肉体の動きだけであり、その動きが「ほほえみ」や「人の振舞い」の相貌をもつのである。

＊　この言い方はやや不用心な言い方である。心ある振舞いをするものはもはや「単なる肉体」ではなく、「単なる筋肉運動」ではないからである（本書第3章、また第6・7章参照）。しかし、その不用心さの故に、ここでの論点に簡潔な照明を与えてもいるとは言える。

他人の肉体がある運動をするとき、私はそれを「人の振舞い」の相貌のもとに見る。すなわち、たとえば「苦しげな顔」「身をよじる」「痛みをこらえる」等の相貌のもとに見る。このような運動は無限にあり、そしてさまざまなものがあるだろう。このとき、もし一群の「人の振舞い」があるまとまりを示すとき、私はその人が「おなかが痛い」というのである。逆にいえば、他人について「おなかが痛む」ということの意味は、その人が「人の振舞い」の相貌をもつ一群の肉体運動をする、ということなのである。「腹痛の振舞い」と名づけてよいような一群の振舞いをすることにほかならない。その場合、どのような振舞いが「腹痛の振舞い」に属し、どのような振舞いが属さないか、それを定めるいわば判別式が別にあるのではない。そのような判別ができるということそのことが、「他人の腹痛」の意味を知っている、ということにほかならない。その判別ができないという人があれば、その人は「他人の腹痛」の意味を知っていないのであり、人が「腹痛に悩んでいる」ということができない人なのである。しかし、この判別は一意的にきっぱりしたものではないことは、相貌というものが前に述べたように科学的正確さを元来もたないものであることから当然である。

さらに、多くの場合われわれが見るのはほんのわずかの数の振舞いであり、そのわずかな数の振舞いからその人の「腹痛」を推測するのである。したがって当然、誤りをおかすこともある。事実、しばしば、仮病に欺かれることになる。しかし「推測」するのは、その人の肉体運動の奥にそれとは別にある「痛み」を推測するのではなく、「腹痛の振舞い」に属するいくつかの振舞いから、同じくそれに属する他の多くの振舞いを推測するのである。その推測が誤るのは、推測した振舞いが見られず他の振舞いが見られた場合、たとえば熱が出るべきものと推測したのに出なかった場合なのであって、振舞いとは別の何ものかについて誤るのではない。

こうして、他人について私が彼の腹痛を云々する場合、私は彼の一連の肉体運動*をある相貌のもとでながめ、そうしてその相貌のもとでながめられたその一群の肉体運動が「腹痛」というゲシュタルトに属する、としていることにほかならない。そこには私の感じる「痛み」は何もない。だが、私が見てとる「痛み」がある（なめない砂糖の「甘さ」を見てとるように——第9章）。何に見てとるのかといえば、ある相貌のもとで見られた肉体運動の集合に見てとるのである。したがって、その痛みは、一連の肉体運動のもつ「姿」であって、肉体運動とは別な「もの」ではないのである。それゆえ、この他人の腹痛は、私の感じる私の腹痛とはカテゴリーを異にする。私の腹痛は端的な痛みであって、私の肉体運動をひき起しはするが私の肉体運動とは別のものである。それは私が感じる痛みなのであり、私に見てとられる痛みではない。ここに、私と私以外の人についての根本的な非対称性がある。「痛い」ということの意味は、一人称単数とそれ以外の場合とでは根本的な相違があるのである。そしてこのことはいままで例にとってきた「痛み」についてにだけ限られるものではなく、「考える」「意図する」「悲しむ」等々、通常、意識という名で総括されるすべてのことにも当然いわれなければならない。また、私にとって「意識がある」ということは、私が何かを考え、望み、喜び、痛む等のことなのだから、他人に「意識がある」という場合の意味とは根本的に違うのである。私の意識は私が体験する意識であるに対し、他人の意識とは、私がその人の無数の振舞いに見てとる「姿」なのである。

＊　前註（一四一頁）に述べたように不用心な言い方であることに留意して戴きたい。またここで「見てとる」と述べていることは「虚想する」とも言い換えられる（第10章）。

これまで、ロボットではなく他人について長く述べてきたのは、ロボットに意識があるかないかという問いがなされる場合、それはロボットは一人（？）の他人であるかどうかという問いであるからである。つまり、他人に「意識がある」という意味において、ロボットにも「意識がある」かという問いだからである。

外見はそっくり「人なみ」に振舞い応答をするロボット、その振舞いと応答に「意識がある」という「姿」を見てとれるだろうか。他人の意識について述べてきたことを考えれば、当然その「姿」は見てとれるし、また、見てとるべきであるように思える。しかし、そういい切るには人は何か抵抗を感じる。それはロボットが機械だというところからきているのだろうか。だが、機械でもって、物理化学的法則に従って動く一つの物質系を意味するとすれば、人間もまた一つの機械であることになんの変りもない。しかし、人間の肉体の複雑微妙なはたらきはとうてい完全に理解できないものであるに対し、ロボットの肉体はいわば「見すかし」であり、設計者の計算どおりに動くという人があるとすれば、その程度の見すかしのロボットでしかないのであれば到底「人なみ」の複雑微妙で予測できない動きはできない、と答えられよう。つまり、そのようなロボットは「人なみ」ではなく、たかだか、よくできたからくり人形なのである。意識が云々されるロボットはそのような、歴然とロボットであるようなロボットではないはずである。問題になるロボットはその意識の有無を人に迷わせるに足るほどに「人なみ」であるロボットなのである。

この迷いはロボットにだけ起こるものだろうか。そうではない。夢遊病者は夢遊行をしているときに意識があるといえるだろうか。催眠術で動く人に意識があるだろうか。生後一カ月の子に意識があるといえようか。また睡眠中の人間には？ ロボットの意識についての迷いは、これらの場合の迷いと同じ種類のものではないだろうか。そっくり人なみに動くロボットも、電子工学的催眠にかけられてのものではないか、と迷うのである。催眠下で動いている人にはたして意識があるかないか、われわれは迷う。ということは、催眠された人の振舞いが明確に「意識ある」という相貌、「意識ある」姿で見ることが困難であり、といって「意識がない」相貌で見てとることもできない、つまり、その人の振舞いは「意識の有無について迷わせる」という相貌をもっているのである。そういう相貌をもっている、ということが事実なのである。そこで、その迷いの相貌にとどめておくか、あるいは「意識ある」相貌、または「無意識」の相貌で見るか、それを定める判別根拠は何もない。どの相貌で催眠下の人の動きを見るかは、事実どの相貌でその動きが見えるかという事実問題であってどの相貌で見るべきかという権利問題ではないのである。もちろん、科学の問題ではない。

そして、事実どのような相貌で見えるかは見る人のさまざまな知識、さまざまな経験、さまざまな道徳感に強く結びついている。傷ついた犬の振舞いが聖フランシスに対してもつ相貌と、犬殺しに対してもつ相貌の相違は、聖フランシスと犬殺しのもつ知識や経験や道徳感やまた情深さ等の相違に根ざしている。それと同様に、催眠下の人のもつ相貌のさまざまは、その相貌をもって彼を見る人の知的、道徳的、美的な背景から由来するのであって、科学的根拠のあるなしではないのである(ただし科学的知識はそれに多大の影響を与える)。逆に、傷ついた犬や催眠人をどういう相貌で見るかは、それを見る各人の知的、道徳的、美的そして科学的素養の一つの表現なのである。それは、傷ついた犬や催眠人に対する各人の「態度」の表現なのである。

ロボットの意識の有無もまたこれらと同様、ロボットの振舞いがいかなる相貌で見えるかという問題であり、いかなる相貌で見えるかはわれわれの知的、道徳的等々の素養に根ざし、逆にロボットに対するわれわれの知的、道徳的等々の態度の一表現なのである。ロボットを「無意識」の相貌で見る人は、ロボットを比較的平静に傷つけることができ、その苦痛に身をよじるロボットを見てもさして心を動かされまい。これはかつての奴隷や近くは色の異なる人種に対する態度と（程度の差はあるが）同類の態度である。「無意識」の相貌でロボットが見えるからこそ、この態度がとれるのであり、逆に、このような態度をとることが「無意識」の相貌でロボットを見ることなのである。その相貌と、それに対する態度はこのように強く結びついており、互いに表裏の関係にある。だがそのようにロボットに対してきた人が、ロボットとの交渉が密接になり、ロボットとのつきあいの歴史が積み重なってきた場合にはどうであろう。心のかたくなな人でないかぎり、いわば情が移るのではあるまいか。教え、教えられたり、いっしょに泳いだり、忠言を受けたり、看病をしたりされたり、危急を救われたり、同じ釜のめしを食べたり、つまり、深い「人」づきあいをした後には、彼のロボットに対する態度は変ってくるだろう。彼はロボットを傷つけようとはせず、その苦しげな振舞いにはいたく心を動かされ、彼に対して愛憎をもつだろう。このとき、彼はロボットを「無意識」の相貌では見ていないのである。少なくとも「迷い」の相貌で、あるいは「ロボット的意識がある」相貌で、ときには「人なみの意識がある」相貌で見ているのである。

だが、彼はまた、そのロボットが頭から足の先まで人工臓器でできていることを知っており、したがってその解剖学的、生物学的振舞いが人間とは似ても似つかぬことを知っている。この知識が彼にロボットを全き人間の相貌のもとで見ることを妨げる。こうしておそらく彼は、ロボットをたとえば「人間状のもの」（ヒューマノイド）と名づけて新しい人間の種族、あるいは動物の種族とするだろう。「人種差別」をするか、または動物種別を行なうのである。それに応じて、ロボットの意識もまた、たとえばヒューマノイド的意識として見られよう。そしてこのヒューマノイド的意識は人間の意識とコングロマリット的に連結されていくだろう。

われわれが他人を迷いもなく「意識ある人」の相貌で見るのは、人間生活の長い歴史をその背景にもっているからである。その相貌はその人間交渉の所産であり、またその表現でもある。また、愛犬家が犬を喜ばせ、その痛みを気づかう（犬を喜びや痛みの相貌で見る）のは、その人の犬との交渉や犬に対する愛情の所産であり、「犬的意識」の相貌で犬をながめるからである。同じように、ある人にとっては「猫的意識」や「馬的意識」があり、虫めずる姫君にとっては「昆虫的意識」の相貌すらあっただろう。これらさまざまの派生的な相貌が、中核となる人間意識の相貌にコングロマリット的に連なってきている。ロボットの意識がこれに加わるとすれば、その連なり方は犬や猫の意識が人間意識に連なるしかたとは別系統のものとなろう。しかし、ロボットの振舞いがますます洗練され、ますます生き生きとしたものになるにつれ、その「意識をもつ」相貌はますます強く人間意識に連なるにちがいない。

ロボットの意識の有無は科学理論や実験室で一挙にきめられるものではない。人間とロボットの長い歴史の中で徐々にその答えが形成されていくものなのである。いま、あえてそれを予測するならば、ロボットは意識をもつことになるだろう、といいたい。

# Ⅱ　物と言《こと》

## 6　ことだま論——言葉と「もの‐ごと」

日本をはじめ、多くの民族において、ことばには霊力がそなわっており、その力によってことばは事物を喚びおこすものと信じられた。それは光をこの世に生れいでさせた「光あれ」という神のことばにとどまらず、人のことばにもあると信じられた霊力である。言《こと》は事《こと》をよびおこす。その力が言《こと》にひそむ「ことだま」なのである。

この古代の考えは原始的信仰として、現代ではかえりみられない。しかし、言葉の働きを観察するとき、再びこの「ことだま」の力を見ざるをえない。もちろん、言葉に不可思議な神秘的な力がそなわっている、と言うのではない。そこには、ひとかけらの神秘もない。むしろ、それは平々凡々たる事実であるように思われる。

以下で、その凡々たる事実を平坦に述べてみたい。しかし、その平凡な事実が、真理や実在についてのわれわれの抱いている考えに訂正を迫ることになろう。

# 1 「無-意味」論

## 1 言葉の働き——その多様性

言葉は話し手によって語られ書かれる。それは話し手自身に向って語られ（独り言）、話し手自身に向って書かれる（ノート）こともあれば、聞き手、読み手に向って語られ書かれることもある。言葉の働きを見てとるためにまず後の場合、それも一人の聞き手に向って語られる状況に注目してみよう。

その状況に限ってみても、言葉は千差万別の仕方で働いていることは一目瞭然であろう。話し手は聞き手に、命令し、懇願し、約束し、告げ口し、説明し、説教し、お世辞を言い、皮肉を言い、グチを言い、挨拶する。聞き手を罵り、口説き、叱り、怒り、喜ばせ、悲しませせる。歌って聞かせ、どなってみせる。なだめ、すかし、はげまし、おどす。ときに、何も言わない無言の沈黙もある。

この、言葉の働きの多岐多様は、まさに人と人とのかかわり方の多岐多様そのものに他ならない。正確に言うならば、上にあげた働きの類別にとどまらず、言葉の働きは二度と同じではありえない。話し手と聞き手が変るごとに、また同じ人間でもその気分、意図、居場所、時、が異なるごとに、またその状況の変るたびに、言葉の働きは異なるのである。

それは、人と人とのかかわりが一回毎に異なることに相応するからである。歴史はくり返さず常にただ一回きりのものであり、人は同じ川の水に二度足をつけることができないように（ヘラクレイトス）、言葉は二度と同じ働きを働くことはできない。

「水を下さい」。この願いの働き方は、話し手が誰であり、聞き手が誰であり、場所がどこであり（居間、台所、庭先、オフィス、レストラン、プール、戦場、火事場、等々）、時（例えば昼か深夜か）と天候（暑い日、寒い日、嵐の日）、水の在り場所（他人の家、井戸、川、水筒等）が異なるごとに異なることは明らかであろう。だが、といわれよう。それは同一不変の「水を下さい」という「意味」が様々な状況にあって、様々に使われ、様々に働くだけではないか、と。なるほど、同一不変の一つの小刀が、紙や爪や果物や肉をこれまた様々な切り方で切り、様々な突き方で突く、と言うことは言えよう。しかし、同一不変の小刀に当る、同一不変の「意味」とはどんな「意味」なのだろうか。小刀の場合には、それが使われず、働いていないときにも、明確な形を持ち明確な重みを持って机の上にある。だが、使われていない、働いていない、「水を下さい」という「意味」とはどんな姿で在るのだろうか。それは辞書の中に「しまいこまれて」在るのだろうか。

他の場合を考えてみよう。「一つ」の歌、例えば「命短し」は様々多様に歌われる。高く低く、様々な音量、様々な声、様々なリズムで歌われ、全く同じ二つの歌い方はまずあるまい。このときもし、それは同一不変な「命短し」のメロディがあり、それが様々な歌われ方で歌われるのだ、と思う人がいれば、その人にその同一不変な「命短し」を歌って戴きたい。いや、同一不変なのは歌ではなく、楽譜だと言われるならば、楽譜は歌い方の仕様書きであり、歌ではないことに注意されたい。楽譜は破いたり燃したり書き直したり消したりできるが、歌にはそのようなことはできない。同じように、「一つ」の振付けに従って無数の踊りが踊られる。そこでも、振付け自体は踊り方の指示であって、踊りではない。

もし、「水を下さい」の同一不変な「意味」なるものがあるとすれば、それは「言葉」、「働く言葉」ではなく、言葉の振付けであり言葉の仕様書きである。そして、楽譜自体がピアノやバイオリンを弾くのではなく、誰かが、「楽譜に従って」弾くように、「水を下さい」の「意味」が何かをし、何かの働きをするのではなく、それに「従って」、或る声や或る文字が働くのである。水が欲しいとき、どういう声や文字を発し書けばよいか、という指示があり、それを習得していることがとりも直さず、「ミズオクダサイ」の「意味」、「水を下さい」の「意味」を知っていることである。それは、同一不変な「歩き」というものが小刀のようにあって、それを状況に応じて様々な「歩き方」に使うのではなく、速い、遅い、まっすぐ、千鳥と様々な歩き方があるだけであるように、千差万別の「水を下さい」の働きがあるだけであって、千変万化の働きをする同一不変な「水を下さい」の「意味」なるものがあるわけではない。

しかし、一つの国語を話せるということは、その国語の表現の「意味」を了解していることであり、同一の表現の「意味」は状況が無限に変ろうとも、一つの「意味」しか持っていないのではないか。このように問われよう。

そうではない。一つの国語を話せるということは、無限に変化する状況の中で、これまた無限に変化する働きをしようとするとき、どのような発声動作をすればよいかを習得していることである。それは、たとえば、無限に異なる紐で蝶結びをつくる手動作を習得することと同じことである。長い紐、短い紐、太い堅い紐、細くて柔かい紐、というようにありとあらゆる紐から、これまたありとあらゆる大きさや形の蝶結びをつくる。そのとき、同一不変の「結び方」「手指の動かし方」などがないことは、同一不変の「命短し」の「歌い方」、同一不変の「白鳥」の「踊り方」なるものがないのと同様である。それと同様、同一不変の「水を下さい」の「意味」なるものもないのである。様々な状況において「ミズオクダサイ」という発声動作もまた無限に変る。強い命令口調、遠慮がちな、哀願的な、明るい、暗い、きつい、間のびのした、明晰な、呟くような、断固とした、弱々しい、といった具合に。それらは音声的にも千変万化していること、一つの楽譜に従った演奏が千変万化するのと同じである。それに応じて、その発声動作の働き方、そしてその働きの結果、そして結果（水を手に入れる、拒まれる等の）の起り方もまた千変万化なのである。

ヴィトゲンシュタインは、言語の習得とはその表現の「使い方」の習得であることを強調したが、その「使い方」の習得とはより具体的には上に述べたように発声動作の習得というべきであろう（話し言葉の場合には）。一方、文字模様で書かれた「水を下さい」は、その発声動作の楽譜に他ならない。その楽譜は読み手によって無数の仕方で、声高く、または声なしに（黙読）歌われること、楽譜が無数の仕方で演奏され、または黙読されるのと異ならない。そして、一つの楽譜が同一不変の演奏を指定しないように、一つの文字模様に同一不変の「意味」なるものがそなわっているのではない。チョムスキーは、字面《じづら》の表層構造と、話し手の意図した深層構造との区別を指摘したが、彼の「深層」の水深は僅か数センチの深さであるように思われる。それは「深層」でもなく、「深く《ディープ》」もない。言葉の働きは、「深層」にあるのではなく「底」、すなわち具体的、個別的状況での働きにあるのである。そして、「意味」なるものは浅い「深層」や「表層」の夢幻的浮遊物であって、水を干しあげて「底」を陽光にさらせば雲散霧消するものであろう。

したがって、国語という「言葉」があるのではない。国語、ソシュールの言う langue は「言葉」すなわち「働く言葉」ではない。そこでの語は各種の音符おたまじゃくしや休止符その他の記号にあたり、文法は転調やペダルその他を含む作譜規則にあたる。われわれは国語を「使う」のではなく、それら諸規則に「従って」発声動作をし、ときに作譜すなわち文章を書くのである。その規則や記法である国語は、野球規則が野球試合でなく、将棋規則が一つの勝負でないのと同様、「言葉使い」ではないのである。

「記号はそれ自体では命を持たぬ。何がそれに命を与えるのか。使用の中にそれは生きるのだ。そのとき、命ある息吹きを得るのか。あるいは、使用こそその息吹きであるのでは？」（ヴィトゲンシュタイン『哲学研究』［いわゆる『哲学（的）探究』］§432）。

## 2　声は身《み》のうち――声振りによる触れ合い

人は話すとき、声を出す。それは息を「吐き」、汗を「出し」、血を「出す」ように身体の一部が外へ「出て」、身体への所属を失うことだろうか。肺の中で酸素を供給中の空気、口の中で消化中の唾はわたしの肉体の一部であろう。また体内を循環中の血もまたわたしの身体の一部であろう。血を「失う」ためには、まず血を「持って」おらねばならず、血を「持って」いるとは、胃や神経や骨を「持って」いるのと同様、それが身体の一部だということである。しかし、吐き捨てた唾や、流れだした血はすでにわたしの肉体との親密な関係を失い、身体の一部ではなく、外の物となる（この点、父にとっても母にとっても子供は微妙な関係にある）。

このように、身体への所属関係は、身体（の他の部分）との親密な関係を持つか持たぬかに依存している。では親密な関係とはどんな関係だろうか。それは簡単に言えば、身体が全体として、生物的にまた社会的に生きていることに「参加」していることだ、と言えよう。吐かれた唾、流された血、流された汗はその参加を止めたから、外の物となるのである。

声は血や汗と非常に異なっている。それは血や汗のように「見られ」「触れられる」物ではなく、「ひびき」「聞かれる」ものである。さらに血や汗と違って、「出される」以前には存在しなかったものである。また、「出され」ても、その命は短く、聞かれた途端に消え去ってゆく。レコードやテープによって音は繰り返せるが、特定の状況で働いた「声」はもはや二度と帰らず、「駟馬《しば》も追う能わず」なのである。また、音としてさえ滞留することができない。さらに、血や唾は体内にあって身体が生きることに参加している。つまり、体内にあって働く。それに対し、声は、通常の意味での身体、の外にあってのみ、すなわち、「出され」てのみ働くのである。しかし、だからこそ、声は皮膚の外で身体の生きることに「参加」しているのである。そこでこそ、身体と親密な関係を持つのである。

その意味で、声をそのあらゆる特異性にもかかわらず、身体の一部と見てとることもできる。それはあくまで「見てとろう」という意図であって、「そうである」という判定でもなければ、「そのように〈身体〉を定義しよう」という定義でもない。そのように「見てとれ」ば、言葉の働きがある角度からより鮮かに把えることができると思うのである。声を肉体の一部と見てとるならば、声は咳やくしゃみのように出ては消えゆく身体部分である。五体や五臓六腑はそれに対し、姿態は変るが長年保持され、他の人に「見られ」「触れられる」身体部分である（もっとも絶えざる物質代謝によって入替えが行なわれているが)。声は「出され」、「ひびき」「聞かれる」、身体部分である。同じ見てとり方からすれば他の人の方に向けた「視線《まなざし》」もまた身体部分であり、それは他人によって、手足とは違った意味で「見られ」「感じられる」身体部分である。「見つめられ」たり、「無視」されたり、「ねめつけ」られたり、「いとおし」がられたり、「眼《がん》をつけ」られ「目をつけ」られたり、と他人に「感じられる」身体部分である。だが、「視線《まなざし》」は眼球のように触れることはできない身体部分である。しかし、声と違ってそれを意図すればかなりの時間保持できる、だが「出てゆく」ことのない身体部分である。眠れば閉じられ、死ねば「うつろ」になる部分である。

人は五体を複雑な仕方で動かすことができる。それと同様に、その視線を様々な様態で様々な方角と距離に向けることができる。すなわち、視線を動かすことができる。またそれと同様、様々な発声動作によって、声を様々に動かすことができる、と言えよう。五体の動きを「体振り」と言うならば、視線の動きは「視振り」であり、声の動きは「言い振り」または「声振《こわぶ》り」と言うことができよう。そして、五体、視線、声、はそれぞれ身《み》の一部なのだから、「体振り」「視振り」「声振り」を合せて「身振り」と総称できよう。

さて、人は「体振り」すなわち手足や胴体を動かして他人を動かすことができる。他人を動かす、とは文字通りその他人の体を変形移動させる場合もあれば、他人の心を動かす場合、また、その両方である場合もある。手で突き飛ばし、足でなぎ倒し、頭突きでひっくりかえすこともできれば、肩を叩き頭を撫で握手することもできれば、拳を振り上げて脅かし、頭を振って拒絶し、頭を下げて挨拶、謝罪、恭順、感謝をすることもできるのである。それらの体振りは、それぞれの状況の中で相手を身体的、精神的に動かす意図の下になされ、多くの場合相手はそのように動くのである。

「視線《まなざし》」の場合も、「視振り」によって他人を（多くの場合）精神的に動かす。脅かし、羞じらわせ、侮り、賞讃し、へつらい、非難する。「目でものを言う」のであり、ときには「目顔で知らせて」相手を身体的に動かすこともある。

声は視線にくらべて目ざましい仕方で働くことは明らかであろう。人が人を動かすのは大部分声によってである。声は手足で相手に触れるようには触れはしない。しかし、相手に「聞かせる」ことによって、広い意味では相手に触れて相手を動かすのである。手で相手をなぐるように、声で相手を鞭うつことができる。相手に「声をかける」のである。手で相手を押し出すように、「でてゆけ」の声で相手を押し出すことができる。相手の肩や背を手で撫でさするのと同様、声で相手を慰めることもできる。指差し、押し止めて相手を危い場所から遠ざけるように、声によって相手を押し止めることができる。

日常生活の場では、このような「体振り」「視振り」「声振り」は一体となって「身振り」として働く。言葉の働きはそのように、人の働きの一部であり、声は人の身の一部なのである。「言葉を話すことは、一つの行為の一部、または、ある生き方の一部なのである」（ヴィトゲンシュタイン、前出、§23）。しかし、「命題を道具として、その意味をそれの使用としてみよ」（同、§421）、と言うよりは、声を身の一部として、そして言葉の働きを身振りの一部として見るべきである。わが身と相手の身との（広義の）触れ合いの一部が、言葉の働きなのである。

聞き手は話し手の身振り、すなわち話し手の体振り、視振り、声振りによって（広い意味で）触れられる。それによって聞き手は身体的、精神的に動かされるのである。多くの場合、人は対面して話す。その対面の場面では、声振りは体振りと視振りと一体となって働き、その一体となった身振りから声振りだけをひきはがして分離することはできない。しかし一方、後向きでの対話、電話での対話、壁を隔てての話のような場合には、触れ合いは声振りによる触れ合いである。だがその場合でも、壁の向う、電話線の他端、自分の背後には、身振りをしている「人」がおり、いま触れられている「人声」はその一部であることが承知されている。それに対し、たとえばコンピューターがどんなに巧みな会話をわたしとすることができたにせよ、その声は「人声」ではなく、「人」の身振りの一部ではない。たかだか、それは「コンピューター振り」の一部としての「コンピューター音」なのである。たしかにその場合でも、わたしとコンピューターとの間に触れ合いはある。しかしその触れ合いの仕方、その触れ合いによってわたしが動かされる仕方は、人を相手としての場合と全く異なるのである。たとえば、コンピューターが「水を下さい」と発音するとき、わたしは何をすべきなのだろう。「ぼくは猫は嫌いだけれど犬は可愛いね」と発音したとき、わたしは何を考えてよいのだろうか。

したがって、もともとは「人間の言葉」、人と人との間の言葉、の意味を拡げて、コンピューターとのやりとりをも、「言葉」と呼ぶことは自由であるが、そう呼ぶことによって、「人言葉」の働き方と、「コンピューター言葉」の働き方の大違いは些かも減りはしない。それは、日程を「消化する」と言うことによって、食物の消化が旅と些かでも似てきはしないのと同様である。

「人」の声振りによって聞き手に声がかかり、そして聞き手が動かされる仕方は習得されねばならない。体振りや視振りによる動かされ方の大部分は習ったり練習したりする必要はない。突き飛ばされたり、にらみつけられたりしたとき、どう動くかを誰も習得したわけではない。しかし、或る種の体振りや視振りによってどう動かされるかは習得されたものである。たとえば、指でのVサイン、掌を上に下に向けての手まねき、合掌、ウィンク、等によってどう動かされるかは習いおぼえたものである。

それに対し、声振りによる動かされ方は、極く一部(泣き声、甘え声等)を除いてはすべて習得されたものである。それはしかし、「意味」なるものの習得ではなく、声振りに触れられてどう動かされるかという、動かされ方の習得である。バレリーナとそのパートナーが体の微妙な触れ合いでどう動かされるか、ダンスの相手に触れられてどう動かされるかを習得するように、話し手のどういう声振りに触れられてどう動くかを習得するのである。ここで「動く」「動かされる」と言ったが、それは再び、単に身体的運動のみならず精神的に動かされることを含むことを注意したい。

相手が「水を下さい」と声振《こわぶ》るとき、その特定の状況の中で相手が「水を欲しがり、それをわたしに求めている」という相貌をもってわたしに立ち現われてくる。そのように、わたしは（精神的に）「動かされる」。「水を下さい」という声振りに触れられてそのように動かされることを習得するのである。「さっき門の外で交通事故を見た」という話し手の声振りに触れられたとき、「先刻門の外であった交通事故」がわたしに立ち現われ、更に「そこに居あわせた」という相貌と「それを今わたしに告げ知らせている」という相貌とをもって話し手がわたしに立ち現われる。そのようにわたしは彼の声振りに触れられて動かされる。そのように動かされる仕方をわたしは習得したのである。

逆に、「水を下さい」と言う人は、そのように声振ることによって相手に、「水を望んでいる人」として自分を立ち現わし、水を得ようとする。自分のその目的に対し、どのように声振ってよいかを習得しているからである。手足を使って相手を水の在る場所に押しやり水を汲ませて渡させる、という体振りは習得の結果ではない。しかし、声振りによって水を得ることの方が、遥かに少いエネルギーで遥かによい結果をもたらすことは余りに明白であろう。更に、声の物理的性質からして、相手が何かに遮蔽されて見られぬ場合、また相手がこちらを向いていない場合にも、「声は届く」のであり、それは「手の届かぬ」また「目の届かぬ」場所にまで届くのである。その利点は、聾啞《ろうあ》者の指話や手旗信号（ともに体振り）と比較すればすぐわかるだろう。だからこそ、様々な声振りを可能とする発声器官をもった人間は、習得作業という代価をはらってでも声振りをするのである。

この声振り方の習得訓練が積み重なって或る程度に達したとき、すなわちそれまで習ったことのない新しい声振りをしたり、それに適切に動かされたりする段階に達したとき、その人はその国語を学習したと言われる。つまり、その国語が「わかる」と言われる。しかし、前節でも強調したように、国語は「言葉」ではない。いかに声振るか、いかに相手の声振りによって動かされるか、の慣習である。その慣習に従って声振り、それに従って触れられる、その行為が「言葉」なのである。文字でしるされたものは、言葉使いそのものではなく、その楽譜でしかありえない。だから、慣習である国語を文字だけで書きしるすことはできない。既知の文字で未知の文字を説明することはできる（辞書）。しかし、或る範囲の語や命題や表現は声振りの実演、すなわち行為によって習得される以外にはない。それは歌を習い、ピアノを習い、運転を習い、また鳥が囀《さえず》りを習うように、行為によってのみ習得されるのである。

或る状況の中で或る意図を持つとき、どのような声振りをすればその意図がはたせるか、また相手の声振りに触れられてどのように動かされるべきか、それを承知することが或る表現の慣習を習得することなのである。
それが通常、その表現の「意味」を知る、と言われていることなのである。しかし、「意味」なる何ものかがあるのだろうか？

## 3 「意味」と二元論的構図

前節まで、言葉の働きの事例として故意に、命令だとか懇願だとかそれが行為であることが鮮かなものをあげてきた。それは、声は話し手の身《み》の一部、つまり話し手自身の肉体的部分であること、そしてその声を聞くことは話し手の肉体によって（広い意味で）触れられることであること、つまり、話し合いとは肉体の触れ合いであること（少くとも、そう見うること）を強調するためであった。

しかし、言葉の働きには一見行為とは見にくい働き方がある。それは、叙述とか描写とか報告といわれる動きのにぶい働きである。そして言葉の「意味」なるものが想定されやすいのはその働きにおいてである。

叙述や描写や報告、通常「命題」と呼ばれる表現の働きにおいて「意味」を想定する誘惑にかられるのは次のような原因からであろう。

或る日或るとき或る人Aが他の人Bに向ってたとえば、「実は昨日競馬でひともうけした」と打明けるとする。BはそのAの言葉を了解する。すると、その了解された何ごとかはAとB以外の誰もが知らない。その何ごとかはいわばAとBの心の中にのみある。そのようなあり方であるもの、それが「意味」と呼ばれる。この事情が誘惑の原因の一つである。

しかし、そのような「意味」を想定する必要は必ずしもない。というのは、上の場合、AとBのみが知り了解していることは、「Aが競馬でもうけた」という一つの事実、現にこの世に生起した事実だとしてもよいからである。その事実をAB以外に知る人がないことに何の不思議もない。ところがここに第二の誘惑の種が生じる。それは、Bが了解した何ごとかは、その事実そのものではないように見えることである。BはAがどこの競馬場でどのレースのどの馬にどういうやり方で賭け、どれだけもうけたかを知らない。つまり、Bが了解した何ごとかは、上の事実そのものではなく、いわばその事実の漠とした略画なのであり、ピンボケの写しなのである。したがって、事実と或る仕方では対応しているが、事実そのものではない何ものか、つまり「意味」なるものが想定したくなる。

さらに、上のAの叙述、「実は昨日競馬でひともうけした」という発声は、Aとは別な人が別な競馬について誰に語っても何ごとかが了解される。そして、その発声が同じであるのだから、了解された何ごとかも常に同じであるはずだと思われがちである（この誤りは第1分節で指摘した。また次の第2節でも再検討される）。すると、了解された何ごとかは、Aの賭でもなし他の誰の賭でもない、つまりいかなる事実でもない、ということになる。

そこで、事実とは別種な何ごとか、つまり「意味」なるものが想定される（この事情は、ラッセルが、系統的多義性〈systematic ambiguity〉、フッサールが状況的表現〈okkasionelle Ausdrücke〉と呼んだ「私」「ここ」「今」などの場合の一般化であるが、ここでその細部には立ち入らない）。

しかし、更に強く「意味」の想定に誘惑する事情がある。それは、実在しない「もの」、事実でなかった「こと」（false fact）、についてもわれわれは何ごとかを了解する、という事情である。「エーテルは電磁波を伝える」、「桃太郎は桃から生れた」という言葉を聞いてわれわれは何ごとかを了解する（もちろん、その真偽は別問題である）。また、「義経は屋島で討死にした」「太陽は地球より小さい」等の言葉を了解する。さらに、「問う」ことはすべて、その問いに対応する事実が在るかどうかを知らずして問うことである。その際、当然問う人は自分の言葉を了解している。このように、実在しないもの、事実でない（また、ないかもしれない）「こと」について何ごとかが了解されるとすれば、その了解された何ごとかは、実在する「もの」、事実である「こと」とは別な何ごとかでなければならない。それが「意味」だと呼ばれることになる。

だがさらに、これら、「意味」の想定に導く様々な誘いを、いわば総括するともいえる単純だが強力な「誘い主」がある。それは、われわれが様々な「もの」「こと」を、言葉を機縁とするかしないかにかかわらず、「思い浮べる」、あるいはそれらが「念頭に」、「心に」、「浮ぶ」と考えることである。「浮んだ」何かはわたしにのみ「浮んだ」のであり、わたしにのみ「思われた」のである。だから「思い浮べられた太陽」は真夜中でもわたしの「念頭」では輝いているのである。ここで、そのわたしの念頭にあって輝く太陽は、今地球の反対側にある実物とは別の何ものかである、と考えたくなるのは至極自然なことである。そこで実物の太陽が「対象」と呼ばれ、わたしの念頭に浮ぶものはその「表象」とか「像《イメージ》」とか呼ばれるに至る。

太陽のような「もの」についてと同じことが「こと」についても言える。「太陽が輝いていること」「太陽は巨大な原子炉であること」「今月総選挙があったこと」の「表象」が念頭に浮ぶのである（だが、「もの」と「こと」が分離可能な別々のものとは思わない。「こと」なくて「もの」はなく、「もの」なき「こと」もないであろう。しかし、それに対応する、「表象」と「判断内容」、また「表象作用」と「判断作用」についての長い論争にここでは立入らない。第8章「宇宙風景の「もの-ごと」」参照）。

さらにこの、対象と表象との二重化・二元化の傾向（デカルトとブレンターノはその際立った促進者であった）は、今知覚されていない「もの」「こと」の場合から、今知覚されている「もの」「こと」にまで拡大されてくる。

たとえば、「単に樹木といふもの即ち自然内の物は、知覚意味として知覚に、而も不可分離的に属してゐる所の知覚されたものそのものでは決してない。単に樹木といふものは焼失したり、化学的元素に分解したり等々するといふ事ができる。然るに意味——此の知覚の意味、即ち此の知覚の本質に必然的に属するもの——は焼失できない。それは何等の化学的元素、力、実在的特性をも有たないのである」（フッサール『イデーン』89節、池上訳）。また、トワルドゥスキーが「表象せられた対象はもはや対象ではなくて、表象の内容であり、真の対象とは全然異なった或るものである」と言い、「表象せられた対象とは表象の内容であり、対象の〈精神的模写〉である」（『表象の内容と対象』4節、川村訳）と言うとき、今知覚している「もの」を含めていることは明白である。

この一般的な二元論の誘惑にむしろ喜んで応じて、「意味」の想定がなされる。言葉を聞いて了解される何ごとかは、「もの」や「こと」それ自身ではなく、その「表象」であり「像」であり、その「表象」や「像」こそその言葉の「意味」に他ならない、この構図にはまりこむのである。「命題記号と事態との間に何か純粋な中間物（Mittelwesen）を想定する傾向」（ヴィトゲンシュタイン『哲学研究』§94）にはまりこむのである。たとえば、ソシュール（『言語学原論』第一篇第一節）の「概念」または「所記」signifiéがそれであり、オグデン、リチャーズ（『意味の意味』p. 11）の三角形（本書二一八頁）の頂点である「心的なもの」がそれである。

「意味」がこのように二元論の構図にはまりやすいのには今一つの事情がある。それは、言葉はその叙述の働きにおいて、単に個々別々の「もの」「こと」を描写するのみならず、一般的事態や抽象的「もの」「こと」を描写する、という事情である。「すべての烏は黒い」「彼は数匹（複数）の犬を飼っている」「誰かが行った」「知は力なり」「愛は死よりも強し」「犬も歩けば棒にあたる」、これらの言葉で了解されることに対応する「もの」や「こと」は普通の意味ではこの世に存在しない。それにもかかわらずわれわれは何ごとかを了解している。そこで、「意味」の世界が想定されて、そこに居所を得ることになるのである。

しかし、この二元論の構図は世界と人間に対する見方を根幹的に拘束する構図である。それは「存在」を、「物と心」を、「身体と心」を、「意識」を、一つの向きに規定してしまう構図である。こういう基幹的構図は単に「哲学」を拘束するだけではなく、日常の一事、茶飯の一事の見方にまで滲透する。それは生活の構図、生き方の構図だと言っても誇張したことにはならない。

この二元論の構図が誤っているとは言わない。しかし、適切でないと思うのである。構図は一つの染色法になぞらえることができよう。細胞の構造を視覚的に識別するために、各種の染色法が使われる。一つの染色法はたとえば細胞の核を鮮かに浮き出させるが細胞膜に明瞭なコントラストを与えない。他の染色法は丁度その反対の効果を持つ。そのいずれも少しも誤っておらず正しい構造を染めだす。ただ、或る目的に対しては一つの方が他方よりも、より適切なのである。しかし、細胞の構造をより精しく見ようとするならば、できるだけ多くの染色法を並用せねばならない。それと類比的に、二元論的構図が誤りであるとは言えないのである。* 「対象」と、「表象」や「意味」との対立を、「物」と「心」の対立を、強いコントラストで際立たせるには適切な構図であろう。しかし、危険なのはそれが唯一の構図であると思いこむことである。その構図に鎖でつながれ釘付けになることである。

その危険を防ぐためには、この二元論的構図とは違う別の構図を具体的に描いてみることしかない。その別な構図の下では、「対象」や「表象」や「意味」が、編制変えを受けるだろう。たとえば、「対象」は「表象」の「原物」として「表象」に対立するもの、という姿を変えて別な姿をとってくるだろう。そして「表象」や「意味」はひとたび姿を消して、新しい「対象」に対立するものとしてではなく、対象にもっと親密な姿をとって再び浮びでてくるだろう。既に先立つ二つの分節でこの別な構図を暗示し準備したつもりであるが、次の分節でそれを明確にすることを試みる。

＊ 今では私は誤りだと言いたい。「表象」という概念は論理的に空虚であると思われる（本書第4章「無心の言葉」）。

## 4 「立ち現われ」――そのさまざま

今東京にいるわたしが、誰かの言葉を聞いてか、おのずとか、とにかく京都の賀茂川を「思い浮べた」としよう。二元論的構図の下では、その「思い浮べられた」賀茂川は、京都を貫いて流れている「対象」としての賀茂川の「表象」なのである。しかし、この賀茂川の「表象」はどこを流れているのだろうか。二元論の下では、いや「表象」はどこをも流れない、「表象」は流れる種類のものではないことは流れ水の写真が流れないのと同様だと考えられよう。しかし、わたしはいま賀茂の写真を思い浮べているのではない。コピイを思い浮べているのではない。わたしが今思い浮べているのは京都の賀茂川、流れている賀茂川なのである。しかし、いや、それは賀茂の「表象」を「通して」durch 対象である賀茂を思い浮べているのだ(トワルドゥスキー、前出、4節)、と言われるかも知れない。わたしならそれに加えてこう言うだろう。とにかく君が思い浮べている賀茂川の流れに手を入れることはできまい、その流れを見ることもできまい、だからそれは本物の賀茂川ではなくて「表象」の賀茂川なのだよ、と。それは食べることのできない「画にかいた餅」と同様、触れることのできない「頭に描いた賀茂」、つまり「表象」なのだ、と。

しかし、ここで別の構図をえがいてみよう。本物の賀茂川は二つの仕方でわたしにじかに「立ち現われる」。「表象」なるものを「通して」ではなく、じかにである。一つの立ち現われ方は、知覚的に立ち現われる仕方である。賀茂がその立ち現われ方をするのはわたしが賀茂のほとりに居り、肉眼で眺め、あるいは手を入れてその水に触れる場合である。それに対して今一つの立ち現われ方は、今のようにわたしが遠く離れて賀茂を「思う」ときの立ち現われ方で、その場合は見たり触れたりできない、つまり知覚できない。知覚的立ち現われに対して、この思い的立ち現われの根本的性格は今述べたように、知覚できない、知覚していない、という所にある。

二元論の誘惑の発端の一つは、この「思い」が知覚でない、という所にあると思う。眼で見なければその姿がわからず、手で触れねばその冷たさがわからぬ種類の事物である賀茂川を、今見ることも触れることもできない所にいるわたしに何らかの形で現前させるためには、ただ何かの仕方での本物の写しによる以外はない、と考えるのである。そしてその写し、またはそれに類する何ものかに「表象」の名を与え、それを認知したのである。

ここまではいわば素朴二元論の段階であって、「表象」といういかめしい名はつけないものの、多くの人が暗黙の中にこの構図の中にいると言えよう。しかし、素朴二元論がその素朴さを失うと、「表象」を現に知覚しているものにまで拡張する。ヒューム（『人性論』*Everyman's Library*, p. 188, 202, 203）は、素朴《バルガー》な人は物の連続存在の信念に止まるに対し、哲学者は更に「知覚」perception と「物」object の二重存在（double existence）をでっちあげる、と述べている。その通り、多くの哲学者は、知覚現場においても「表象」すなわち「知覚像」と「対象」とを区別するに至ったのである。

ここに至って二元論は奇妙な図柄を提示することになる。すなわち、知覚も思いもすべてこれ「表象」となり、「対象」はそのすべてを蔽う「表象」の幕の向う側に押しやられる。そこで不可知論や懐疑論におち入るまいとすれば、「対象」を何らかの仕方で「表象」から再構成せざるをえなくなる。するとその結果、「対象」と「表象」の、本物対写しという当初の関係が変質を受けざるをえなくなる。こうして、二元論の構図はみずから変態して焦点のぼけた構図になるのである。

だがその反面、こうした変貌を経た二元論の構図は、今わたしが述べようとしている一元論的構図に接近したものとなる。そしてそこには簡単な対応が見られることになった。すなわち、

| **二元論構図**（名詞的構図） | **一元論構図**（副詞的構図） |
|---|---|
| 知覚「表象」………… | 対象の知覚的立ち現われ |
| 非知覚的「表象」………… | 対象の思い的立ち現われ |

しかし、その根本的違いは、二元論では二元論である限り、「対象」は「表象」を「通して」のみ現われると見るに対し、一元論では、「表象」のような仲介者なしに「対象」はじかに立ち現われると見る所にある。「あれこれのものやかくかくのことを言ったり考

えたりするとき、事態の手前（vor）に立ちどまっているのではない」（ヴィトゲンシュタイン、前出、§95）。

　このことは、過去の想起において尖鋭にあらわれる。二元論の構図では、去年の嵐のことを思いだすとき、今思いだされているのはあくまで「表象」、去年の嵐の「表象」であり、去年の嵐そのものは今では既に過ぎ去って存在しないものと見るであろう。それに対し、一元論の構図では、去年の嵐そのものが今、じかに思い的に立ち現われている、と見るのである。また、未来の予期であるならば、予期された未来の事件が今思い的に立ち現われる。過去も未来も「今」において存在するのである。「今」は永遠の今であり、その「今」において、過去と未来そのものがじかに思い的に立ち現われ、それと並んで現在の知覚風景はじかに知覚的に立ち現われているのである。ただし、現在でも、知覚されていない何ものか、たとえば隣室のことや数学の定理は、知覚的にではなく思い的に立ち現われる。

　過去や未来の「もの」「こと」が思い的に立ち現われる場合の仕方にも無限の変化がある。たとえば一週間を費やした旅行が今一挙に立ち現われることもある。歌うのに数分必要なメロディが今一挙に想い起されるようにである。しかしまた、その旅行なりメロディの一部が次々と立ち現われ、また立ち消えてゆくこともある。さらに、「或る日」「或る時」「近頃」「ずっと前」といったような不定の時間規定をもって立ち現われることもある。

だが、想起の様態をもつ思い的立ち現われの相当部分に共通したことは、それらに「かつて知覚的に立ち現われた」という、いわば消印がともなっていることである。換言すると、それらは「かつての知覚的立ち現われ」の、「思い的立ち現われ」という様態をもった立ち現われである。それと並んで「かつて思い的に立ち現われた」という消印のついた立ち現われがある。たとえば今から三日前に今から四日先、したがってその日から七日先の或ることを予期したとする。そのことを今想起するとすれば、その（三日前に思い的に立ち現われた）予期が、「かつて思い的に立ち現われた」という消印をもって今また思い的に立ち現われるのである。この消印は文字通り何かのしるしがついているのではもちろんない。しかし、一つの立ち現われがいわば「見憶えのある」もの（正常な意味で déjà vue のもの）として端的にそう立ち現われるのである。端的に「まがうことなく」から、端的に「うろ憶え」、端的に「あるいは」、と様々な濃淡をもってではあるが。この「かつて知覚された」という消印または刻印は、「かつて夢みられた」「かつて物語られた」「いま願望されている」「いま予期されている」等々の消印と並ぶ一つの消印なのである。

＊ ラッセルの「熟知の感じ」feeling of familiarity（『心の分析』第9講義、1921）はこれに近縁であるが、「感じ」というのは不適切であろう。なおヴィトゲンシュタインはこの「熟知の感じ」の分析で『茶色本』第Ⅱ部を始める。

想像の様態での立ち現われにはその消印がない。これまた端的にないのである。その代り、現実性についての様々な様相を帯びている。熟知している建物の内部の想像では、その内部が現実性の様相を帯びて立ち現われる。よく知らぬ家の内部は、「不確実」「半信半疑」「疑わしい」「どうでもよい」等の様々な様相を帯びて立ち現われる。もちろん知覚的にではなく思い的にである。予期や予想や期待の想像にあっても、現実性様相は様々なものがある。

一方、現実性を拒む様相を帯びた想像がある。物語りや虚構の空想である。この空想においては、通常の意味での存在せぬ「もの」、事実でない「こと」がその様相を帯びて、思い的に立ち現われる。だが「思い誤り」の場合には、現実には実は存在しない「もの」、たとえば亡くなったことを知らなかった人、こわされたのを知らなかった家、あると思い違えていたが実はなかった階段、それら存在しない「もの」が現実性の様相を帯びて思い的に立ち現われることがある。同様に、「思い誤られ」て、真実ではない「こと」が現実性の様相を帯びて立ち現われることもある。

これらの空想や「思い違い」では、実在しないものやことが立ち現われに登場する。ここに、「立ち現われ」と、「実在」および「真理」との明白なずれがある。しかし当然、このずれは二元論的構図にもあるはずのものである。事実、デカルトも「……私は夢みており、私の見たり想像したりするものはすべて偽であると私は想定したのだけれども、しかし、それらのものの観念が私の中に真実にある、ということは否定できなかった……」

(『方法叙説』4部)、また「……観念は、単にそれ自身において見られ、他のものと関係させられないならば、本来偽ではありえない。なぜなら、私が山羊を想像しようとキマイラを想像しようと、私が想像するということ自体はどちらの場合でも等しく真である」(『省察』Ⅲ)ことを認めている。

すなわち、デカルトにとって、夢の事物であれキマイラであれ、また眼前に見えるランプであれ、「それ自身において見られ、他のものと関係せられないならば」、それらの立ち現われは最も強い意味で「真」なのである。立ち現われたのだから立ち現われたのである。したがって、それらの立ち現われは最も原初的な意味で「存在」したのである。夢の立ち現われ、キマイラの立ち現われも「存在」したのである。この強引な言い方も語源的には多少正当化されるように思える。茅野良男氏によれば、ヨーロッパでの「存在」(エグジステンツ、エグジステンス等)の語は、「外に(エクス)立ち出る(シストー)」に由来し、「立ち出る」「立ち現われる」ことから「立ち出た状態」「立ち現われた状態」を意味するとのことである(「哲学の日本語」、『言語』七三年一月号。またこのことは井上忠氏に確認して戴いた)。いずれにせよ大切なことは、「実在するもの」も「実在しないもの」もその立ち現われにおいては、「それ自身において見られ」る限りは、同等の資格で「存在」する、ということである。実在する、しない、は「他のものと関係」してはじめて生じる区分なのである(このことはのち程、あらためて検討する)。

同様に、個別的に「実在」するのではない「もの」や「こと」も独特の仕方で立ち現われる。幾何学の証明の中に立ち現われる三角形一般は、ロックの普遍的三角形ではない。そのとき立ち現われるのは、無限個の個別的三角形である。もちろん無限個の個別的三角形が顕在的に立ち現われるのではない。それら無限個の三角形のすべて、または二、三のものを除いたすべてがいわば「待機的に」立ち現われる。この待機的な立ち現われ方は独自のもので、それを説明することはできない。ただ事例をあげてみることだけができる。たとえば、「掛け算」の立ち現われでは、無限にある個別的掛け算が顕在的に立ち現われはしない。それはむしろ、アルゴリズム的に、すなわち具体的数が与えられたならばその掛け算を実行する用意がある、という「待機の姿勢」で立ち現われているのである。「自然数」「実数」の立ち現われ方も、複雑な待機の姿勢をもっている。その姿勢は小学生と大学生と数学者ではそれぞれ異なるだろうし、わたしにも立ち現われの度ごとに異なっている。「犬」の立ち現われ方も、無数の犬、死んだ犬、生れてくる犬を含めたあらゆる犬が待機的に立ち現われるのである。

以上で述べてきたのは、様々の立ち現われ方のうちで主だった種類の若干に過ぎない。しかし、二元論の構図とは別ないま一つの構図の輪郭を示すには十分であろうと思う。この一元論の構図の中で言葉の「意味」を定位することが次の仕事となる。あるいは、「意味」を抹殺することが。

## 5　ことだまの働き——話し手と聞き手

聞き手の側から始めよう。話者の「今朝賀茂川の水かさが増した」という声を聞いたとき、わたしに水かさの増した賀茂川、今朝の賀茂川が立ち現われる。そのとき、話し手の言葉の「意味」がわたしに立ち現われるのではなく、水かさの増した賀茂川、しかも今朝という過去の賀茂川そのものがじかに立ち現われるのである。また、まず第一に話し手の言葉の「意味」を了解し、その「意味」を「通して」今朝の水かさの増した賀茂川が立ち現われるのでもない。そのような「意味」が仲介者として登場する余地はどこにもない。そのような「意味越し」に賀茂川が立ち現われていはしない。賀茂はまさにじかに立ち現われている。

話し手の「ケサカモガワノミズカサガマシタ」という声振りに触れられて、過ぎ去った今朝の、水かさの増した賀茂川がじかに立ち現われるのである。それはそのとき、わたしが京都に居ようと東京に居ようとそうである。わたしは相手が誰であろうと、そのような声振りに触れられればそのような賀茂川が立ち現われるように訓練されている。つまり、日本語がわかるように訓練されている。相手の声振りにそのように動かされるように訓練されているのである。この訓練の成果に抵抗することは、兵士が上官の「気を付け」の号令に抵抗するよりもっと難しい。叙述の声は命令の声より、はるかにあらがいがたいものである。

しかし、この話し手の声振りに触れられて、今朝水かさの増した賀茂川が一定不変の仕方で立ち現われるわけではない。時と所、話し手の変る毎に、その立ち現われ方もまた変る。また、わたしの賀茂川への親しみの増すにつれそれは変る。そのときの賀茂川への興味の多少につれてもそれは変る。外国人にその言葉を翻訳して教えた場合、その外国人は訓練ずみの彼の母国語にそれを転調するであろう。しかし、その外国人の訓練はまたわたし同様一定不変のものではない。

一方、今朝水かさの増した賀茂川の立ち現われ方がいかに毎回変るにせよ、それは昨日水かさの減った賀茂川の立ち現われ方とは区別できる。ということは、毎回変るその立ち現われ方も、他の「こと」や「もの」の立ち現われの中では、「似たもの同士」として一つのグループを作る。もし「意味」なるものを想定するとすれば、それはこのグループを名指すものとする他はあるまい。すなわち、「今朝賀茂川の水かさが増した」という言葉の「意味」とは、千差万別でありながら互いに相似る立ち現われ方のグループなのである。だから上の文章に対応する一つの声振りに触れられたとき、まずその「意味」を了解し、ついでその「意味越し」に賀茂川を志向する、ということは意味をなさないのである。

ましてや、「意味」を文字で記すなどということは不可能である。それは歌い方や弾き方を楽譜に記すことが不可能なのと同様である。なるほど、人は楽譜を見て歌い弾く。しかし、たとえば五線の一番下の線に音符が乗っているのを見れば、ミの音を出す、というそのことを楽譜で記すことはできない。また♪を見れば♪の二倍長く音を続けよ、ということを五線譜で記すことはできない。同様に、「赤いバラが咲いた」という文字譜をみて、どのように声振ってよいかをその文字譜で記すことはできない。そして次に、その声振りによってどのような「もの」「こと」が立ち現われるように訓練すべきか、それもその文字譜で記すことはできない。ことは逆で、まず、その立ち現われの実地訓練があり、その実地訓練との対応の約束をまた訓練した上で、メモとしての文字譜が可能となるのである。

要するに、聞き手の側からすれば、言葉の意味の了解なるものは実は、話し手の声振りに触れられて動かされること、叙述の場合であれば、或る「もの」「こと」が或る仕方で訓練によって立ち現われること、じかに立ち現われること、に他ならない。そこに「意味」とか「表象」とか「心的過程」とかの仲介者、中継者が介入する余地はないのである。すなわち、言葉（声振り）がじかに「もの」や「こと」を立ち現わしめるのである。言葉の働きはこの点において、まさに「ことだま」的なのである。しかし、個々の人の身振りの一部である声振りを離れて言葉はない。したがって、「ことだま」が宿るのは声振りに、したがって身振り、したがって「人」に宿ると言うべきである。このことは命令や懇願の場合に、より鮮かにあらわれる。話し手が「水を下さい」と声振るとき、その話し手は自らを「水を求めている人」の相貌をもつ人として聞き手に立ち現わすのである。その声振り自体がその相貌の一部であり、したがってその相貌を持つ話し手の一部なのである。それゆえ、「ことだま」がその声振りに宿るというのであれば、話し手の眼差しには「眼だま」が、手には「手だま」が宿るといわねばならない。このように、「ことだま」には何も神秘はない。

叙述において、話し手が聞き手に「もの」「こと」を立ち現わしめる、といっても、それは打出の小槌のひと振りで何かを出現せしめるようなものではない。むしろ、広い意味で聞き手の視線をその「もの」「こと」に向けてやるのである。話し手はその声振りで聞き手に触れて、その「もの」「こと」の方に聞き手の視線を向けてやるのである。わたしに、賀茂川が立ち現われるとき、その賀茂川はずっと以前から在るもの、という持続の相貌をもった賀茂川であり、「持続の途上」の相貌をもった賀茂川が立ち現われるのであって、無からの誕生の相貌で立ち現われるのではない。詩人が或る「こと」や「もの」を創造するときですらそうである。「ぶどー酒の一滴にほんのりあかく染まった海」(ヴァレリー)を立ち現わすときも、その海は悠久のかなたから、という相貌をもって立ち現われるのである。奇妙に聞えるかもしれないが、詩人は過去に遡ってその海を創ったのである。

一方、踏切り標識は前方の踏切りを立ち現わし、青赤のダンダラは床屋を立ち現わしめるのだから、もし「ことだま」というならば「標識だま」「看板だま」を言う権利がある。

このように「ことだま」はありふれた日常茶飯のものである。しかし大切なことは、それは、声振りがじかに「もの」「こと」を立ち現わしめるのであって、「意味」や「表象」という仲介者を通してではない、ということを示唆する点である。逆に「意味」とは、その声振りの「じか働き」を名指すにすぎないものである。平たく言えば、この声振りの「じか働き」は心理学の言う「連想」にあたる。ただ、「連想」という考えの危険は、それが再び「表象」に舞い戻らせるところにある。「連想」の代りに、「刺激 - 反応」の概念を使っても、その「反応」が過度に行動主義的になるか、過度に表象心理学的になるか、の危険を思えば、古人の「ことだま」はすぐれた表現であると思われる。

聞き手の側から話し手の側に話を移そう。話し手は様々な声振りをすることで、相手を（身体的、精神的に）動かそうとする。どのような声振りで相手に触れればどのように相手が動くかを習得すること、これが相手と所を変えて相手によって動かされる仕方の習得とともに、国語を習得することである。そこにいる蛇を相手に示そうとして、「そこに蛇がいるよ」と声振ることは、指差しという体振りで相手に示すのと異ならない。だがやや複雑な意図を遂げるにはパントマイムの体振り視振りでは不可能で声振る以外にはない。声振りはそれだけ複雑でしかも体系だった組織をもっているのである。しかし、声のみがこの働きがこなせる、とは言えない。絵、またはそれに類する物でも恐らくやれるであろう。

もちろん、文字や指話や手旗やモールス記号のように、声を仲立ちにすればそれができることは言うまでもない。そうではなく、声を仲立ちにしないでも絵の組合せで声の働きと同様なことができると思われる。しかし、絵の本来の働き、すなわち何「もの」かの似姿である、ということに止まっていてはそれは不可能である。似姿としての絵や写真や地図は、人や風物という「もの」を立ち現わしめることはできる。しかし、意図した「こと」を立ち現わしめることはできない。「右手の山は左手の山より高い」という「こと」を似姿の絵で立ち現わすことは非常に困難である。また、「ここ」「あれ」「むかし」「最近」「そして」「……でない」等の似姿は描けないのである。しかし、絵が似姿であることをやめ、いわば記号として使われ、その記号系列を実地に行動と結びつける訓練を行なうならば、声振りの働きと同様な働きを絵振りによっておこなうことは可能であろう。事実、ガードナー夫妻はチンパンジーに指と手の身振りを使うことを教えたし、プリマック夫妻はサラというチンパンジーに、色付きプラスティック板(様々な色と形をしている)の組合せで、連言詞、否定詞、疑問詞、「……は――の名である」、「同じ」、等の機能を含む働きを教えこむことに成功している。サラは「文法」にかなった、しかも習ったことのない組合せをすることもできる。現在、語彙は約一三〇で、75~80パーセントの信頼度で絵振ることができる(*Scientific American*, Dec. 1972)。このことの教訓はふたたび、言葉の働きは実地訓練(ヴィトゲンシュタインの「使用」、特定の状況での「使用」)によってしか習得できない、ということである。

叙述や報告においては、話し手は相手に立ち現わしめたい「もの」「こと」にかなった声振りをする。その声振りで相手に触れて、その「もの」「こと」を相手に立ち現わしめるのである。しかし、人は対話するばかりでなく、独語するし、自分用に書くこともする。この場合の言葉の働きはどのようなものだろうか。

「痛い！」「ほう」「しまった！」「ちくしょう！」とかの間投詞の発声は、眼をむいたり、口をあけたり、飛び上ったり、という体振りと異なることはない。それらは自然発生的な身振りである。しかし、人が自分に「言い聞かせ」たり、「呟いたり」、「ぶつぶつ言ったり」、「自問自答」したりするとき、それが発声となった声振りであるにせよ、発声のない「声振りの想像」(それがいわゆる「内語」である)にせよ、言葉はどう働いているのだろうか。

それは自分に立ち現われている「もの」「こと」の確認のための表現ではないだろうか。パイロット同士、また、機関車の運転手が自分自身に、「……よし」とか「前方に赤信号」(国鉄では「呼唱」といっている)とかと声振るのは、まさに事態の確認であり、声振りによってその事態の知覚的立ち現われにアンダーラインし、傍点をふることである。それはその立ち現われを際立たせ、立ち消えるのを防ぐためである。また、ドライバーや歩行者が、「あの信号を右に曲れば橋があるはずだ」と声振り、または内語する(声振りを想像する）のは、やはりその地理的事態の思い的立ち現われを確認することである（ここで、内語、すなわち声振りの想像では、想像された声振りはあからさまな声振りのように完全に規定されてはいない。それはメロディの想像、風物の想像と同様、想像特有の「不定性」をもっていることを注意しておきたい）。

だが、われわれは屢々《しばしば》表現を求めて模索する。作家、詩人、学者、また、手紙を書き日記をつける人、報告を書く人、推せん状を書く人、すべてこれらの人は表現を模索する。作文を書く小学生も表現を模索する。それらは最終的には特定のあるいは不特定の他人に宛てられたものであっても、まずは自分自らに宛てての表現の模索である。今わたしもまた表現を模索している。わたし自らのために。

こういうとき、或る「もの」「こと」が立ち現われていて、それを適切な表現で描写する、といった平板な作業ではない。普通はまずその「もの」「こと」の立ち現われ方が明確ではなく、いわば「渋って」立ち現われている。それは、「しかと見定め難い」立ち現われ方でしか立ち現われていないのである。われわれは、それを凝視し、見定めよう、見極めようという立つ。そこに、一つの表現（声振り、またはその想像）が立ち現われてくる。もしそれが的を射た表現であるときは、それまで渋々立ち現われていた「もの」「こと」はさっとその姿相貌を変え鮮かにくっきりと立ち現われる。ためらい渋り、ゆれ動いていた相貌が、鮮かに確としたものに変貌して（知覚的に、あるいは思い的に）立ち現われるのである。それは試薬の一滴でさっと色を変える液体、あるいは或る物の姿を発見した途端がらりとその相貌を変えるかくし絵、また、見方の転換によって瞬時に変わる反転図形に似ている（また、図と地の転換で姿をかえるルビンの絵に）。その表現によって描写するのではなく、その表現によって立ち現われが変身するのである。

われわれはその表現を文字で書きとめる。それは、やっと立ち現われたその「もの」「こと」を逃がさぬように文字で縛りとめるためである。「開けゴマ！」の呪文を忘れては扉が開かぬように、その表現を失っては、その立ち現われは再び立ち現われることが困難なのである（もちろん、容易な場合もある）。その表現はまさに一つの呪文なのである。その呪文を声振り唱える（または、それを想像する）ことによって、その「もの」「こと」を繰返しわたしに立ち現わしめることができる。そして幸運な場合は、わたしがそれを声振り、その声振りで人に触れると、その人にもまたそれを立ち現わしめることができるのである。また、著者の声振りを通さなくともその文字を「読む」ならば、人は自分にそれを立ち現わすことができる、少くとも著者はそう願って「書く」のである。声振りの仕様書きとして。

創作（物語りにせよ詩歌にせよ）の場合は、ときに、初めに立ち現われる「もの」「こと」がなく、作者は或る立ち現われを作るのである。前にも述べたように、そうして作られたものは、過去に遡って作られうる。今日、太古の森の何ごとかを作り、立ち現わしめることもできる。

造形美術は、絵、彫刻、建物、等の物を作る。実在する物を作る。その物がたまたま他の何ごとかを「思わせ」、立ち現わすこともある。だが、それはたまたまである。しかし、声は、声振りという実在によって人に振れ、そうして何ごとかをじかに立ち現わしめることがその本来の働きなのである（音楽はその中間にあると言えよう）。

それが「ことだま」の働きなのである。

## 2　対象は「じかに」——真理と実在の流動

### 6　対象、の問題——同一性・同類性・同族性

前節で二元論的構図に対して一元論的構図を描いたが、そこでは一つの根本的問題を意図的に保留してきた。それは、二元論的構図において、「表象」や「意味」と対立させられている「対象」が一元論的構図ではどう見られるか、という問題である。なるほどわたしは、対象がじかに立ち現われる、と度々述べてきた。しかし、「同一の」対象が何度も立ち現われてくるのである。賀茂川、同じ一つの賀茂川が幾度もわたしに立ち現われる。そして立ち現われる度毎に、その立ち現われ方（知覚的、想起的、想像的等）も違えば、その立ち現われる姿も違う。

この事情は、人を二元論的構図に誘う強い誘因の一つである。すなわち、繰返し立ち現われる「同一の」賀茂川が「対象」であり、その度毎に異なるその立ち現われの姿は、その「表象」、その「現出《エアシャイヌング》」なのであるとの考えに人を誘う。その結果、「対象」と、その「表象」「現出」「現われ」、との区別が立てられることになり、二元論の構図にはまるのである。したがって、この「対象」と「現われ」の関係が二元論的構図、「じかに」の構図でどのように見られるのか、という問題を避けて通ることはできない。

この問題の鍵は、「同一性」の概念にあると思われる。さまざまな形相をとりつつしかも「同一」な「質料」、さまざまに変化しつつしかも「同一」な「実体」、そして、さまざまな姿で現われ表象されながらしかも「同一」の「対象」、というように、質料、実体、対象、という三つの概念は相互に滲透し合いながら、「同一性」の概念を軸にして廻っている、と思われるからである。それとともに、前節で拒否してきた「意味」の概念もまた「同一性」をその支えとしている。すなわち、その場その場で「水を下さい」はさまざまに異なりながらしかも「同一」の「水を下さい」の「意味」がある。つまり一つの表現には一つの「意味」が対応すると考えがちだからである。

このように、「同一性」の概念はほとんどすべてのものごとや見方を浸している基盤的概念なのである。だがさらにこの「同一性」(数的同一性 numerical identity)と並んで、「同類性」(類的同一性 specific identity)の概念も等しく基盤的である。「同類性」とは、あの紙とこの紙は「同じ」色、「同じ」形をしている、というときの「同じ」である。すぐ気付くように、この「同じ……」の概念はすべての普遍概念の基盤となっている。換言すれば、「形相」「性質」「関係」はすべてこの「同類性」の概念に支えられている。さらにこの「同一性」と「同類性」に接続する基盤的概念は、集合とそのメムバーとの関係において、「同じ集合に属する」という概念である。これを「同族性」(語呂を合せれば、classical identity) と呼んでおく。この概念は外延的集合、例えば、「家族」「日本人」「僕の本」「東大生」といった概念の支えであるにとどまらず、集合という数学の基礎概念を支えている。

このように、「同一性」「同類性」「同族性」の三概念は一つのグループをなして働く最重要な概念群である。しかし、以下では「同族性」については触れず、「同一性」と「同類性」を検討の主題とする(ここで、しかし公理的集合論では、同一性は同族性から定義されているのだから、派生概念ではないか、というのは全くの的外れである)。

## 7 同一体制

一つの抽象映画を想像していただきたい。初め何もないのっぺらぼうの白いスクリーンの左下に、赤いなまこ形の色斑が現われる。それがアミーバのようにくねくねその形を変えながら中央上の方に蛇行してゆく。その間、初めの赤色も漸次色を七変化させてゆく。

それはスクリーンの上縁に達すると、スクリーンから抜けでてしまう。が間もなく、上縁の少し離れた場所に、抜けでた色斑とさして違わない色斑が再び現われて今度は右下の方に蛇行しながら下ってゆく。前と同様、その間、色と形を漸次変えながら。そして右下からスクリーンを抜けだしてゆく。

このとき誰もに、少くとも初めの色斑は、スクリーンから抜け出すまで「同一の」色斑として現われるだろう。だが二度目の出現では、それが再び現われたと見えるか、別な（同一でない）色斑が現われたと見えるかはきまるまい。しかし、再登場した色斑がスクリーンの下縁から抜け出すまでは「同一」であると見えることはたしかであろう。

そのとき、「同一」だと見えた（連続無限の）諸斑点は「同一体制の下にある」と言うことにする。つまり、無数の、色斑の「現われ」、が「同一体制の下に」現われる、のである。それが一つの「同一体制の下に」であるか、あるいは、二つの（初めのと、次のスクリーンの上に再び現われたのとの二つ）「同一体制の下に」であるかは、見る人や状況によって違うだろう。そのいずれとも決しかねる「ためらいの同一体制」もある。移動の途中で色斑がたとえば三つに分裂したような場合は、その三つの部分のそれぞれが分裂以後三つの異なる「同一体制の下に」現われると同時に、その三つの部分を合せた全体は、初めからの「同一体制の下に」とどまるだろう。すなわち、或る一つの「現われ」は二重三重の「同一体制」に属することもあるのである。

しかし、色斑の移動は物質の移動ではない。各瞬間に色付いたスクリーンの布面の部分が物として動くのではない。したがって、色付いた布面部分のそれぞれは「同一体制の下に」はない。同じように、夜空を掃くサーチライトの光は「同一体制の下に」現われるが、それに照された空気（または塵）は「同一体制の下に」ない。電光ニュース板を登る一つの文字は同一体制の下に現われるが、その文字を光らせた電球群は同一体制の下にない。ガスの炎もまた同様である。また、海辺に立つ人に、寄せくる波の波頭は同一体制の下に現われるが、その波として上下する海水は同一体制の下にはない（そう学校で習っている）。しかし、そのひと所で上下する海水は同一体制の下にある。

このように、同一体制にはさまざまのものがある。「きつい」同一体制もあれば、「ゆるい」同一体制もあれば、「ためらい迷う」同一体制もある。物質的同一体制もあれば、光や色の同一体制もある。物質的同一体制にしても「きつい」体制から「ゆるい」体制まで様々のニュアンスがある。一つの顔の百面相は同一体制にあり、キイの上を躍るピアニストの手の千変万化もまた同一体制にある。しかし、人の顔や手を流れる血液、にじみ出す汗、呼気や唾を考えれば、百面相の各々、一刻一刻の手は別ものであって同一体制にはない。前の場合の同一体制は後の場合のそれに比べて「ゆるい」のである。ヒュームが、種子から大樹となるまでの植物の成育の諸段階や人間の刻々の状態を通しての「同一性」を仮構的《フィクシャス》としたのは、彼が最も「きつい」同一体制のみが「真の」同一体制だと思い込んでいたがためである。それは、無数のリーマン幾何学のうちで最も「簡単な」ユークリッド幾何学のみが「真の」幾何学であると思い込み、オムレツの「真の」味を想定して、われわれの食べるオムレツは「ほんもの」じゃないときめつけるのに等しい。

最も「きつい」同一体制は、ライプニッツの不可別同一原理で表現されるように、天《あめ》が下、同一な二物はないことを結果とする。二つの物を比べる、ということは既にその二つを区別しており、その二つは不可別ではないからである。しかし、その次に「きつい」同一体制は、原子や素粒子の概念を生むという点で自然科学の根本をなしている。それは、異なる時刻での二つの物の状態が、その空間的位置以外は不可別であり、しかも、その二つの時刻の間に時空連続的な（無限の）状態があり、その無限の状態の各々が初めの二つの状態と、再び位置以外には不可別であるとき、初めの二状態（また、その二状態を両端とする無限の状態）が同一体制の下にある、ということである。この同一体制は、位置以外の規定の不変を要求するところから、「同一不変体制」と呼ぶことができよう。

この（位置以外の）規定の不変性を要求する代りに、規定の変化を許しながら、しかもその変化を通して「不変な何ものか」を要求するのが事物的「実体」の要請である。わたしの強調したいのは、その要求は不当であり不必要である、ということである。その要求は、「同一性」には「同一不変性」、つまり「不変性」が含まれている、いや含まれておらねばならぬ、という偏見に根ざしている。原子や素粒子の場合に明らかなように、「同一体制」は規定の不変性を含みうる。しかし、規定ではなく規定を担う何か基体的なものの要請、その不変性の要請は、その意味がわからぬ、わけのわからない要請である。少くとも、そのようなものなしに「同一体制」は確立しうるのである。わたしが「同一性」に代えて「同一体制」を云々してきたのは、そのことを明示したかったからである。「同一性」は「同一不変」ではなく、「同一性」と「不変性」とは独立であり、「同一性」は規定の「不変性」を含むことも含まぬこともできるが、規定以外の形而上学的実体の不変性とは無縁なのである。「同一性」はそのようなものなしに確保することができる。そのことを明示するために「同一体制」と言い換えているのである。

「もの」が時間を通して持続し同一であるのは、その刻々の状態でのその「もの」、その刻々の「現われ」が「同一体制の下」にあるものとして現われる、それ以上でも以下でもない。その刻々の状態や現われが絶えず変化しても不変にとどまってもかまわない。しかし、刻々の状態での「もの」や刻々の「現われ」の他に、何か「同一不変」なものがなければ「同一体制」は不可能だと考えるのは全くの誤りであると思う。その考えこそ、「同一不変」の「意味」、「同一不変」の「対象」、の想定に誘うのである。

「実体」要請の不必要なことを明白に示すのは音の事例であろうと思う。たとえば、ピアノのキイの一つを長くおさえて音をだす。それは「一つの音」として持続して聞えてくる。刻々の音は連なって一つの同一体制の下に聞える、「同じ音が続いている」と聞えるのである。また、一定のリズムで断続する音、たとえば時計のカチカチや単調な太鼓の音である。それらはときに、「別々の音」としても聞えるが、ときには「同じ時計の音」「同じ太鼓のひびき」として聞える。その個々の音と音とが、ためらい定かならぬ同一体制の下に聞えるのである。また、メロディを聞くとき、その各音はつながって一つのメロディとして聞えてくる。一つのメロディという同一体制の下に聞えてくるのである。沈黙すら、ときに或る同一体制の下に「続く」のである。さらに、痛みやかゆみ、怒りや喜びもまた同一体制の下に現われてくる。高まり低まりながら痛み続ける歯痛、断続的に襲ってくる腹痛、これらはその持続や断続を通じて同一体制の下に痛むことが多い。「同じ痛みが続く」場合である。これらの事例を見れば、何か実体的な、同一不変のものを想定することの不当と不必要が明らかになると思う。

このように、「同一体制」には、物質的、現象的、感覚的、とさまざまなものがあり、きつい、ゆるい、ためらい迷う、とさまざまなたちのものがある。その中で、どれが正しいとか、どれが根本的で他は派生的であるなどということはできない。自然科学の「きつい」同一体制も、自然科学自体の中で適用の壁にぶつかるのである。たとえば、相互作用下にある同種の素粒子の系では、その一つ一つの素粒子の「同一性《アイデンティティ》」を適用することはできない（量子統計*）。また、たとえば二つの素粒子が衝突して一つの別種の素粒子になった場合、初めの二つは消滅し、後の粒子が創出したと見るべきか、衝突の前後の系は「同一」であると見るべきか、そのどちらでもよいはずである。あるいは、一つの系の量子力学的状態は、或る物理量を観測することによって突然変化すると考えられている（波束の収縮）。しかし、その観測結果を観測者が知るまでは系は同一の状態（定常状態の場合）にとどまるのかどうかは議論されている（例えば、シュレーディンガーの猫）。また、化学者は物理学者よりも「ゆるい」同一体制を使うことが多く（試験管内の硫酸はほぼ一日中同一である）、生物学者はさらに「ゆるい」同一体制を常用する（たとえば、細胞の同一性）。しかし、それら異なる同一体制の中に価値の上下、真性さの程度、に違いがあるわけではなく、さまざまな同一体制が重なり交錯しつつそれぞれの目的にかなった機能を果しているのである。

＊　この問題はもっと慎重な考慮を要する。古典統計においても二つの素粒子はその位置以外では区別できない。量子統計の特異性は標準的ケースでは同種素粒子の間の位置交換した状態を別々に数えない、というところにある。それゆえ、量子力学では「同一性」の意味が変る、とは軽々には言えない。

科学者の同一体制は多少なりとも意識的なものである。それは、裁判官や警察官が容疑者が真犯人であると同定するには、「同一人物」という同一体制に多少なりとも意識的でなければならないのと同じ事情からである。数学者はその点最も意識的である。数学者は

＝《イコール》記号をそれぞれの領域、たとえば整数演算、極限、ルベーグ積分、群論、等において定義せねばならないからである（ときに理論物理学者も定義せねばならない。アインシュタインは、「異なる場所」での「同時性」を定義した）。

それに対し、日常生活での「同一体制」は意識的である場合もないではないが（子供の認知、書画骨董の真贋定め）、多くは自然に現われてくる。それは、まず「同一体制」の定義なり判定基準というものがあり、それにしたがって「同一体制」の存否を判定するのではなく、さまざまな同一体制がおのずと与えられているのである。そのそれぞれにそれぞれの特徴はある。しかし、その特徴は「見出される」のであって、あらかじめその特徴が知られていて、その特徴によって「同一体制」が判別判定されるのではない。

スクリーンの上の色斑は、一つの同一体制の下に現われ動き色を変えるのである。それは、花が赤く現われ、柳が緑に現われると同様、「同じもの」として現われるのである。或る音はただ「同じ音」として現われ、他の音は「別な音」として現われる。どうしてそれらが「同じ」として、また「別な」として現われるのかという問いに対しては、「どうして」という理由も根拠もない、ただ事実そう現われるのであって、その現われ方を「同一」と呼び「同一体制の下」と名付けただけだと答える。二つの赤色がどうして似ているか（同類体制）に理由も根拠もないように。「説明が底につくと、固い基盤があらわれる」とヴィトゲンシュタイン（前出、§217）は言うが、今の場合は初めから基盤が露頭しているのである。だから「説明がつかない」のではなく、「説明することがない」のである(それと同様、自然科学的説明が底をつくと、基礎方程式の基盤に達する。そこで説明は終って、事実その通り、ということになる)。

## 8　一元論的構図での「対象」「意味」

この第2節の出発点であった問題は、一元論的構図(「じかに」の構図)にあっては「対象」がどう見てとられるか、であった。「対象」とその「立ち現われ」はどのような関係にたつものとして見てとられるか、ということであった。それに対して次のように答えたい。

賀茂川は幾度となくわたしに立ち現われてきた。或るときはそのほとりに立つわたしに知覚的に立ち現われたし、今は想起的に(思い的に)立ち現われている。また昨日もそれは想起的に立ち現われ、その立ち現われが今また想起的に立ち現われている(想起の想起)。つまり、(1)「先月、知覚的に立ち現われた」という消印をもった賀茂川、(2)「『先月、知覚的に立ち現われた』という消印をもって昨日想起的に立ち現われた」という消印をもった賀茂川、また、(3)「子供の頃、知覚的に立ち現われた」という消印をもった賀茂川、……こういう賀茂川が今わたしに想起的に立ち現われている。それらはそれぞれ相貌を異にし明度を異にし様々に異なる消印をもった「立ち現われ」である。しかし、それぞれ異なるその幾つかの「立ち現われ」は、「同じもの」「同じ賀茂川」という「同一体制の下に」立ち現われている。繰返すようであるが、事実そのように立ち現われている、というだけである。

この事実を、「同じ賀茂川が様々な相貌、様々な姿で立ち現われる」と表現することは次の条件の下でのみ許される。その条件とは、だからといって、「立ち現われ」とは別な「同一の賀茂川」「同一対象としての賀茂川」というものが何らかの意味で存在するのではない、ということである。立ち現われるのは「立ち現われ」だけである。「対象」が「現出する」のではなく、現出しているのはただその「現出」のみである。「立ち現われ」が或る「同一体制の下に」立ち現われている、それだけであり、そこにとどまる。

では、ただ一度、ただ一つの「立ち現われ」の場合はどうなのか。その場合も、その一つの「立ち現われ」は、様々な他の「立ち現われ」と「同一体制の下に」立ちうるという会得を含んだ相貌をもって立ち現われる。今わたしの前に知覚的に立ち現われているランプの「立ち現われ」は、未来においてさまざまに立ち現われることが可能であり、それらさまざまな未来の立ち現われは今の立ち現われと同一体制の下に立つ、このような会得を含んで今ランプの「立ち現われ」がそこに立ち現われているのである。このもって廻った言い方を日常的な言い方で簡約すれば、「物」の相貌をもってランプがそこに見える、ということに他ならない。「持続する物」としてのランプの相貌である。

前節で、「もの」が「じかに」立ち現われることを繰返し強調したが、その「もの」とはさまざまな「同一体制」の会得を含んだ「立ち現われ」なのである。その「立ち現われ」の背後に「対象」なるものはない。したがって、その「立ち現われ」は「じかに」立ち現われるのである（ここでフッサールの用語を使ってフッサールの見方との違いを表現する。「立ち現われ」はフッサールの「射映」Abschattung にあたる。しかし、フッサールと異なり、この「立ち現われ」「射映」の相貌の中に「指向的対象」が「じかに」立ち現われているのである。「指向的対象」はイデールに指向されているのではなく、レールに「立ち現われ」の相貌の中にある。それは不透明にではなく、透明に、「じかに」、立ち現われているのである）。

二元論的構図では、(1)言葉を聞く、(2)その「意味」を了解し、(3)あることを思い浮べ（表象し）、(4)その「表象」を通して「対象」に向う（または、「対象」が「表象」として「現出」する）という四段構えが考えられている。それに対し、この一元論的構図では、(1)言葉（声振り、またはその想像）に触れられて、(2)「立ち現われ」が「じかに」立ち現われる（さまざまな「同一体制」の会得を含んで）。それでおしまい、という二段構えで見るのである。

以上では、個物的な事例をとったが、一般的な、抽象的な、あるいは数学的な「もの」（「こと」については別途の考察が必要である）についてもほぼ同じことが言える。たとえば「$\pi$《パイ》」はさまざまな相貌で立ち現われる。ときには円周率として、ときには超越数の一事例として、ときには3.1416……という十進法小数として、ときには180°として、あるいはその幾つかまたは全部を合せて、さまざまな明度で立ち現われる。そしてそれら相互に異なる相貌の「立ち現われ」は一つの同一体制の下に立ち現われるのである。それらの背後に同一不変の「π」という「対象」があるのではない。同一不変の対象「π」がその姿をさまざまに変えて「現出」するのではない。「露出」するのである。対象があってそのさまざまな姿があるのではなく、同一体制の下にさまざまな姿が立ち現われるのである。

個別的ではなく、一般的な「もの」、たとえば三角形の場合はどうであろうか。前に述べたように、一般的三角形という個物があるわけはない。三角形の場合は、無限個の個別的三角形が「待機的に」(第4分節) 立ち現われる。しかし一つ二つの三角形が事例的に顕在的に立ち現われることもあろう(バークリィ、ヒュームの代表説の場合のように)。しかし、それらの立ち現われ方はこれまた毎回異なる。無気力でなげやりな立ち現われ方、積極的で活発な立ち現われ方、というように(犬とか国とかビフテキとかの場合はそれがより明瞭である)。無限個の三角形のいわば集団的(しかし待機的)立ち現われ方にさまざまな仕方があるのである。そしてふたたび、そこに同一不変の三角形集団という「対象」があるのではなく、同一体制下の、さまざまな三角形集団の「立ち現われ」があるだけである。どんな立ち現われ方でもない「同一対象としての三角形集団」なるものはないこと、どんな角でもどんな辺でもない三角形なるものはない(バークリィのロック批判)と同様である。

だが、この一般的な「もの」において一つの新しい事情が見られる。というのは、さまざまな「三角形集団」はひとかたまりとなって同一体制の下に立つが、その各々の三角形集団の中にあっては、その集団に属する個々の個別三角形同士は全く別の体制の下に立つ。それは同一体制ではなくて「同類体制」である。個々の三角形同士はお互いに異なりながら、「三角形であること」において相似る。それを「同類体制の下に」立つ、というのである。するとこういうことになる。(1)同類体制（ここでは、三角形である、という）の下に無限個の個別的三角形がある、(2)その無限個の、同類体制下の、個別的三角形のかたまり、三角形集団、のさまざまな「立ち現われ」がある、(3)その三角形集団のさまざまな「立ち現われ」が一つの同一体制（「三角形」という）の下に立ち現われる。換言すれば、まず、無限個の個別的三角形が、「三角形である」という同類体制の下に凝集し、ついで、ひとかたまりに凝集した三角形集団が、かたまりとしてさまざまに立ち現われ、そのかたまりのさまざまな立ち現われが一つの同一体制の下に立ち現われる、ということである。

ここで「同類体制」について一般的に言及する必要が生じる。

さまざまに異なるがしかし同じく赤い色を、「赤い」という「同類体制の下に」あると言おう。したがって、一人一人異なる人間も、「人間である」という点で「同類体制の下に」立つ。ここで同一体制の場合と全く同様に、「どうして」とか「どういう理由で」さまざまな赤が「同類体制の下に」見られるか、という問に答はない。さまざまな赤が事実「似た色」として立ち現われる、それだけである。「似ている」から同類体制の下に立ち現われるのでもなく、何かの特徴によって「似ている」のでもなく、「似た色」として事実立ち現われる、そのこと自体を「似た色」と呼び、名付けるのである。

同類体制は同一体制以上にさまざまであり、流動的であり、重畳的であり、互いに交錯する。「赤い」という同類体制の下にある無数の色の一部は「深紅」の同類体制の下に立ち、他の一部は「ピンク」の同類体制の下に立つ。またそれらは、「黄色」「緑」等の同類体制の下に立つ色と共に、「暖色」の同類体制の下に立つ、といった具合にである。一つの「もの」「こと」「色合い」「音色」はさまざまな同類体制の下に重なって立つといえる。極言すれば、どんなに飛び離れたものも、何かの観点の下では同類体制の下に立ちうるのである。それも、複数の同類体制の下に、である。

ここにある一冊の本は無数の同類体制の下に立ちうる。横にあるノートとは「深紅」の同類体制の下に、そのノートとともにそこにあるピンクの布切れとは「赤」というより広い同類体制の下に、また他の本とは「本」という同類体制の下に、さらにそれらを含むまわりのすべてのガラクタとともに「私のもの」という同類体制の下に立つ。その中の一つの同類体制に着目することがいわゆる「抽象」であり、「理知的区別」distinctio rationisなのである。それは「抽《ひ》きだす」のではなく、「着目」することなのである（ヒューム『人性論』*Everyman's Library*, p. 32 の白黒角球の大理石の例。また公孫龍の堅白石論)。

同一体制の場合に、さまざまに異なる「立ち現われ」の奥に、同一不変な「対象」を想定する必要がないことを述べた。それとパラレルに、同類体制の下に立つさまざまな個別者の奥に、同一不変の「本質」、普遍者、「イデア」「形相」「スペチエス」、等を想定するのは不当であり不必要である、と言いたい。その理由もパラレルである。赤鉛筆の色と、梅干しの色は異なりながら「似て」立ち現われる。それは端的な事実であって、それを同一不変な「本質」その他を見てとることによって「似ている」と判定する、といったような説明を必要としないからである。また、「類似性」を見てとることによって「類似する」のではなく、「類似している」ものとして「立ち現われ」ている、それだけである。そのような説明の誘惑にはまりこむと、うそがうそを生むように、とめどもなく事実から離れてゆくものである。

その一つのよい悪例が「意味」の想定である。千変万化する状況のなかで「水を下さい」という声振りはまた千変万化する働きを働く。その働きは互いに一つの同類体制の下に立っている。そこでことが終るにもかかわらず、それは同一不変の一つの意味（水を下さい、という）なるものがあり、それが状況に応じてさまざま異なった働きをするのだ、と説明するのは全くの蛇足なのである。「水を下さい」というそのときどきの声振りの働きを、もし「意味」というのであれば、そこには「同一の」意味があるのではなく、互いに同類体制の下に立つ、無数の意味があるのである。二つの表現が「同意味」だというのは、その二つの表現が一つの「意味」を共有することではなく、いかなる状況においてもその二つの表現はほぼ同じ働きをする、ということなのである。当然、そのような同意味の二表現のペアはありえない。ありうるのは、いかなる状況においてもではなく、或る範囲に制限された状況においてほぼ同じ働きをする二表現である（このことは、カルナップが互換性 interchangibility の概念を使って指摘した。『意味と必然性』University of Chicago Press, p. 47, 51)。

また、「右へ曲れば橋がある」という表現に一つの同一な「意味」があるわけではない。この表現は実にさまざまな「こと」を立ち現わしめる。右へ直角に曲るか、70°に曲るか、右へ曲ってすぐか、しばらく行ってか、橋といっても木の橋か鉄橋か、その橋の長さ、幅、造り、これらは三角形がさまざま無数であると同様、無限に多様な「こと」である。しかし、わたしが誰かにこの表現の声振りで声をかけられるとき、わたしに立ち現われるのはその無限に異なる「こと」の集団ではない。そうではなく、「その集団のどれか」という「不定の相貌」が立ち現われるのである。というのは、今は見えないにせよ、右手の橋は個別的な一つの橋である。それは「三角形」というような一般概念ではない。だから「三角形」の場合のように、無数の個別的三角形が待機的に集団登場しはしない。それとは立ち現われ方が違うのである。一つの個別的な橋が「不定の相貌」で予期的に立ち現われるのである。しかし、全くの不定ではなく、「右手に曲っての橋」という一つの同類体制の中の「どれか」という不定の相貌をもってである。したがってこの場合、同一不変な「意味」などは全くない。

それに対して、ピタゴラスの定理のようないわば一般的・普遍的な「こと」は違った立ち現われ方をする。それは無数の個別的三角形についての「斜辺の二乗イコール……」という「こと」が待機的、集団的に立ち現われるのであって、それは「三角形」で無数の個別的三角形という「もの」が待機的、集団的に立ち現われるのと異ならない。

この、「こと」の立ち現われ方の違いを、「分類的」と「集団的」立ち現われ方、と呼んでもいいだろう。個別的な「こと」の報告や物語りを読み聞くとき、その「こと」は分類的に立ち現われる。一方、全称的な「こと」を読み聞くときには、無数の個別的な「こと」が集団的（かつ待機的）に立ち現われるのである。そして、このことは「もの」の立ち現われ方についても同様である。ただ、今知覚的に立ち現われている「もの」「こと」のみが、「分類的」でない。想起においてすらすでに、「もの」「こと」（個別的な）は「分類的に」立ち現われるのである。

以上において、一元論的構図では、「対象」とか「意味」とかがどのように見られるかが概略ながら明らかになったものと思う。

## 9 真理・実在・生き方

或る人のことを考える。さまざまな彼がわたしに立ち現われる。一緒に山に登ったときの彼が、わたしと口論したときの彼が、学生であったころの彼が、人伝てに聞いたパリでの彼が、二人の息子の父としての彼が、とさまざまな彼が立ち現われる(思い的に)。このさまざまな立ち現われはしかし一つの同一体制、「彼」という同一体制の下に立ち現われる。しかし、或るとき、彼の子供は息子ではなく娘であったことを聞かされたとする。もしそれが本当ならばわたしは「思い違い」をしていたのである。だが、そうなると、「彼には二人の息子がある」という「こと」は偽になる。その「こと」は実在しなかった「こと」なのである(ラッセルの「偽の事態」false factの問題、ヴィトゲンシュタイン『哲学研究』§79のモーゼの例)。

実在しない「もの」「こと」が立ち現われることには何のおかしなこともない。事実それは立ち現われるからである(このことは上の第4分節で述べた)。しかし、彼の子供は息子ではなく娘であることをわたしが確信したならば、「二人息子の父」としての彼の立ち現われは、さきの同一体制から脱落する。あるいは、「二人息子の父と思い誤られた」彼があらたに立ち現われて、もとの同一体制の中に入る。

このように、同一体制は固定したものではなく変化し再編成されるものである。あらたな「立ち現われ」が立ち現われてくるごとに成長する。その成長の過程において訂正改編されるのである。また、上の例で、ありそうにないことだが一つの想像をしてみよう。すなわち、或るとき、彼には見分け難い双児の兄がいて、わたしはそれをごちゃまぜにしてきたことを知ったとする。するとそれまでの同一体制は崩壊するか、二つの別な同一体制に分裂するだろう。このように、同一体制は生き物のように、崩壊し、成長し、分裂し、再編されるものなのである。このことは歴史上の人物や事件の同一体制のことを思い浮べれば納得がゆくと思う。新たな資料、新たな解釈が生じるたびに、たとえば、聖徳太子の立ち現われ、法隆寺の立ち現われの同一体制、は変態してゆくのである。同一体制の変化再編には終りというものはありえない。

ここで、それにしても、聖徳太子は或る人格で或る事をなし或る役割を果したことは確かであり、それはわれわれが知る知らぬ、思い違える違えない、とは関係なしに確定している、と考えるのは再び二元論的構図にはまったのである。それは、立ち現われの奥に、立ち現われの背後に不透明におわす「対象」、「同一対象としての聖徳太子」、を想定することだからである。

前に強調したように、「立ち現われ」には真偽がない（第4分節）。遠くに丸く立ち現われた塔が近づくと角塔に立ち現われた場合、いずれの立ち現われが真でいずれが偽ということはない。強いて言えば両者ともに真なのである。ミュラー・リエルの錯視図で一方の直線が他方より短く立ち現われる。が、物差しを当てると両者とも同じ目盛りに重って立ち現われる。このときも、その二つの立ち現われに真偽の別はない。ともに、事実そのように立ち現われるのである（さもなくば、「錯視図形」なるものが土台ありえない）。ジャストロウ・ヴィトゲンシュタインの「あひるうさぎ」（本書三四一頁）は或るときはあひるの絵に、或るときはうさぎの絵に立ち現われ、また別なときにはただの落書きに立ち現われる。それらの立ち現われのあいだに真偽の別がないことは明らかであろう。また、向うからくる人が初めは「ソクラテスらしい人」として立ち現われたが、近づくと「プラトンに違いない人」として立ち現われたとしても、その二つの立ち現われに真偽の別はない。そのときたとえ遠くで「ソクラテスに間違いない」人が立ち現われたとしてもそうである。

これらの場合に真偽の区別をたてるとすれば、同一体制の下に属するか排除されるかということでしかない。*近づいたプラトンは絶えずプラトンとして立ち現われる。その仕ぐさ、風貌、語調、と。それらの立ち現われは一つのものの立ち現われとして強力に成長し、凝集した同一体制の下に立つ。そしてさきに遠方で「ソクラテスに違いない」立ち現われはこの同一体制からはじきだされる。そして「誤り」の立ち現われとされるのである。それゆえ、以後普通の用法からはずれる犠牲をはらって、普通は「真偽」と言われることを「正誤」と言うことにする。するとすべての立ち現われは「真」なのだから、「偽」の概念は不用となる。

＊　ここでは「同一体制への帰属」に「真偽」を結び付けたが、これは限られた場合での「真偽」であって、より一般的には「現実組織への帰属」に結び付けるべきである。精しくは拙論「言い現わし、立ち現われ」、岩波講座『文学』第Ⅰ巻〔→『新視覚新論』〕。

すると上に述べたように、正誤の別は、或る同一体制に属するか、属しえぬか、によって定められる。しかし度々強調したように、同一体制は固定したものではなく、変化再編をうけるものであり、さらに「きつい」ものから「ゆるい」ものまでさまざまにある。それに応じて、「正誤」もまた固定されたものではなく変化再編をうけるとともに、さまざまな「きつさ、ゆるさ」の程度を持つことになるのである。つまり「正誤」（普通の用法での「真偽」）の自由化がおこなわれなければならないのである。

さきほどのプラトンの同一体制の場合でも、別の同一体制がありえて、その同一体制の下には「ソクラテス」の立ち現われが属しうることになる。つまり、「ソクラテス」の立ち現われは「誤り」ではなく「正しく」なるのである。その、別の同一体制とは、「変身」の同一体制である。遠くではソクラテスであり、近づいてからプラトンに「変身」する、という同一体制である。この「変身」の同一体制はテレビ漫画にのみあるお子様向きの同一体制ではない。古代錬金術では、卑金属から金への「変身」の同一体制が信じられていたし、現代化学者も化学変化をマクロ的には「変身」の同一体制の下に見ているのである。さらに、前に述べた素粒子の生成消滅を、衝突の前後において「変身」の同一体制の下に見ることもできるのである。生物学者にとってもこの同一体制は親しいものである。蛹から蝶へ、種子から樹木へ、芽から葉へ花への「変身」である。また動物発生学で、受精卵からの発生は連続変身なのである。食物の「血肉化」もまた一つの変身《メタモルフォーゼ》である。そして化け猫もまた。

輪廻や羽化登仙、妖怪変化を語らないでも、変身は日常的である。酒を飲み、環境が変り、年をとれば、「人が変る」し、株式市場も「様変り」するのである。と同時に、以上のすべての例は、物理学的な「きつい」同一体制をとるならば、その同一体制の下には入らない（ただし化学変化は例外）。

いずれにせよ、とにかく変身の同一体制はありふれたものである。それにもかかわらず、ソクラテスからプラトンへの変身の同一体制が受け入れられないのはなぜだろうか。その理由は簡単である。そのような変身はこの世ではなかったし、また今後もありそうもないからである。

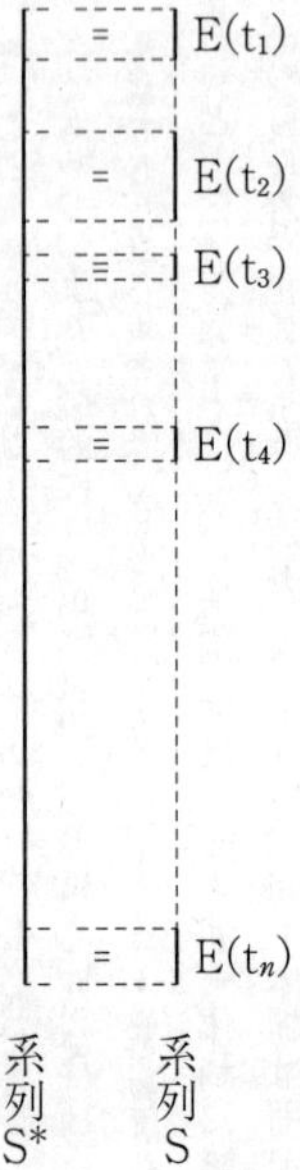

ここに、同一体制が根本的に慣習的であることがあらわになる。一般に、時空的「もの」「こと」のさまざまな立ち現われ（エクスシストー）$E_1E_2$……$E_n$が或る同一体制の下に立つときを考えよう。$E_i$は或る時刻$t_i$での「もの」「こと」の立ち現われであるとする（一方、「立ち現われる」のは常に「今」である）。その断続する$t_i$を時刻の順に並べ、それに応じて、「立ち現われ」$E_1E_2$……$E_n$をも並べ変える。並べ変えたものを順にあらためて$E(t_1), E(t_2), \ldots, E(t_n)$と呼び直す。こうして、立ち現われの系列Sが得られる。$t_i$は断続しているのでこの系列Sには多くの隙間がある。そこで今度は隙間のない連続的な立ち現われの系列$S^*$を「想像する」。そしてSと$E_1E_2$……$E_n$では重なるような$S^*$が想像可能であるときSを「充塡可能」と呼ぶことにする。

ここで系列$S^*$は色斑の連続運動でもあれば、中絶のないメロディのひと節でもあれば、打寄せる波でもあれば、物体の連続運動でもありうる。

さて、$E_1E_2$……$E_n$という立ち現われが、或る同一体制の下で立ち現われるときには、その系列Sが上の意味で「充塡可能」であることが会得されている。ここで大切なのは、まず「充塡可能」かどうかを「考えた」上で同一体制が許可されたり拒否されたりするのではなくて、或る同一体制の下に立ち現われる立ち現われにはこの「充塡可能性」が会得されている、ということである。換言すれば、「充塡可能」は同一体制の理由または根拠または判定基準ではなく、同一体制の立ち現われに「含まれるもの」、簡単に言ってしまえば、同一体制そのもの、なのである。

ところが、「充塡可能」かどうかは、この世界の法則連関に依存する。すなわち、この世界の（物理的、生理的、経済的 etc.）仕来たり、慣習に依存する。したがって各種の同一体制も世界の慣習に依存する。だから、「ありふれた充塡」が可能な場合は、その同一体制も「ありふれた」同一体制であって、それゆえに「強固な」同一体制である。食器だとか家具だとか人体だとかがその下に立ち現われてくる同一体制がそれである。「みなれない、珍しい充塡」を含む同一体制は不自然な「ひよわい」同一体制である。それを手品師や魔術師が利用する。また、一夜にしてその容姿性格を変えた人をみて「これが同じ人か」と疑うのである。

こうして、或る立ち現われが「誤り」とされるのは、その他の立ち現われと共に一つの同一体制の下に立つと、その系列が「充塡不能」だからである。それは充塡慣習、整合慣習からはずれるからである。それゆえ一群の立ち現われに、新たな立ち現われ（たとえば、新しい他人の証言、新資料、新観測）がこれに加わると、同一体制は再編制され、それまで「誤り」であった立ち現われが「正しい」ものとなり、「正しかった」立ち現われが「誤り」となりうる。そして、この再編制は終ることはない。「正誤」は絶えず流動するのである。また一方、「誤りでない」ことは直ちに「正しい」ことではない。さまざまな程度の「未決」があるのである。それは通常、「疑わしい」とか「半信半疑」とか「ほんとうらしいが」とか「恐らくは」等の信憑語で表現される状態である。またふたたび、歴史の信憑性を思い浮べればそのことがはっきりすると思う。

では何が「正しさ」を保証するのだろうか。いや、こう尋ねるべきであろう。すなわち、何が「正しさ」を強めるのだろうか、と。

それは知覚的立ち現われである。充塡可能な系列Sの中に、知覚的立ち現われ（過去と現在の。もちろん過去の知覚的立ち現われは今思い的にしか立ち現われない）が増すにつれてS系列に属する立ち現われはその「正しさ」が「強化」される。

知覚的立ち現われの優位は、人間生活の必要からである。それとは別ないわば「認識論的優位」は見当らぬと思う。あるのは「実践的優位」である。われわれは想像的に立ち現われた山海の珍味を「食べる」ことはできず、夢に立ち現われた車に「乗る」ことはできない。そして、食べ、乗る、のはまさに知覚的に食べ、乗る、のである。生きる、とは、知覚的に生きる、ことなのである。だから、知覚の優位の中でも、見る、聞く、よりは、味わい、触れることがさらに優位に立つのである。味わい、触れること、それがさまざまな立ち現われの「正しさ」を最も強く「強化」する。したがって、見ること、聞くことにおいても、「身近」なほど「正しい」のである。簡単に言い切ってしまうならば、「正しさ」（通常の「真」）とは「知覚に導きうること」、特に「食べ、触れることに導きうること」なのである。幻は見えるが、触れない、つまりわたしの生命生活に触れないから「誤り」なのである。「正しさ」の核はいわばわたしの生活、わたしの身辺にある。わたしの食べ、触れることにある。他人の知覚証言が（特に自然科学で）「正しさ」を非常に強化するのも、わたしの身辺への信頼すべき導きの糸となってきたからである。さまざまな立ち現われは、慣習の糸でこの核に結び付けられ、あるいは結び付けられない。一般に、その糸が遠のくほど、つまり空間的遠方、時間的遠方（過去と未来への）にゆくほど「正しさ」は弱化されるのが普通であろう。繰返すが、「正しい」、「誤り」、が何かわたしと関わりのないところで定まり、それをわたしが知覚的に検証する、というのではなく、知覚に導きうることとそのことが「正しい」ということなのである。眼前のオムレツが「正しい」立ち現われだからわたしはそれを食べることができるのではなく、逆に、わたしが食べられるからそのオムレツの立ち現われは「正しい」のである。「正しい」から「信じる」のではなく、命賭けで「信じる」ことがらが「正しい」ことがらなのである（信じていたことが後ほど「誤り」だと判明した、ということは、単に、信じていたことを後ほど信じなくなった、ということである）。「正しさ」とはわたしの命を賭け、生活を賭けることだ、というのは言い過ぎであろうか（以上では、時空的な立ち現われについて述べているのであって、数学的・論理的立ち現われはまた別途の、しかし関連した「正しさ」を持っていることを付言しておく）。

このことは、確率や帰納法の正当化（経験に適用することの正当性）が存在せず、われわれは帰納法に命と生活を賭けていることに照応する（本書第14章「帰納と確率」）。そして上に述べた「充塡可能性」が基づいている慣習とは、まさに帰納そのものなのである。だから、帰納に賭けることと、上に述べた賭とはほとんど同じことなのである。そして、命にかかわる賭の選別の結果を「正誤」と名付けているのである。繰返して言いたい。「正しい」からそれに賭けるのではなく、われわれが慣習によって賭けるものが、「正しい」と呼ばれるのである。この賭の慣習が成功してきていることは、わたしを含む人間の生存それ自身がそれを示している。こういう生き方が自然淘汰を生き抜かせたとも言えよう。もし夢に賭け空想に賭ける人がいたとすれば、その人は短命に終ること間違いないとわたしは賭ける。しかし、その人は「誤っている」のではない。その人には夢や空想が「正しい」のである。ただその人は命の危ない尋常でない生き方をする、それだけである。

「正誤」について述べたことはまた「実在」（「現実性」）についても言える。上に述べたように、もともと「正誤」は同一体制への参入の可能不可能ということである。ところが、さまざまな同一体制の中で、「物」の同一体制が圧倒的なシェアを占めている。そしてこの「物」の同一体制は、「長続きのする」持続の同一体制である。そして、長続きする持続の同一体制にあること、それは「実在する」ことである。もちろん、それのみが「実在」ではないが、それが「実在」の幹線であることに疑いはあるまい。この幹線のネットワークに食い違いなくはまって、そのネットワークに連絡できることが「充塡」なのである。長続きしない同一体制、たとえば短い音の同一体制は、孤立しては「正誤」の選別とはならない。ゴトンという物音は、しばしば空耳ではないかと疑わせるのである。また、サッと過ぎゆく物影は、目の「誤り」ではないかと疑わせるのである。それらが「正誤未決」ではなく「既決」となるためには、その充塡系列S*はより広い、長続きのする「物」同一体制のネットワークに組込まれなければならない。ゴトンという音なら、その音源、たとえば本が棚から落ちるとか、鼠がリンゴを落したとかという、「物」同一体制に組込まれたとき「正しい」音になる。

こうして森羅万象、あらゆる横道小道が幹線網に接続されたとき、それは「充塡世界」、すなわち「実在世界」となる。その組込みに参入できない立ち現われは、夢であり、幻であり、思い違いであり、空耳であり、空事なのである。この道路網の日本橋が、わたしに知覚的に(特に、味覚、触覚的に)立ち現われる「立ち現われ」なのである。そして必ずしも常には信頼できない各所の料金《トール》ゲートが他人の知覚証言だと、なぞらえよう。

しかし、この実在世界は、個々の同一体制のネットワークであるゆえに、それら同一体制と同様に習慣に支えられている。この慣習は、立ち現われの総体のもついわば慣性であり、決して固定したものではない。それとともに、それぞれの同一体制が変化再編をうけ、ときに崩壊するように、そのネットワークである実在世界も常に揺れ動き、成長し、再編成され、分裂し、局部的には崩壊する。それはまさに巨大な一つの「生き物」なのである。そのことは度々述べてきたように、歴史像、また、宇宙論や地球物理学の描く世界像がいかに揺れ動いてきたかを考えれば納得がゆくと思う。

このとき、われわれの知る知らぬにかかわらぬ実在世界が厳として実在し、揺れ動くのはわれわれの知識に過ぎぬ、という二元論的構図は、これまで問題にしてきた構造を適切に染めださない。わたしには、一元論的構図がより適切な染色法に思える。

すべての立ち現われはひとしく「存在」する。夢も幻も思い違いも空想も、その立ち現われは現実と同等の資格で「存在」する。そのもろもろの立ち現われが同一体制、さまざまな同一体制の下に慣習的に組織される。その組織に参入した立ち現われが「実在する」立ち現われであり、その組織にあぶれて孤立する立ち現われが「実在しない」虚妄の立ち現われと、呼ばれるのである。

そしてこの組織は固定したものではなく、絶えず再編制され絶えず揺動するものである。この組織は「真理」や「実在」の観点から組織された組織ではなく、生きるために賭けられた実践的組織であり、この生きんがための組織が「真理」とか「実在」とかと呼ばれるのである。真理や実在によって生きるのではなく、生き方の中で真理や実在が選別的に定義されるのである。その定義はそれゆえ気まぐれや知的興味からなされる定義ではなく、命を賭け、生活がかかった定義なのである。だから、生き方が変ればまた真理や実在も変りうる。極端な想像をしてみよう。われわれの食べ物はわれわれに何の栄養ともならず、かわりに、空想の中で食事をするとそれが栄養になる、といった世界の中で生きるとすれば、食卓の上の食物は「幻」であり、空想の中の食物こそ「実在」であり、われわれはそれに賭けて生きるだろう。

この一元論的構図では伝統的な真理論の中で、対応説（correspondence theory）ではなく、プラグマティズムに極端に汚染された整合説（coherence theory）をとることになる。そして、整合説に対する伝統的な非難、すなわち、真理は一つでなく多義となる、という非難に対して、真理は固定したものではなく、揺動するものだと、答えるのである。それは、「素朴存在論」ともいえるだろう。
しかしまた、「実在」もまた揺動する。そして、「ことば」はその揺動する実在にかまわず、「存在」を喚びおこし立ち現わしめる。それこそ「ことだま」の働きなのである。

附記　本章に対しては、山本信、黒田亘、吉田夏彦、前原昭二、黒崎宏の諸氏から御批判を戴き、またそれらに答えさせて戴いた（「ことだま論をめぐって」、『科学基礎論研究』43号、Vol. 11. No. 4. 昭和48年）。

# 7　記号？　意味？

## 1　名指し

言語は物や事の記号である、一つ一つの言葉は、接続詞や助詞、助動詞、などの例外はあるにせよ、概して何かの物、何かの事を「指して」いる、こうよく言われるし、またこう考えている人が多いであろう。それが誤りだと言うのではない。しかし、それで一体何が言われているのか、またこう言うことの背後には非常に安直な言語と人間の像があるのではないだろうか。それを少し立入って観察してみたいのである。

言葉は記号である。このことが一番よくあてはまるのは固有名詞の場合であろう。少くともそう思われている。しかし、固有名詞が記号であるとして、一体何の記号なのか。例えば最も固有名詞的な固有名詞である人名をとってみよう。「田中何某」は一体何を指しているのか。もちろん田中と呼ばれている人間である。だが「人間」とはその人の体のことではあるまい。「田中氏は今苦慮している」、と言うとき田中氏の肉体が苦慮しているのではないからである。しかし、「田中氏が怪我をした」と言えばそれは田中氏の肉体が損傷したということであろう。では、「田中」という名は便宜的な総称で、労をいとわなければ「田中氏の体」、「田中氏の心」と使い分ければいいのだろうか。では、「田中氏は今手紙を書いている」、「田中氏は昨日大演説をぶった」、こう言うときにはどう使い分けるのだろうか。それは「田中氏の心」が何かを、例えば手紙の文句を考え、「田中氏の体」が文字を書いているという二つのこと、つまり田中氏の「心」と「体」が協同作業しているということか。しかし、私が「字を書く」とき、私の心が私の手に命令し手がその命令通りやっているかどうかを監視している、こんなことが言えようか。いやその通りやっていると言われる方はためしに例えば「いろは」と書いてみていただきたい。

結局では「田中」とは「心身一体の田中氏」を指していると言えばよいのか。では指しているからにはその人は自分が指しているものを知っているはずである。だがその人は田中氏の体と一体になった心を覗いたことがあるのだろうか。またその心が体とどうした形で「一体」なのかを知っているのだろうか。

私は何も一つの人名を使うならばその人名の人のことを何から何まで知っておらねばならないと言っているのではない。私はただ、その人がその当人をその名で名指すからには何を名指しているのかを承知しているはずだと言っているだけなのである。そして誰もがそれを承知していることは明らかである。しかし、そのことを「人名は人間の記号である」とか「人名はその人間を名指す」とかと安直に言うこと、安直な挿し画で考えることが危険なのである。

では人名ではなく物名ではその危険はないだろうか。

我々は東京駅で何を「名指し」ているのだろうか。その屋根もプラットホームも改札口も東京駅の「一部」であり「東京駅の屋根」等で名指されるものではあるが、東京駅そのものではない。では「東京駅」で名指されているのは何か。『ミリンダ王の問い』のナーガセーナなら、だから「東京駅」は無だ、と言うだろう。しかしわれわれは、あの建物の「全部」だと言う他はあるまい。だとすると、「東京駅」という名はその建物「全部」の記号なのである。だがもしその「記号」を名札のようなものだと考えるならば、ではその名札を東京駅のどこに貼ればよいのかを考えてみてほしい。その屋根にか、窓口か、入口にか、あるいはべたべた一面にか。現実の東京駅には乗降車口やプラットホーム等に「東京駅」の札がかかっている。しかしそれで我々はこともなく東京駅「全体」を了解するのは、それが記号だからなのではなく、その記号の了解の仕方を心得ているからなのである。それ故、「東京駅」という固有名詞は東京駅の記号である、こう言うとしてもそれは単にこの二つを並べて矢印でつなぐといったものではなく、この了解の仕方（ヴィトゲンシュタインなら「使い方」と言うだろう）を前提にした上で一言しているのである。そしてこの了解の仕方はさまざまに異なっている。「東京駅」の了解の仕方は、「田中氏」のそれと違い、また、「東京行き」の了解の仕方とも違い、「東京駅の南側」の了解の仕方とも違っている。「名は物の記号である」と言うのは先にも述べたように誤りではない。しかし記号の生命ともいうべきこの了解の仕方およびそのさまざまなあり方に一切触れないで事もなげに一律に「……である」と言い、またそれで事が済んだと考えるのは誤りである。こういうのは、誰も先刻承知済みのことを事新しげに今更言うと聞えるかもしれない。しかし、そうではない。この誤りはより大きな、より重大な誤りの導入口となるのである。

## 2 集合名詞、普通名詞

「田中」とか「東京駅」とかの固有名詞の場合にはそれぞれの独自の了解様式の中で何が名指されているかの了解がなされ、人々の間での食い違いは正常な場合には起らない。と言っても、我々が「田中」や「東京駅」という言葉ですることは「名指し」という行為であると言うのではもちろんない。もちろん、名指しするとか名を教える、たとえば、我々が「田中君!」とか東京駅を名ざして「これが東京駅」と言うのは名指し行為であると言えよう。しかしそのような場合はごく限られている。普通は「田中氏が……」とか「東京駅は……」という形で、それらについて語り、話題にし、あるいは行動の目標にするのである。これらの行為はもちろん名指しの行為ではない。そしてこれら名指しではない行為の中で、それについて語られ述べられているものが何であるかが了解されている。そのことを、例えば「東京駅」は東京駅を名指していると言うのである。「田中」や「東京駅」がこの意味で名指しているものは一応の意味では眼に見え、手で触れられ、あいまいとはいえ一定の時空的境界をもっている。ところがそのような物ではないものが名指されている場合がある。それもきわめて多い。

例えば、「田中家」である。ただし田中氏の家族が住む家のことではなく、住んでいる家族のことである。我々は「昨日田中氏を見た」とはいっても、「田中家を見た」とは言えない。一家そろって散歩しているのを見たとしても、見たのはそれぞれの家族であって、「家族」そのものを見るとは意味をなさないのである。その全員と握手(つまり家族の数だけの握手)しても「田中家」と握手(一回の握手)することはできない。「田中家」には左手も右手もないからである。逆に「田中家の家族の数は五人である」とは言うが、「田中氏」なり「田中夫人」なりが五人であるとは意味のあることではない。田中氏は独り者だということは田中氏は一人だと言うことではない(もし一人だと言えるとすれば、誤って田中氏の数は五であるということも言えなければならないからである)。

つまり、「田中家」は集合の名前なのであって血肉のあるものの名前ではないのである。時がたてば田中家の人々が皆亡くなることはあろうが、またそうすれば集合「田中家」も消滅するが、「田中家」に「死因」や「病因」をみつけることはできない（「田中家」の心臓はどこにあるか？）。「田中家の墓」の下に入るのは「田中家」の骨ではない。

では「田中家」は実在するものではないのか。それは「実在」の意味の与え方による。見たり触れたりできるものだけを「実在」と言うならば「田中家」は「実在」しない。と同時にその「実在」も実在しない。誰も「見たり触れたりできること」を見たり触れたりできないからである。しかし、誰でも田中家の家族が健在である限り「田中家」は実在し、「自民党」も実在すると言うだろうし、「国際連合」が国連旗をもち「アメリカ合衆国」が星条旗をもつことを怪しまない。

それと同時に、誰もアメリカ合衆国や国連に手で触れうるとも思っていないし、自民党に色や形や温かさがあるとは思っていない。ではこれらのものの名は何を名指しているのか。もし名が記号だというのなら何の記号なのか。ここで前節で述べたように、この名を我々はどのように了解しているか、どのように使っているのかを観察することをしないで、単純な「物↔記号」の図式に乗ってしまうところに危険がある。その図式に乗ってしまえば、これらの名が名指すのは何らか心理的なもの、例えば概念だとか表象だとかイメージだとか、世の中に見たり触れたりする物としては実在しないが心の中に別途の仕方で実在するものだと考えるのは自然のなりゆきだからである。

このことは、「田中家」や「自民党」の場合ではまだ目立たないであろう。それは見たり触れたりできるものにいわば密着しているので、小うるさく追求するのでなければ事物扱いが可能だからである。それらには電話番号もあればアドレスもあり、電話料金や固定資産税を取りたてることもできるのである。しかし我々の言語の恐らく99パーセントを占めている一般語の場合にはそうはいかない。ここでは「もみ消し」がむずかしい。

例えば「犬」という語をとってみてみよう。そしてあの「物↕記号」あるいは「名↓名指し↓物」の図式をあてはめようとしてみよう。つまり、「犬」は何の記号であり、何を名指しているのかを考えてみるのである。「犬」が個々の犬、ポチやクロの名前でないことは言うまでもない。しかし、ポチやクロなどの他に今一匹特別な、「犬」という名前の犬がどこかにいるわけでもない。では、それはどの犬の名前でもあるのか。つまり、ポチもクロもその本名の他に誰がつけたのでもない（いや、「日本人」がつけた？　ではその「日本人」は誰が日本人につけたのか？　「日本人」がか？）「犬」という別名をもっているのか。そうだとしたら「犬には黒いのも白いのも茶色のもある」と言うと、ポチは何色になればいいのか。もちろんジョンもクロも。

では「犬」は「田中家」や「国連」と同様ある集合、つまり犬全体の場合、過去現在未来に生きた、生きている、生きるであろう犬、物語りの中の犬（物語りの中でも犬は犬であって猫ではない）、神話の犬（それだって犬と呼ばれる限りは犬に違いない。プルートー「ケルベロス？」は犬でなければ何なのか？　神話の犬である）、ありとあらゆる犬全体の集合の名なのであろうか。そうであるとするなら、それは「田中家」や「自民党」と同様、見も触れもできないものである。その上、電話番号もアドレスも本部もない。蓄犬税の対象にもならない。「自民党の意向」と並ぶ「犬の意向」もない。この情勢にあっては、「自民党」の場合のような「もみ消し」はいささか良心のある人間には不可能であろう。先の図式に乗る限りはである。

　そこで「犬」の名指しの宛先が探されるとすれば、上述した何かの心理的なものが「指名」されるのは当然であろう。「犬」は犬の概念、犬の表象、犬のイメージ等の「名前」なのである、と。事実ソシュール、オグデン、リチャーズを始め、あるいは彼等にならって多くの言語学者はそう言っているのである。しかし、これがおかしいことは一目瞭然ではあるまいか。なぜなら、「犬は雑食性である」と言うとき、もしこの発言の中の「犬」という語が犬の概念や表象やイメージの記号であり、それを名指しているのならば、概念や表象やイメージが雑食性だと言うことにならざるをえまい。「名→名指し→物」の図式がここでは働かない、というよりは破壊的、致死的に働いていることは誰の眼にも明らかであろう。この直線的図式をオグデン、リチャーズのように真中で折れ目を作って、

としてもそれによって破壊力を半分にすることすらできない。「犬」という語を聞くと表象なりイメージなり意味なり、いずれにせよ何か心的なものがよびおこされる。それは恐らく正しい（ただし「心的」ということを「非知覚的」の意味にとる限りであるが）。そして「犬」はこの心的なものの「名」であると言うことはやめる。そのかわりにこの心的なものが何か心的でない「物」を「名指し」、その「物」の記号なのだと言おう。つまり、「名指し」にワンクッションおくのである。しかしそのクッションには何の効力もない。「犬」の場合、その「名指される物」を外界の見たり触れたりできるものの中に見付けられなかったので、「心的なもの」を「指名」したのである。それは主役がいないのでやむなく指名された代役なのである。だからその代役がこんどは主役を指名するというのは全くの錯乱である。この錯乱の原因はもう誰にも明らかであろう。「物↕記号」の図式自体の錯乱がその原因なのである。

## 3　述　語

もし上の錯乱が一時的錯乱にとどまらず、言語のすべてにおよぶとすればそれはもう真性の狂気と言わねばなるまい。狂気の下では、名詞にとどまらずすべての語が「名指し」に見えてくるのである。

この「名指し」の妄執が動詞や形容詞におよぶとどうなるだろうか。例えば、「のむ」という動詞をとってみよう。人が水やソーダやビールを「のむ」、薬を「のむ」、のを見ることができるのはもちろんである。人が人を「のむ」のを見ることとすらあろう。しかし、水をのむのでもない、ビールをのむのでもない、人をのむのでもない、その「のむ」というのを見せてくれと言われれば、どう答えればよいか。「のむ」は他動詞だから、ただ「のむ」ということはないのだ、と答えることもできよう。しかしではその他動詞の「何かをのむ」が名指しているものを見せてくれ、と求められればどうするだろう。

ここでふたたび、「何かをのむ」をどこかに見ることはできないのだからそれはあるとすれば頭の中か心の中だ、こう思うとすれば錯乱がはじまったのである。しかし恐らくこのたびは名詞の場合と違って、「何かをのむ」表象、「何かをのむ」イメージ、と言うのはどこかおさまりが悪いと感じる。「犬」の場合は何か心の中を犬の影がよぎり、あるいは何匹かの亡霊的犬族が駈けめぐるような気がする。しかし、この「何かをのむ」には影もなく形もない、強いて形影をひねりだそうとしても、それは酒を飲んでいる男であったりソーダを飲んでいる女であったりしてしまう。ブリューゲルの絵のようにたくさんの人があちらでもこちらでも何かを飲んでいるのを思い浮べるかもしれないが、それが「何かをのむ」という語が「名指す」ものですかと言われるとばつが悪い。それには少し生々しすぎるのである。「何かをのむ」のはそういう絵よりもずっと「生きが悪い」と人は感じるのである。そこで、表象だとかイメージだとかよりももっと生きの悪いものを本能的に探す。そこで「概念」とか「意味」とかいう把えどころのない、少くとも把えどころをかくしているようなものがぴったりだと思われるのである。では「何かをのむ」という言葉で名指されている概念とか意味とかはどういうものですかと尋ねられても、それは何かをのむっていう概念ですよ、何かをのむって意味ですよと受け流せるような気がするのである。そして自分にも、「何かをのむ」の意味とは何だろう――→「何かをのむ」ってどういう意味だろう――→もちろん、何かをのむって意味だ、何を間違って変なことを考えたのだろう、こう思われてくるのである。

こうして「意味の第三帝国」（フッサール）が設立される。もとよりその国の住民は人目に触れるような下賤なものではない。それどころか彼等はイデア的に常住不変なもの、いや一切の変転流転の時間的なものを超えている、と言われることになる。「甘い」という概念は甘くない（ボルツァーノ）と布告される。つまり、煮ても焼いても食えるようなしろものではない、ということなのである。「何かをのむ」という言葉が名指す「何かをのむ」という概念は何をのむものでもなく、何にのまれるものでもないということなのである。あの錯乱の果て、妄想の帝国が設立されたのである。ひとたびこの帝国が設立されれば今まで何となくうしろめたさがつきまとっていたものまでが大手を振ってここに収容される。「田中家」もいや「田中氏」までがここを安住永眠の地として収容される（「田中氏」の意味は「個体概念」(individual concept――カルナップ)」「田中氏」なのである)。

しかし「意味」または「概念」の収容所天国が想定された結果、その想定に導いたあの「記号」と「名指し」の図式も編成変えが行なわれる。ある語「A」はその意味『A』を名指すのではなく「意味する」と言われることになる。では「名指し」の方はどうなったのか。それは今ひとたびその故郷である、見え触れる世界の中の物事を「名指す」、あるいは「名指し」の持つ硬直性を和らげるためにここでもそれよりも生きの悪い言葉を使って「指示する」(designate)と言われる。ではふたたびあのいやな質問、では何を指示するのか、に今度はどう答えるのだろうか。

或る(といっても少数ということではない)哲学者や言語学者は、例えば「犬」という語が「指示する」のは犬の「外延」(そして先程の「意味」はそれに対して「内包」と呼ばれることになる)であると言う。しかしそれはまさに上に述べた、「犬の集合」に他ならない。そして「犬の集合」の収容場所に困ってあの収容所が設立されたのである。そこで当然、「名指し」の図式は捨てられ、「指示する」とは「名指す」ことではないとされるのである。では「指示する」とはどういうことなのか。彼等の言うところによればそれは単に「犬の集合を外延として持つ」ことに他ならない。「犬」という語は「犬の集合」をその「外延として持つ」のである(そしてその意味を「内包」として持つのである)。あるいは「犬」という語の「外延」は「犬の集合」であるのである(そしてその「内包」は意味なのである)。

明らかにここではあの「名指し」の図式は放棄されている。ではあの錯乱はいやされたのだろうか。いやそうではない。あの錯乱の結果は依然として残っている。意味の収容所が厳然と残っているのである。それが残っているからこそ、「名指し」の図式を放棄できたのである。いや、全く放棄できたとは言えない。それは「意味する」というはっきり何を意味しているのかがわからない言い方の中にもぐりこんでいるのである。「犬」という語は犬の意味（又は概念、または内包）を「意味する」。この言い方で何を「意味している」のだろうか。それは、「犬」という語は犬の意味を「表わしている」のである。これは、「犬」は犬の意味の記号である、「犬」は犬の意味を「名指している」ということと全く同じだとは言えないにしても、その違いを明瞭に言い「表わす」ことができない程に近いものではあるまいか。〒は郵便局の記号であるということと、〒は郵便局を「表わしている」ということとはどこか違うのだろうか。「ホワイトハウス」は米国大統領官邸を「意味する」ということと、その「名前である」、あるいはその官邸を「名指している」ということとの違いはどこにあるのか。こうして「名指し」の錯乱は表面では口をぬぐっても腹の中（心の中）には根強く残っているのである。

## 4　命題と事《こと》

この意味収容所にもっとぴったりするのは実は命題の「意味」なのである。もともと言葉で何かを叙述するときの最小単位は命題（または文）であって語や句ではない。したがって、本来的なイミで「意味」を云々できるのは命題についてなのである。

しかし、命題は何物かについて述べるのであって、その物を「名指す」のではないことは誰にも明らかである。ところが、いったん言語は記号であるという固定観念にとりつかれると、命題もまた一つの複合記号だとしか考えられなくなる。それは恐らく誤りではないだろう。命題は複合記号でもあるからである。誤りが生じるのは、記号の働きはそれが記号である限りは一律である、と思いこみ、さらに記号の働きとしてもっとも平板率直な事例を典型にしてしまうところにある。すなわち、こちら側に記号があり、むこう側に実物がある、そしてその二つを対応させるのが記号の唯一で一律な働きだと思いこむのである。この図柄をとるのが「名指し」の図式なのである。この図柄を命題にも適用するとどうなるだろうか。こちら側には命題という複合記号（文字、声、指話の指の動き、手旗信号、モールス信号、等々）がある、むこう側には一つの事態がある。そこでこの命題（記号）はその事態の記号である。こうなるだろう。しかし、その命題はその事態の「名」であり、その事態を「名指し」ていると言うのには人はためらうだろう。少しおかしいと感じるのである。だが、なぜためらいを感じなぜ少しおかしいと感じるのかと自分を追究することはしないで、「記号である」でごまかしてしまう。「記号である」とはそれほど包容力に富んでいる（ということは同時にそれほど識別力に欠けている）。

ところがそうしても一つ問題が残っている。事態、命題がその記号であるとされた事態、それはどんなものなのか、ということである。「小雨がぱらついている」という事態は何なのか。馬鹿なことを聞くものだ、お前が眼の前に見ているものだ、だが私の眼に見ているのはパラパラ落ちてくる雨粒である。雨粒という「物」を見ているのである。お前はどこまで馬鹿なのか、その雨粒が「落ちてくる」のを見ているじゃないか。しかし私が何かを見るとすればそのものは何らかの色と形をしていなければならない。もし私が雨が落ちてくるのを見ているのならば、「雨が落ちてくる」の色は何色なのか。「雨が落ちてくる」事《こと》には色はない。だから色のない事を見ることはできない。降ってくる雨滴を見ることはできるが、また手にうけることもできるが、雨滴が落ちてくる事を見ることはできず手にうけることもできない。『視覚新論』のバークリィならこう言うであろう（「もの」と「こと」についいては次章が取扱っている）。

面倒なへりくつをつけるものだ、簡単な事ではないか。雨が降っている、そのことを「雨が降っている」と言うことで表わすだけのことではないか。そうとしよう。だが世界中で今何千箇所で雨が降っているだろうし、また人間が言語を使いだしてからなら何千億回となく雨は降っただろう。そしてその際何百という語で「雨が降っている」という言葉は何億回となく言われただろう。すると、「雨が降っている」という命題が「表わす」のは今ここでの雨降りだけではなく過去現在未来のすべての雨降りを「表わす」と言わねばなるまい。ここでふたたび「犬の集合」と同じく「雨降りの集合」があらわれたのである（これは言葉の本質である「一般性」ということからくる不可避のことである）。さらにここではその集合は「物の集合」ではなく「事の集合」なのである。

ここで意味信仰のある人ならば意味にすがらない方がどうかしている。「雨が降っている」という命題は「雨が降っている」という「意味を表わしている」のだ、と。そしてその命題を人に言われれば我々はその「意味」を了解し、窓の外を眺めて現実の事態もその了解した意味通りであることを確認するのだ、と。我々の方で確認したいのは次の二点である。上の考えでは、まず意味の理解というものがあり、ついでその意味は現実と（一致不一致という）比較できる種類のものである、この二点である。そしてその意味の理解ということがある以上、当然理解さるべき意味というものがあるのである。そして命題はその意味を「表わしている」もの、したがってほとんどその「記号」だと言うに近いものなのである。

上の第一点、すなわち、命題の「意味」の理解というものがあるという点はことさらあげる必要もない当然のことだと思われている。教科書で外国語を習うとき、新聞で遠い所の事件のことを読むとき、歴史で昔のことを読むとき、明日の遠出のことを相談するとき、言葉の意味を理解せずして何をしうるかと思われよう。我々が現に目撃しておらずその場に居合せていないことも言葉で知ることのできるのはその言葉の意味を理解するがためである、と。

しかしよく注意していただきたいのは、この叙述で「言葉の意味」という句から、「の意味」をけずってただ「言葉」としてもこの叙述は少しも不自然にならないということである。そこに「の意味」をつけたくなるのは、信心深い人が何にでも「神の思し召しで」とひと言つけ加えたくなるのに似た意味信心からであるまいか。我々は「意味のおかげで」言葉が使えるのだろうか。

では「意味抜きで」言葉がわかるとはどういうことなのだと反問されよう。そこで誰かが私に「君の後ろの時計は三時を指している」と言ったとしよう。私は振向かない前にその言葉を理解する。では何を理解したのか。もちろん、私の背後の時計が三時を指していることをである。それは私がいつか時計屋で買った時計であって、私の心の中、頭の中の時計ではない。つまり、私はそのとき何か心の中に私の後ろの時計の写真のようなものを思い浮べたのではない。私が思い浮べたのは本物の時計である。だが、だからそれは「思い浮べられた時計」ではないか、多くの人はこう言って写真の比喩、コピイの比喩に舞い戻るのである。私に「思い浮べられた時計」は、私が振向いて私に「見られた時計」とは違うというのである。もちろんその時計のあり様は違う。「思い浮べられた時計」は多くの場合、輪郭も色も定かでなく、見ている時計のように拡大鏡で検査することもできないし、写真にもとれない。しかし、遠くから見られたその時計、斜め下から見上げられたその時計、色メガネをかけて見られたその時計、それらはすべてその姿を異にしている。だからといって私の後ろに時計が三つあるという人はいないだろう。したがって、「思い浮べられた時計」が「見られた時計」とその姿がまるきり違うからということでそれが違う時計だということにはならない（私の考えるケインズは経済学者の考えるケインズと恐ろしく違っているだろうが、二人のケインズがいるわけではない）。フッサールの言葉を使えば、この二つの時計の姿、二つのケインズの姿は、指向的（intentional）に同一の一つの時計、同一の一人のケインズの二つの姿、二つの射影（Abschattung）なのである。

　だがかりに、「思い浮べられた時計」は実物の時計の心的な像、イマージュ、コピイ（何だって二番煎じでさえあればいい）であるとしてみよう。ではそのコピイが私の背後の実物の時計のコピイであると私にはどうしてわかるのか。そりゃ君がその実物をよく知っているからさ、と言われるだろう。その通りである。しかし、私はそのコピイを思い浮べている時点ではまだ実物の方を振り返って見てはいないのである。だからその時点では私がよく知っているその実物を私はまた「思い浮べる」以外にはない。それはそれ自身また一つのコピイである。ではこの新しい方のコピイが実物のコピイだと私にどうしてわかるのか。そりゃ君がその実物をよく知っているからさ。

つまり、「思い浮べられたX」が実物Xのコピイだとすれば、それが実物Xのコピイであると承知するためには無限個のコピイが必要なのであり、だからそのあげくそれが果して実物のコピイであるかどうかを私は知ることができないのである。

同じことが記憶の場合にもあてはまる。記憶の場合は実物は過ぎ去って今はないことがさらにコピイの比喩を一段ともっともらしくさせている。本物は存在しない、それにもかかわらず私は今そのことを思い出している。だから私が今思い出しているものは本物ではありえずそのコピイ（記憶像、記憶表象、記憶イマージュ）である他はない。多くの人はこう考える。しかしここでもふたたび、ではそのコピイが例えば亡くなった祖父のコピイ、その祖父と一緒に（今は亡き）フナを釣った日のコピイであるとどうして知っているのか。もちろん私がそれを憶えているからである。ではその「それ」とは何であろう。今は亡き祖父そのもの、過ぎ去った遠い日の出来事そのものである他はない。ありし日の人間や情景そのものを今私は憶い出しているのであって、そのコピイを憶い出しているのではない。祖父は今私の心の中にいるのではない。彼の骨が墓の下にあるだけである。だが、ありし日に祖父は墓の外にいたのである。それを今憶い出しているだけである。憶い出す、とはまさに今知覚できないもの、過ぎ去ったものを「憶い出す」ことなのである。故人の写真はその人を憶い出すようすがとはなるが、憶い出された当のものは今は亡き故人の生前そのもの（写しではない）なのである。故人の面影とは故人のコピイのことではない。ただ私はその風貌をこの眼で「見る」ことはできない。だが私はそれを憶い出せるのである。それと同様、今私は後ろの時計を「見て」はいないが「思い浮べて」いるのである。

これが我々が言葉を理解するということなのである。少くとも命題という形での言葉を理解するということなのである。

## 5　思い違い、見間違い、考え違い

換言すれば、「君の後ろの時計は三時を指している」という声を私が聞いてその声の持つ意味を理解すると言われることに、実は意味など登場していないのである。我々は「意味のおかげで」後ろの時計が三時だと知るのではない。その「声のおかげで」それを知るのである。それを「知る」と言ったがまたまた、知るとは心の働きだからその知られたことは心の中にあるもので私の時計そのものではない、などと言わないようにしていただきたい。私は自分の後ろにある時計が三時だと知るのであって、心の中のありもしない時計が何時だと知るのではない。もちろん「知る」というのが物理的過程だとか、心の働きなどはない、と言っているのではない。ただ、かりに「知る」ということは心の働きであるにせよ、知られたものも心の中の何かであると言うのが誤りなのである。私は看板を見てそれが煙草屋であると「知る」。何を知ったのかといえば、その貧弱な煙草屋のことを知ったのであって私の心の中の何かを知ったのではない。それと同様、ある言葉を聞いて何かを「理解」するが、「理解したこと」は何も心の中の何かではない。つまり、「意味」と呼ばれる何かではない。私の理解したことは、その店で煙草を買えるということであり、後ろの時計が三時を指しているということ、つまり、街頭のこと室内のことであって心中のことではない。すなわち、私は言葉で「意味越し」に街頭や室内のことを理解するのではなく、言葉でじかにそれらのことを理解するのである。

だが、言葉を聞くときにさまざまなイメージ、ファンタスマ、といったものが思い浮ぶことを否定しようと言うのではない。「戦いがとうとう始った」という言葉を聞くときさまざまなイメージや概念が「心に浮び」「胸の中をよぎる」ことを否定しようというのではない。*私の言いたいのは、それらが「戦いがとうとう始った」という言葉の「意味」と呼ばれるものではないということである。その言葉が我々に「告げる」ものは心中胸中*の何かではなく、地球上のどこかで始まったことなのである。そしてそれを告げるために、それら心中に浮び胸中をよぎるものが必要ではないのである。全く無感動に、心中空白のままで我々はその言葉が告げることを理解できるし、また理解しているのである。

＊　しかし、それらの想念が「心」や「胸の中」に浮ぶ、ということは誤りである。ここではこの

誤りの上に更に今一つの誤りが重ねられていることを示したいだけである。

しかしもしそれが虚報であったなら私は実際には存在しない戦争を理解したことになる。ここでふたたび巨大な重力にも似た、「心の中へ」という引力が働く。私の理解したことは現実には存在しないことなのだから、それは「心の中」にしかありえない！　あの軽快なバートランド・ラッセルですらこの力には抗しきれなかった（彼の『意味と真理』参照）。この「偽なる事態」によって彼は不承不承「心の中へ」着地したのである。しかし、はたしてそうする必要があっただろうか。

たしかに、嘘と知っていて嘘をつく人はその嘘が「作り話」であることを承知している（ただその作り話であることをかくすか、かくさないかが悪意の嘘と善意の嘘——例えば、小説や物語り——とを区別する）。だが、「まっかな嘘」から「嘘をつくつもりではなかった」嘘、「眉唾もの」から「嘘じゃないが」の真実、「首をかけてもいい」がとにかく何かを賭けねばならない真実、「天地神明に誓う」必要のある真実から「わかりきった」真実、「言うまでもない」真実、と嘘と真実の間には連続的な移りゆきがある。さらに留意すべきは、「半信半疑」や「事実が判明するまで」保留する、あるいは「ほんとかどうか知らないが」とにかく話す、といった場合があることである。さらに「作らない」つもりの話が不幸にして「作り話」になる場合があるのであり、逆に「嘘からでたまこと」もあるのである。つまり、「作り話」から「作らない話」までのあらゆる段階があるのである。

したがって、私が何かを「思い浮べた」場合、その「思い浮べられたこと」が現実と違っていたときにはそれは私の心の中の何かであり、現実通りであるときは心の中のものではなくまさに現実のことである、こう考えることは全く不可能ではないにせよ、実質的には不可能と言えるほどの無理がある。特に、それが「後刻判明した」虚報である場合、判明するまでは私も他人もその「思い浮べられたこと」は現実の中のことであったと思っていながら、判明した途端に、それが私の心中のことであることもまた判明した、と言う人があるだろうか。私は「君の後ろの時計は三時を指している」と聞かされて、別に疑いもなく三時を指している時計を「思い浮べる」。だが振り向いてその時計を見るとその通り三時であった場合と、実は四時であった場合とで、振り向く前の「思い浮べられたもの」の身分に違いがあるとは思えないだろう。結局、「思い浮べられたもの」がどういう身分であるにせよ、その身分は真偽にかかわらず同じものでなければなるまい。したがって、「思い浮べられたもの」が私の心の中の何かであるとすれば、あらゆる場合にそうなのであり、心の外の何かであるとすればまたあらゆる場合にそうなのである。

　ではそのどちらなのか。上に述べたようにそのことが真実である場合にそれは心の外のことであることは明らかである。とすればそれが真実でない場合にも心の外のことでなければなるまい。しかし、今一度、それが真実である場合も真実でない場合も心の中の何かだとしてみよう（これは意味信仰をよそおうことである）。すると、単に「思い浮べられた」

ことが心の中のことであるにとどまらず、「見られた」こともまた心の中のことでなくてはならぬ。なぜと言えば、「思い違い」があると同じく「見間違い」があるからである。人を「見違える」こともあれば、誤植を「見落し」たり、字を「読み違え」、時計を「見間違える」。それはこの世にないことを「思い浮べる」のと同様、この世にない、ことやものを「見る」ことなのである。したがって、それらはただ「心の中にある」以外には行きどころがない、こう意味信仰家は言わねばならぬ（その信条《ドグマ》に忠実な限りは）。さらに、そう言わねばならぬならばまた、「見間違い」でない場合にもそう言わねばならない。私は今「読売新聞」を「読書新聞」だと読み違えたのではないかとふと思う。見直してみる。やはり「読売」であった。だがそのとき、はてな「読書」を「読売」に見たのじゃないかなという疑念が生じる。もう一度見てみる。すると今度は「ヨム」という字はこれでよかったのかなと思い出す。見れば見る程はっきりしなくなる。つまり、「見間違い」とそうでない場合の間にも、「作り話」と「作らない話」の間にあるのと同様な連続的段階があるのである。そして「絶対に見間違いではない」と絶対に言うための保証はない。「我が眼を疑う」ことは常に可能なのである。したがって、「思い浮べられたもの」と同様、「見られたもの」の場合も、そのすべてが心中のものであるか、そのすべてが心外のものかの何れかなのである。

　そして意味信仰は、そのすべてを心中のものとするのである。ある宗教の信者は一木一草といえども造物主の手になると信じているだろう。それと同じく、意味信心の人は、見るもの聞くもの一木一草に至るまでわが心中のものと信じなければならないのである。自分の手足も、今飲んでいる水も、自分の家も家族もすべてわが心中のものだと。つまり、意味信仰家は、その信仰の條《すじ》を通す限り、最も徹底した二元論者、観念論者でなくてはならないのである（これは意味教の天国なのだろうか地獄なのだろうか）。

しかし信仰は強い。でも、「見間違い」や「思い違い」であることに疑問の余地がない場合、「見間違われたもの」「思い違われたもの」は心中にもないとすれば一体どこにあるのだ。

それは「世の中」にあるのである。心外であろうが心外にあるのである。

反転図形のことを考えていただきたい。この図形はとも見え、とも見え、また平面図形とも見える。そのうちどれが本当の見え方でどれが「見間違い」であると言えようか。このネッカー図形は「様々に」見えるのである。そしてそのさまざまな見え方のもととなる「この図形」というものはない。見え方とは無関係な「この図形」がいろいろに見えるのではなく、いろいろな見え方の図形があるだけである。ところで、私が夜道を歩いていて人影を「見て」ぎょっとする。近よって「見る」と何のことはないただ木が揺れていただけのことだった。私は疑問の余地のない「見間違え」をしたのである、と言われ

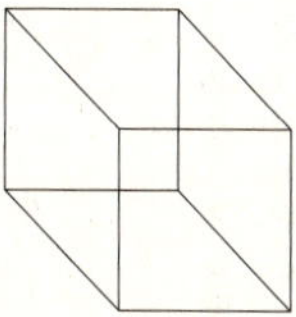

よう。しかし、ネッカー図形の場合には「見間違え」ではないのに、どうしてこれを「見間違え」だと言うのか。その木蔭はそのような場合にはそう見えることのある物なのである。そして陽光の下では木に見える物なのである。荒縄はある場合には蛇に見えやすい物であり、ある場合には縄に見えやすい物なのである。枯れすすきは、昼間は枯れすすきに、暗夜には幽霊に見えやすい物なのである。「読売」という字は普段は「ヨミウリ」の漢字に、時々は「ドクショ」の漢字に見える字なのである。もし暗夜の木蔭を人に見たのは私の疑心暗鬼のせいだと言うのなら、昼間の木蔭をただの木に見るのは私の平常心のせいなのである。私は疑問の余地なく「見間違え」たのではなく、疑問の余地なく木蔭を「人影に見た」のである。私に「見られた人影」はその夜道の一隅にあったのである。そしてその夜道は私の心の中を通っているのではなく、鉄道の駅に向っているのである。疑心の中に暗鬼を見るのではなく疑心のせいで暗鬼を私の前方に見るのである。だが昼間は、昼間の心のせいでそこにありふれた物を見るのである。

では、現実にはないものを「想像する」場合にも、そのないものがどこかにあると言い張れるのか。こう意味信仰家は聞くだろう。

建築家が整地された敷地の傍に立って彼のこれから建てるビルを今出来上ったように想像する。ここには入口の石積み、あそこに玄関のスロープ、その右手には吹抜けのロビー、といった風に生々しく想像する。彼はロビーから階段を上り部屋部屋に入ってそこにやがてあるべき窓や壁のあり具合すら想像するだろう。だが、もちろん彼の「見て」いるのは寒々としたむき出しの土であり、その上の虚空である。だが彼に「想像されているもの」「思い浮べられているもの」は彼の心の中にビルの「幻」としてあるのではないか。

だがその「幻」が幻視幻聴といわれる種類のものならば、それはともかくも外的空間に「見られ」、「聞かれ」ているのだから、それらもまた「在る」ものであること、上に述べた人影や枯れ尾花の幽霊と異ならない。ただ、普段は透明な空気に「見える」ものが、建築家の夢見る心のせいで、ビルに「見えた」だけである。それは「在るもの」であり、そして、そのむき出しの土の上に在るのであって心の中にあるのではない。

しかし、その「ビルの幻」が幻視像のように「見られ」てはいないのでただ「想像され」ている場合にはその幻はただ「心の中に」考えられているのだろう、と言われよう。そうではない。その敷地の上に「考えられ」ているのであって、心の中にではない。心の中の敷地の上にではない。彼の今「見ている」敷地の上に「考えられてある」のである。それは「見られ触れられるもの」としてあるのではなく「考えられてある」のである。しかし我々は「ただ考えられるに過ぎないもの」は「ないもの」と言うのではないか。そうではない。物理学者は素粒子や状態関数や電磁場を「ただ考えている」のである。それらは決して「見えない」こと、数学者によって「ただ考えられている」$n$次方程式や楕円関数と同様なのである。数学者ではない我々も「一・二・三・……」を「見る」ことはできず「ただ考える」ことができるだけである。そして自然数はだから「ないもの」だと言う人がいようか。また、蜃気楼は「見る」ことができるがその下の「本もの」のオアシスはここからは「見る」ことはできない。しかし、我々は「そこに在る」オアシスをここから「考えて」いるのである（水に入れて折れ曲って「見える」箸とは別の所に「本もの」の箸が「在ると考えて」いるではないか）。引き出しの中の私のがらくた、私のからだの中の胃の腑やはらわたや骨、私の背中、それらを今私は「見て」おらず、だから「考えて」いるだけである。信者も「見え」ない神仏を「考えて」信じるのではないのか。意味信仰は「見え」ない「意味」を「考えて」信じているのではないのか。

　しかし、夢見る建築家は今彼が「考えている」ビルがそこに「見えている」地面が在るのと同じ意味で「在ると信じて」はいない。ないと信じているのである。もしあれば彼の仕事はない。しかし、「ない」音を聞くのが耳鳴りであり空耳であるように、「ない」ビルを「考えている」ことは事実なのである。その「夢見られたビル」は、耳鳴りの「音の幻」がテープに録音できないと同様に、ビデオに録画できない。さらに、「見えない」電磁波もアンテナつきのオッシログラフに波形を「見せ」、「見えない」放射能もカウンターを鳴らすが、この「夢のビル」はすべての測定器具を素通りしてしまう。そのような「もの」として「考えられて」いるのである。しかも、その敷地の生々しい土の上に「考えられて」いるのである。そしてそれは、そこに公園や池を「考える」こととは区別され、比較されることすらできるのである。それは、あの木蔭が私の「夜眼には」人影に映じたように、敷地の上の何も「見えない」空間（または空気）が建築家にはビルとして映じている（立ち現われている）のである。だが、夜眼に映じた人影は「夜眼の中」にあるのではなく夜道の傍にあるのと同様、建築家に映じているそのビルはその「心の中」にあるのではなくその敷地の上にあるのである。

私が虚報の戦争を聞いて、それを「在る」と信じて「考え」たが、後に「ない」ことが判明した、といった場合にも、私は「幻の戦争」をこの大地のどこかに「考え」たのであって心の中に考えたのではない。

## 6　むすび

結局、我々が何かを見、何かを思い浮べ、何かを考えるとき、見られ思われ考えられた事物は「じかに」見られ思われ考えられたのであって、「意味」「表象」「イマージュ」等々、何かを仲介にしてそうするのではないのである。我々は「意味越し」に見たり考えたりするのではなく「じかに」そうするのである。言葉を聞くとき我々は事物をじかに思い浮べるのであり、言葉を言うのはじかに事物について述べているのである。

木石と違って我々人間が言葉を言い、また聞けるのは、人間には（いわゆる）心の働きがあるからだ、こういうことは恐らく正しい。しかし、心が働くために何か事物の写しという二番煎じのものが必要ではないのである。言葉を聞いて或る物事を思い浮べる、まさにそのことが心の働きなのである。そしてこの心の働きを言葉という記号を使う働きだと言うことも恐らく間違いではない。しかし、そのとき、あの安直な「名指しの図式」でその働きを描写できると考えるのは私には錯乱としか思えないのである。言葉には便所を示すような矢印で物事が対応している、あるいは、言葉というボタンを押せば物事の影が我々の心に映る、こう考えることは錯乱としか思えないのである。この錯乱からのがれるためには、ただ日常茶飯の自分の言葉使いを観察するだけでいいのである。そうすればまた、「意味」の物のけに憑かれることもないはずである。

# 8　宇宙風景の「もの - ごと」

## 1　「こと」の湧出

夏の草原。ナデシコやオミナエシの花が風に揺れている。雲がゆっくり流れてゆく。ときどき陽がそれにさえぎられてさっとあたりが影になる。小道の向うから人がこちらに歩いてくる。私の目にうつるのはすべて、物、物、物、である。あの青空すらもが「物」として見えている。そして、それらの物がさき程から私の前に居すわり続けている。花も雲も小道も人も、さらに青空も、この風景から一刻といえども退場することなくずっと出ずっぱりなのである。何かの意味で時が流れるとしてもこれらの物は流れない。確固として居すわっているのである。常住しているのである。

この居続けの物に囲まれて私は「事」をさがそうとする。確かにそれには何の困難もない。私は向うに見える森に行った「こと」がある。だがその右手の小山に上った「こと」はない。しかしその小山のかげにかくれて小さな部落がある「こと」は知っている。オミナエシを折るといやな匂いがする「こと」は知っているが、それが地下茎を持っているかどうかという「こと」は確かでない。こちらにやってくる人が男である「こと」は確かだが、手に提げているのが何であるかという「こと」は定かでない。

こう数えたててくると今度は私は「こと」の大海に囲まれているように感じてくる。虚心に草原を眺めていたときには、「こと」の影すらなく周囲はただ一ぱい、「物」でみちみちていたのに、今度は「こと」がどこからともなく湧き出してあたり一ぱい、「こと」が充満しているように感じるのである。そしてあの強固な物、居り続ける物も、「こと」のエーテルにひたひたとひたされているように思えてくる。風にゆらゆらしているナデシコも、一瞬前には右にかしぎ、今度は左にかしぐ、という「こと」、その花びらは端がこまかく割れているという「こと」、細い葉が対生しているという「こと」、いや更に、ナデシコの花である、という「こと」にまで浸されている、それらの「こと」を抜いてはナデシコは蒸発し消滅してしまう、と。

この道にはまれば足は自然に進んでしまう。一時点で何かの「物」が「かくかく《ゾー》である《ザイン》」という「こと」、この各時点での「こと」が連なっているだけだ、と。その連なりの中で、「こと」は刻々とうつろい流れ、一瞬たりとも残留することはできず、絶えず次々と交替、更新されてゆく、そして「物」はかろうじてこの「こと」の流れを貫く一条の主語として残留を許される。だがそれも、「いかなるかくかくでもない」何か、としてである（「実体」「質料」「基体」といったただ表札だけの役割！）。しかし、こうなるはずではなかったのである。あの雲や小道や人の「物々しさ」、強固な居すわり、あのむきだしの「存在」が煙のように失せてしまうはずはないのである。草原をも一度眺めてみさえすればいい。そこにあるのはただおびただしい様々な「物」だけである。そしてすべてが確固として、流れもせずうつろいもしないで、でんとかまえている。それらは、ただ「かくかくであること」によって辛うじて存在しているのではなく、かくかくなる「物」として存在しているのである。そのくまなく個性的な「物」を、のっぺらぼうの実体が「かくかくなること」の薄ぎぬをまとったものと見ることには何か根本的に病的なものがある。

しかしこの病的なバランス失調にわれわれがえてしてはまりこむのには原因がある。私にはその原因として二つのものがあるように思われる。その一つは、「物」と「こと」の立ち現われ方の違いに誤って不当に強いコントラストを与えること、今一つは、「物」と「こと」の言語的表現の違いに引きずられてさらにこのコントラストを強めてしまうこと、こう私には思える。

## 2　「こと」を見る

「物」は立ち現われるというよりは、てこでも動かぬように居すわっている。いやおうなくわれわれの視線を強要しまぎれもない手ざわりと抵抗力を押しつける。押しつけがましく「見られ」「触れられ」るものとして坐りこんでいる。「物」はまず「固体の塊り」なのである。それに対して「こと」は何となく稀薄な気体、何かエーテル状のもの、とわれわれは感じる。まっとうな意味では「見る」ことも「さわる」こともできないものと感じるのである。「こと」は光線をはねかえすことをしない、だから色も形もない、だから「見る」ことはできない、「こと」には表面と内部といったものがない、固さも重さもない、だから「さわる」ことはできない、こう感じるのである。「こと」を食べることはできず、「こと」に刺されたり傷つけられることもない。だから「こと」がわれわれに立ち現われる様式は、「物」が立ち現われる様式、つまり見触という知覚の様式とは全く別のものなのだ。その立ち現われ様式は知覚のように生々しいものではなく、ずっと知的なもの、すなわち、「知る」とか「理解する」とか「意味」とかいったものなのだ。

こう言いたい誘惑にわれわれはさそわれる。無邪気にこの誘惑にはまると、立ち現われの様式が違うのだから「こと」は「物」とは全く別種のものだとまで言いたくなるのである。つまり一方には「物」、他方には「事態」とか「状態」とかと呼ばれることになる「こと」、この二種類のものがある、と言いたくなるのである。当然そこから、ではこの二種類のものはどのように結合しどのように分別されどのように関係しているか、このような大問題が湧いてでてくる。この道筋がデカルト的二元論から湧いてでてきたあの心身問題の道筋と酷似しているのは当然である。心―身体、と、「物」―「こと」、との対比には単に類似性というよりはもっと緊密な内的関係があるからである。そのことは、「こと」と「物」との立ち現われ様式の違いと感じられたもののことを考えれば了解されよう。「こと」は何か「知的」なもの、「心的」なもの、と感じられるのである。

この袋小路の道すじに踏みこまぬためには単にその入口でしばらく立ち止まるだけで充分であろう。そして単純な疑問を素朴に投げてみる。「こと」は「見る」ことも「触れる」こともできない、つまり「知覚」できない、というのは本当だろうか、と。

ところが先ほど、私はナデシコが揺れているのを見ていたのではないか。雲が流れるのが見えていたのではないか。これはとりもなおさず、ナデシコが揺れている「こと」、雲が流れている「こと」、これらの「こと」を見ていたことではないか。いや、君は「揺れているナデシコ」、「流れてゆく雲」、という「物」を見ていたのであって、それらの「こと」を見ていたのではない、こう言われるかもしれない。そして続けて、「こと」は「見る」ものではなく「知る」もの「知的に把握される」ものなのだ、こう言われよう。

しかし、こう言う人はあの根強い「素材―加工」の挿し画、あるいは「情報―処理」の挿し画から抜けきれていないのではあるまいか。つまり、感覚的所与（感覚与件、感性的ヒュレー、感覚の多様、等々、または入力情報）がまず眼で見られ皮膚に触れられ、それがついで知的に加工（綜合、把握、意味了解、等々、または情報処理）される、この挿し画である。単に見られ触れられるもの、例えば視覚の「固有《プロパー》で直接的《イメディエート》対象」は「光《ライト》と色《カラーズ》」であり（バークリィ『視覚新論』*）、いわばフィルムに感光した潜像のように知的現像液の作用によらねば何の形相もあらわしえない。だから形相、つまりかくかくである「こと」、は知的にのみ把握されるものであって素材的に直接感覚され知覚されるのではない、ということになる。

＊『視覚新論』でのバークリィが感覚所与説的な見解を示していた、というのではない。彼にあってはもちろん形抜きの色はありえない。ここでは彼の言葉（ロックに由来する）だけを借用したのである。

しかしこの挿し画はたちどころに自壊する。なぜなら、感覚的所与自体が既に何かのかくかく、何かの形相でなければならないからである。「光と色」は既に「光」であり「色」でなければならず、当然既に「明るく」「暗く」「赤く」「青く」なければならない。また、或る「形」の光や色でなければならない（形と色とが切り離せないことを強調したのはバークリィである）。つまり、この挿し画にとって不可欠の想定である「形相抜き」の「無垢の裸の素材」なるものがもともと背理なのである。それと同様、「こと抜き」の「物」もまた背理なのである。だからわれわれは「こと抜き」で「物」を知覚することはできない。「こと」を見ないで「物」を見ることはできず、「こと」に触れないで「物」に触れることはできないのである。テーブルの上のナイフとフォークを見ることは同時にその布置、例えばナイフがフォークの右手にある「こと」を見ることである。ナイフを手にすることは同時にそれが冷く重く滑らかである「こと」に触れることである。ここで再び、いやそれらの「こと」は「見て知り」「触れて知る」のだという人があれば、では何も知ることなくただ見、ただ触れる、とはどういうことであるのかを教えてほしい。色が何であり、形が何であるかを知らないようにして、目の前の、例えばリンゴを見ることができようか。それゆえ、「揺れているナデシコ」を見、「流れてゆく雲」を見るとはすなわち、ナデシコが揺れている「こと」、雲が流れている「こと」を見ることでもあるのである。三角形を見ているとはすなわち、三本の直線が尖った角で交叉している「こと」を見ていることであるように。「こと」は見もできれば触れることもできる「こと」なのである。われわれは常時無数の「こと」を見ているし、眼を閉じて手探りするときおびただしい「こと」に触れている。このことはまたわれわれの語法にも組みこまれている。猿が木から落ちるのを見た。そして尻もちをついたのが見えた。虫が腕を這うのを感じた。握手した彼の手が冷いのが感じられた。等々。

## 3　名と命題

だがこの端的平凡な事実を奇妙な仕方で裁断して、「物」と「こと」を別柄に仕立てたくさせる今一つの誘惑は言語的表現からくると思われる。すなわち、「物」は名詞で名指され呼ばれるのに対し、「こと」は命題で述べられる、ということに引きずられるのである。もちろん、「こと」もまた名詞で呼ばれることもできる。昨日の結婚式、例の事件、二・二六事件、あのありさま、さっきの勝負、これらはすべて「こと」を名指す名前である。更に一般的には、「……ということ」「……すること」といった表現法がある。しかし、「物」はただ名指されるだけなのに、「こと」はまた命題によって述べられる。ここに人は強いコントラストを感じるのである。命題によって述べられるということは、「こと」は真や偽であることができ、必然的や可能的であること、過去や現在や未来であること、信じたり疑ったりすることもまたできる、ということになる。それに較べてただ名指されるだけの「物」はただごついだけの芸なしのでくのぼうのようにみえる。「物」にできることといえばただ黙って「そこ《ダー》に在る《ザイン》」ことだけ、「こと」の叙述がいくらでも長くできるのに対して簡単な短い呼び名で呼びすてにされるのも仕方がない、とさえ思われる。

だがこの観点を裏返してみることが必要である。たしかに、名は短く叙述は長い（少くとも長くありうる）。それを裏返せば、「物」は短い名で充分なのに「こと」は長い叙述を必要とするのである。また、「物」は芸なしで充分通るのに、「こと」は様々な芸当をしなければ通らないのである。そしてこれは言葉尻だけの反転ではない。

もともと名前や命題の主要な機能は何であろうか。父が子の名を呼ぶ。それは子供を呼びよせるためである。話し手が聞き手に山の名を言う。もちろんそれで山を呼びよせることはできない。しかし聞き手にはその山が或る意味で立ち現われるのである。その山が念頭に浮ぶのである。だが、聞き手の念頭に山が浮ぶとはどういうことだろうか。山自体はびくとも動かないのだから、それより遥かに軽やかなもの、例えばその山のイメージ（表象）が聞き手の心（意識）に浮ぶことだ、こう考えるのは全くの誤りであると思う。そんなイメージは何の機能も果たしておらずまた果たすことができないからである。かりにそのようなイメージがあると仮定してみる。するとそのイメージはその山のイメージであることが承知されておらねばイメージとしての役割が果たせない。しかし、その山のイメージであることを承知しているならば、その山そのもののことを承知しているはずである。そしてその承知の仕方は再びイメージを通してであることはできない。したがって「じかに」承知されておらねばならない。だがこうしてその山がじかに承知されているのならば、もはやイメージを通して承知される必要はない。こうしてイメージは何の役割も果たさない遊び駒なのである。主役が既に登場しているとき代役の出番はないのである。その山は直接じかに聞き手に立ち現われるのであってイメージや表象越しに立ち現われるのではない。しかしもちろん眼前の事物と違って知覚的に立ち現われるのではない。或る場合には想起的に、或る場合には想像的に、また或る場合には伝聞的に立ち現われるのである。*

＊　この問題については次の拙論でやや立ち入って述べた。「ことばと物事」、滝田編『言語・人

間・文化』(本書第7章「記号？　意味？」)。「言い現わし、立ち現われ」、岩波講座『文学』第I巻［→『新視覚新論』］。

話し手が山の名を声に出すことによってその山が聞き手に立ち現われる。それを意図して話し手は山の名を呼んだのである。つまり、彼は聞き手にその山を言い現わそうとしたのである（単なる表現、「言い表し」ではなく）。「この夏あの山でね……」と話し始めると き、彼はその夏の山を相手に言い現わそうとしているのである。だがもちろんそれはまだ話の初めの切りだしにすぎない。それに続いて命題の形での叙述がくるだろう。例えば、「がけ崩れがあって道がふさがったよ」というように。そのときこの命題は冒頭の「あの山」とは全く別種の機能を働いているといえようか。ただ初めの「あの山」の場合と同様、その命題の声音によって聞き手には「あの山」の場合と同様、「がけ崩れで道がふさがったあの山」が立ち現われるのではないか。ただ初めの「あの山」で言い現わされ立ち現われたあの山とは違った姿での、しかし同じあの山であることには変わりがないあの山が立ち現われる。つまり、名を呼ぶ声も命題を述べる声もひとしくかくかくなる「物」を言い現わすのがその機能なのである。

だが直ちに二つの反論、または疑問が予想される。その一つは、原物の山はただ一つなのにその山が様々に異なった姿で立ち現われることこそ、その立ち現われた山が原物そのものではなくそれがわれわれの「心に映じた」姿、つまりイメージや表象であることを示すものではないか、と。しかしもちろんこういってあの表象主義に舞い戻る必要は些かもない。知覚現場でも同一の机や椅子や樹が、距離や角度、眼の向け具合や注意の仕方、照明や周囲の状況でいかにさまざまな姿で見えるか、今更言うまでもあるまい。そしてだからといってわれわれの「見ている」のは原物そのものではなくそのイメージや表象なのだと言う人は余程の古典的二元論者ででもなければいないであろう。この知覚という立ち現われ様式の場合と同様、非知覚的な立ち現われ様式（想起、想像、思考、等）の場合にも、姿が様々に異なるからといってその立ち現われるものが原物そのものではなくてその二番煎じの写しであるということには絶対にならない。あの同じ山が始めはぼんやりと、ついでは崖崩れで道の埋った山として立ち現われるだけである（このことは最近の言語学者が、主語をトピックまたは旧情報、述部をコメントまたは新情報とみる見方に、或る程度呼応しよう）。

だが第二の疑問が残る。それは前にも述べたように命題は名に較べて、真偽、様相、信憑、といった点で実に多芸な振舞いをすることから生じる。もし命題と名の機能がひとしく「言い現わし」にあるとすればこのコントラストが了解できないのではないか、という疑問である。その通り、このコントラストがあることは誰も否定できない。そしてこのコントラストは確かに名と命題、ひいては「物」と「こと」の間にある何らかの機能上の相違を反映している。しかし、その機能上の相違は見かけ上よりもずっとマイナーで二次的な相違であって、両者が共に「言い現わし」をその根本的機能とすることにまでは届かない相違であると私には思える。

まず、前に述べたように「こと」もまた「物」と同じく名で呼ばれることも可能であることを憶いだして戴きたい。「あの一件」「昨日の会合」「崖崩れ」、等々。そしてこれらも名であって命題ではないのだから、「物」の名と同様に命題の芸当をすることはできない。したがって、名と命題の間にあるコントラストはそのまま「物」と「こと」の間のコントラストの投影ではない。では名と命題の間にあるコントラストは何を反映しているのだろうか。例えば、命題の真偽は何を反映しているのだろうか。ここで問題にしている日常的経験命題の場合には、整合説や入りくんだ真理論を棚上げにして素直に言うならば、その命題が言い現わす「もの」が現実に在るかないか、それが命題の真偽である、と言っていいと思う（ここで「物」と「こと」の両方を漠然と含めて「もの」といったのは、意図的に曖昧にしておきたいからであり、後にこの曖昧さに片をつけるつもりである）。つまり、言語表現としての命題の真偽性は、言語ではない当の「もの」の現実性の反映だと言いたいのである。これは全くトリビアルな言い換えに過ぎない、と思われようがそうではない。少くとも私にはそうではない。なぜならば、この、「もの」の現実性というものは人間の生き方、いや生きのびる仕方に深く根ざした、それゆえ全く実践的な概念だと思われるからである。したがって、もし真偽概念がこの実践的な現実性概念の直線的反映なのであれば、真偽概念もまた論理学的概念である前に実践的、動物的概念であることになろうからである。

或る「物」が現実的であることをわれわれが確信できるのは、何よりもそれを見、それに触れる、つまり知覚できる場合である。もちろん、一時的な見間違いや見誤りはしょっ中ある。しかし、継続的な見間違いや見誤りは稀であり、継続的な触れ間違いははなはだ稀であろう。そして「触れる」ということは大地に立ち、作物をたがやし、食物をたべ、異性に触れることを含むのである。逆に或る物に触れることは傷を負い時に命を失うことである。そういう「物」をわれわれは何よりもまず現実的と言うのである。この知覚現場のいわば現実性の核に、時間空間的にへだたった森羅万象が経験法則や数学的、物理学的法則で結び付けられたとき、それらの万象はこの中核的現実性の伝播をうけて程度の違いを含んで現実的とされる。一方この現実性の網からはずれるものは非現実として現実世界から排除される（精しくは第6章第9分節参照）。

ところで、或る「物」が固有の名前を与えられているということは、少くとも原則的には、その「物」が現実的であることが同意され承認されたことなのである。[*]もちろん非現実的な「物」（空想の城や人、物語りに登場する諸物）にも名前が与えられることはある。しかし通常、その非現実性は周知のこと（桃太郎や竜宮城）でことわる必要がない。だがまぎらわしい場合にはただ一言ことわればそれですむ。それに対し、命題が言い現わす「もの」は、それが「物」である場合にも「かくかくなる物」、すなわち、特定の規定をうけた姿での「物」なのである。しかもその規定は多くの場合、時間的、空間的規定を含んでいる。「某日、某所で車の事故にあった誰それ」、といったように。当然、その規定の姿でのその「物」の現実性は周知のことではないのが普通であり、話者自身その現実性を確信していない場合が珍しくない。だからこそ、その現実性、したがってその姿での「物」を言い現わそうとする命題の真偽が関心をひいて問題となるのである。その「物」が命題で述べることではなく、名を呼ぶことで言い現わされる場合には、それが特定の「かくかく」の姿であるその「物」ではなく、いわば不定の姿の「物」が言い現わされる（より正確には、概略同意された許容範囲内での不定の姿、と言うべきであろう）。「今日初雪の降った富士山」ではなく、初雪をかぶった、かぶらないを不問にし、特定の日附をも不問にした、とにかくの「富士山」なのである。何時とも知れぬ大昔から駿河湾の北にずっと居すわっている、そして誰もそれを承知のあの時空四次元の「富士山」なのである。だからその現実性は問題にならないのである。現実にあることを誰もが承知の「物」に「富士」の名をつけたのだからである。もちろん、ときにはこのような不定の姿の「物」としての現実性が問題になることがあるのは言うまでもない。行方不明の人の現実性（夢枕に立ち現われるのではなく、手を握り肩を叩きあえる立ち現われ）、ネッシーの現実性、は人々の関心の的である。このとき、命題の場合と同じく、名の真偽を云々しても論理学者に蔑視されることを除けば何の不都合もない。たとえば、論理学者が「その名の外延は空集合」と言うことをただ簡単に「その名は偽」と言うだけのことであるから。

＊　この同意承認の社会的伝承については、S. Kripke, *Naming and Necessity*, *Semantics of Natural Language*, ed. by D. Davidson/G. Harman, 2nd ed., 1972.

＊＊　偽なる事態の「立ち現われ」については本書第7章。

要するに、名前と命題の振舞いの相違は根本的なものではなく、「もの」の「言い現わし方」の精粗とそれに伴う「もの」の現実性の知名度の相違を反映しているだけである。名前と命題がともに「もの」を「言い現わす」ことを根本的機能とするものであることに変更をもたらすものではない。そして、命題が言い現わす「もの」と、名が言い現わす「もの」とが別種の「もの」ではないのである。換言すれば、命題と名の振舞いの相違をたてにして、二つの別種の「もの」、すなわち「物」と「こと」を分別するのは誤りである。

## 4　四次元宇宙の立ち現われ

しかしそれにしてもなお、「物」と「こと」、「物」と「事態」、「物」と「事件」、「物」と「状態」、こういった対比がいかにも自然に感じられるのはなぜだろうか。それに対して次のような答えがまたいかにも自然に感じられるのである。すなわち——事態、事件、状態、こと、といったものは重さもなければ持ち運びもできず色を塗ることも縦横の長さを測ることもできない、そういった何「もの」かであり、だから「物」とは全くカテゴリーを異にする「もの」なのだ、と。

だがここには何か底深くからの勘違いといったものがあるように私には感じられる。この勘違いはわたしたちの世界の眺め方の中に深く広く根を張っている。それを根こそぎ掘りおこすことは到底できないが、いくらかでもそれを包み養う土を掘り上げてその根の一部でも陽に曝すことを努めてみる。

その糸口として前節で述べた「言い現わし」で立ち現われる「もの」がどんなものであるかを再考してみる。「富士山」という名を唱えられて富士が立ち現われる。この立ち現われた山が「物」であることには間違いない。しかしそのとき富士山は虚空の中で宙ぶらりんになって立ち現われはしない。日本列島からそぎとられて宇宙空間に浮ぶ富士が立ち現われるのではない(だがそのような立ち現われがありえない、というのではない。現に今私はそのような宙吊りの富士を言い現わそうとしたばかりである。だがそれは非現実の架空の富士の空想的立ち現われであって、現実の富士の想起的立ち現われではない)。現実に立ち現われる富士は裾野に拡がり湖を点在し他の山々に続き空を背にし海を前にした富士である。ということは、そこに立ち現われたのは一つの風景である、ということである。この風景の中で富士はいわばスポットライトをあびて立ち現われ、その風景を圧倒的に支配している。富士をめぐる風物はそのスポットライトの影にかくれてただ闇のようにひっそり拡がっている。しかしそれにもかかわらず、それは富士を富士とするには不可欠の「周囲」であり、この「周囲」がなくては富士のみならずすべての「物」が「物」ではありえない。「物」は「風景」の中の「物」でしかありえないからである。

更に、この風景も、またその中の「物」も、スナップ写真のような、時の断面での風景や物ではない。われわれが思い浮べる富士（つまり、われわれに立ち現われる富士）は、通常は、特定の日附の富士ではない。いつとはない過去から今まで、そしてまたいつとはない未来にまで居続ける富士である。たとい何かの折りに受けた強烈な印象のために、「富士」といえばいつでもその時の富士の姿が立ち現われるにせよ、それは映画の一齣のようにそれだけが前後から切り離されて時の虚空の中に立ち現われるのではない。その印象的な日の富士はただ一つの鮮明なエピソードとして立ち現われているに過ぎず、立ち現われのいわば本体はそれを単なる一断片としてその前後に黒々と横たわる数千年数万年を持続する富士である。当然この富士を中に包みこんだ風景も時空四次元の風景なのである。

この四次元風景にはくっきりした空間的境界も時間的境界もない。空間的には何の境界線もなく、日本アルプスへ、駿河湾へ、更に大陸へ、太平洋へ、更に全宇宙へと続いて果てがない。一方また果てしなく過去の霧の中へ、そして未来へは不定の時期までもやの中へ溶けこむように続いている。この広大な四次元風景が、その中に糸のように続く富士の世界線領域にスポットライトをあてられて立ち現われるのである。このことはたとい可憐な一茎のすみれ、とるに足らぬ一つの小石の場合とて同様である。これは何らの誇張でもない。すみれにせよ小石にせよ、地面の上にある何物かであればその地面なしに立ち現われることはできず、その地面はまた限りない宇宙を周囲としないでは立ち現われることはできず、また、今日の日は昨日と明日、更にそれに続く過去と未来に前後されないでは立ち現われることができないからである。私の部屋の壁は「そのむこう側」がなくては壁ではなく、またそのむこう側は「その先」がなくてはむこう側ではありえないように。立ち現われには「小間切れ」はありえない。

結局、立ち現われるのはこの時空の全宇宙風景なのである。これが荒唐無稽に響くことを恐れるが、そう言わざるをえない。しかし、人は四六時中この四次元全宇宙の中に生きているのである。穴ぐらに住もうと、かげろうの命を生きようとである。一桁の足し算も全自然数体系の中でしかなされないように一尺の土地での一刻の生活もこの全宇宙の中でしかなされない。すると今度は、あまりにわかりきった言うまでもないことに響くことを恐れねばなるまい。

だが恐れとは別に一つの疑念が生じよう。すなわち、四六時中その全宇宙にひたっているのであれば今更その全宇宙がことごとしく立ち現われる必要はない、というより立ち現われ済みのものが更《あらた》めて立ち現われることは不可能ではないか。また、百歩ゆずってその全宇宙が立ち現われるとしても、異なる名が呼ばれても立ち現われるのはいつも同じ全宇宙であるのなら、名前のもつ識別力は一体どうしたのか。

たしかに全宇宙は四六時中私に立ち現われている。しかし、その立ち現われる姿は一刻として同じ姿ではない。私が街を歩くとき、その現在只今の街の部分が知覚的に照明を与えられ、それ以外の宇宙はいわばその背後に思いこめられた姿、その姿で宇宙が立ち現われている。私が歩を進めれば知覚の照明部分が移動し変化する。先程の現在只今はもう想起的な立ち現われの姿となっている。歩きながら去年の旅行のことを思う。するとその山や川が想起的な照明をうけて立ち現われる。このように私に常時立ち現われている全宇宙は、刻々とその姿を変えて立ち現われているのである。この時、誰かが私に或る山の名を呼ぶと、その山が或いは想起的な、或いは想像的な照明をうけた姿での、そしてそれを包む全宇宙が、立ち現われるのである。同時に、今私が歩いている街は依然として知覚的な照明をうけているが、すでにその山の名を聞く前よりは多少なりともよそよそしい、そして細部がぼやけた相貌に移っている。しかもそのような街とその山とは地続きなのである。*そのような姿で全宇宙が立ち現われるのである。

* 時として想起において、自分自身の姿が知覚的な「ここ」と地続きのその場所に、「ここ」から見る他人の姿のように思い浮べられる。

つまり、全宇宙は常時立ち現われているが、その立ち現われの姿は刻々と変貌する。ちょうど様々な照明の変化で刻々とその様子を変える舞台のようにである。一つのスポットライト、一つのフットライトを操れば舞台の劇はその相貌が一変する。或るものの名を呼ぶことは、それと同じように全宇宙の相貌を変え、その姿を変えるのである。異なる名が呼ばれれば、その姿はまた異なった風に変わる。

名前を呼ぶかわりに命題が唱えられるのを聞くときもまたこの宇宙の立ち現われの姿相貌が変わる。だがその変わり方に若干の相違がある。多くの場合、命題による変化は名による変化よりは、より局所的でありより細部に富む変化である。よりこまごました変化がより焦点のあった照明をうけてきわ立って立ち現われる。そしてこれまた多くの場合、聞き手にとっては生れて始めて面する姿なのである。もちろん、それが現実の全宇宙の姿として始めてのもの（新情報）であるのであって、空想の架空の姿としては必ずしもそうではない。そして当然、それが果たして現実の姿であるのかないのかが聞き手の関心となる。それが命題の真偽や信憑が問題となる由縁なのである。前に述べたように、それに対して「物」の名の呼唱で立ち現われる宇宙の姿は新奇なものではなくこれまで度々繰返し立ち現われた姿であり、多くの場合その現実性は検討済みであり（旧情報）、それが命題の真偽に対応する名の真偽が通例は問題とならない理由なのである。

こうして名前も命題もともにわれわれの住んで生きているこの同じ一つの宇宙の姿を言い現わすのである。だがそれでもなお、名は「物」を、命題は「こと」を、言い現わすのであり、その「物」と「こと」とは別種の「もの」なのだ、という思いが執拗に残留する。

まだことは終わらない。

## 5　「物—こと」、「心—身」の二元論

「こと」には色も重さも表面もなく、斧で二つに叩き割ることもできない。しかし、それは数や音には色も重さも表面もない、というのと同じ意味で「ない」のではない。「こと」は色や重さと無縁なのではないのである。逆に「この花は赤いこと」「この石は重いこと」の主題はまさに色や重さなのであり、「花火が打ち上げられたこと」には多彩な色が関与し、「ダンプの下敷きになったこと」から重さを差し引くことはできない。更に、「この赤いバラ」という名で立ち現われる宇宙の姿と、「このバラは赤い」という命題で立ち現われる宇宙の姿との間に、照明の微妙な相違以上の違いがあるだろうか。そこには「別種のもの」の姿が立ち現われている、と言えるだろうか。先にも述べたように、こまごま入りくんだ宇宙の姿を名で言い現わすことは普通はできない。それはいくらでも長話ができる命題によってしか言い現わせない。ただ名もその長話の言い現わし能力を拝借することはできる。「あの話の件」、という名でそれを盗むことはできる。だが創造的言い現わしの機能においては、名は頑丈だが鈍重なナマクラで、命題は嘘を自在につける程に柔軟鋭利な細身の小刀である。しかしそれは宇宙の姿の言い現わし能力の違いであって、言い現わす

「もの」に種別があることではない。
「この花は赤い」に色がないのはそこで言い現わされた宇宙の姿がまさに着色済みだからである。既に特定の色で着色済みの姿だからである。「この棒は2メートルである」ことが何メートルでもないのは、既に棒の長さが与えられているからである。「赤色」は何色か？「2メートル」は何メートルか？「十二月八日」は何月何日か？「男」は男か女か？これらの問いが馬鹿げて聞こえるのと同じ理由で、「この花は赤いこと」には色がないのである。やや精しく言い換えると、「そのことは五時におきた」、というのは当り前なのに、「そのことが五時におきたこと」は何時におきたともいえない。しかしだからそれは永遠の相をもつ特別種の「こと」だということにはなるまい。*

「そのことは五時におきた」

「そのことが五時におきたこと」

この二つの言い方の主題は同じ一つのことがらであり、ただ一方は叙述で他方は指示で言い現わされただけである。通常、後者の言い方は話者がそれにすぐ続けて何か言いたいときに使われるだけの相違である。それと同様に、

「この花は赤い」

「この花が赤いこと」

この二つの言い方の主題も全く同じ一つのことがらであって、後者の「こと」が何か色と

無関係な「色無の相」を帯びた何かであるのではない。

＊ クワインは前者のような時刻入りの命題を eternal sentence と呼んだ。だがそれはただ「時刻のおりこみ済み」を意味するだけである。

一方、「物」の名によるその物の言い現わされた姿は色や重さが空欄にあけられている姿なのである。この空欄のため人は普通ただ名を唱えられただけでは話は完結したとは思わず、話者がそれで口を閉じると「それがどうしたんだ」と続きを催促する習慣をもっている。この習慣のために名と命題のコントラストが一層強められる。というよりは、そのコントラストを強く感じることが少くともこの習慣の一部なのである。だから、「物」には色があり重さがある、ということが分析的にまで自然に響くのである。そして「こと」には色も重さもない、だから「物」と「こと」とは別ものだ、ということになってしまう。しかし、話す、ということが聞き手に世界の或る姿を言い現わすことであるならば、名の呼唱だけで一つの完結した表現行為となる。ただ熟知された「物」の姿を言い現わすだけで止めることに殆んど実際的な効用がないだけである（詩や歌や訓戒や警告では別である。そして勿論のこと、祈りでも）。

それでもなお、「物」と「こと」は別種の「もの」と感じられるだろう。君の弁明が何であれ、「物」には色も重さもあるのに、これまた君の理屈が何であれ、とにかく「こと」には色も重さもない、と。

この不死鳥のように頭をもたげてくる思いは再び心身問題を思いださせる。「物―こと」の二元論と「心―身」の二元論との間にはまがうかたなき平行がある。その動機において、つまり、その病因において。

心身二元の考えは、人間に述語される述語に互いに相いれない二群があるところからくる。このストローソンの考えに全く同意したい。その二群とは、一方に物的述語(M述語。重い、背がいくら、色、落下速度、等の物述語)、他方には人間的述語(P述語。悲しい、考える、話す、手紙を書く、等)である。そしてこれら互いにかけ離れた二群の述語が一つの「もの」に述語されるとは思えなくなる。それが風邪のひきだしで、ついでその各述語群を全然別種な二つの「もの」に別々に配当したくなる。つまり心と身体とにである(デカルトの思惟実体と延長実体、生理学者の意識と脳)。ストローソンは今一度常識にたち戻って、その二群をともに一つの「もの」、すなわち「人《パースン》」に述語させる。ストローソンのこの提案は全く正しいが、しかし、これだけでは二元論者を説得する力は全然ない、と私には思える。しかしここではこのパターンが「物―こと」の二元論にそのまま当てはまる、ということだけで充分である。

「物―こと」の二元論の動機もまた、色や重さといった「物述語」と、後先、日附、原因結果といった「出来事述語」との二群の述語の間にあるコントラストからきている。そしてそれに加えてそれらの言語的表現である名前と命題の間にみられるコントラストによって補強されている。この述語の異相性に根ざす二元論のパターンは何箇所か別の所でも出現している。例えばバークリィの感覚論では、視覚的述語（色、視覚的方向、視覚的形状、等）と触覚的述語（手ざわり、触覚的上下、触覚的形状）の全き異種性からそれらが述語される二種の「もの」（視覚的対象と触覚的対象）が考えられ、それら二種の「もの」はただ「経験によって」対応させることができるだけである。またわれわれ素人にとっては、粒子論的述語と波動論的述語がともに述語される「もの」、すなわち量子力学的対象がいかに理解困難なものであるか。あるいはまた、日常的事物述語と物理理論的述語の異種性からともすれば二つの「もの」、すなわち日常的マクロ対象と理論的ミクロ対象が全く別種の「もの」であると考えたくなるのも同じパターンからである。

　これらすべてに共通するのは、もともと分断できないもの、実在的区別《ディスティンクチオレアリス》はもとより理知的区別《ディスティンクチオラチオニス》もできないものを、述語の異相性にひきずられて分断しがちなことである（ただし、バークリィの考えには逆に分断すべきものを分断した、というところがあると思う）。「物―こと」の二元論もまさにしかりである。

　では心身二元論に対してストローソンが提案した「人《パースン》」に当たるものが「物―こと」の二元論においてあるだろうか。ある、それがこれまでのべてきた宇宙の立ち現われであると私には思える。

　四次元宇宙の立ち現われの一つの姿ではその或る時空部分がひときわ強い照明をうけて

いる。その照明のうけ方で時を通じて居すわり続けているものが強く浮びでている。それが「物」なのである。また別の照明のうけ方では、刻々とうつりゆく流れが強く浮びでている。それが「こと」のうつりゆきである。だが「物」が登場しない「こと」のうつりゆきはありえず、「こと」のうつりゆきが登場しない「物」が浮びでることはありえない。この宇宙風景の中に何か種類を異にする二つの「もの」があり、その一方が「物」で、名前で指示され、他方が「こと」で、命題で述べられる、というのではない。名前も命題もひとしくこの宇宙風景を描写し言い現わすための言語的慣習であり、その風景が一体であるように一体になって機能するのである（ラッセルは真の主語（論理的固有名）は「これ」や「それ」であると考えたが、そうではなく、全宇宙風景こそ真の主語であり、この広大無辺の薄暗い宇宙の一角一点がふと人間の関心の光に照らされるとき、それが「これ」であり「それ」なのである）。名はどちらかといえばこの風景の通時的に滞留的な粗大な面を、命題はどちらかといえば共時的でうつろいゆく繊細な面を言い現わす。しかしこれもあくまで一応のことであって文法の教科書や論理学書が示唆するように固定的なものではない。山を歩いていて流れにぶつかる。「これはさっき渡った流れの上流だ」という言葉で、先程の流れとこの流れとがつながった宇宙風景が立ち現われるのである。その命題言葉で、「あの流れ」という名前言葉とは違った種類の何ものかが立ち現われるのではない。ただ宇宙風景の中の一つの接続に注意をひきアンダーラインをし、スポットライトをあてただけなのである。

「このナイフ」と「このナイフはこのフォークの左にあること」とはもちろん同じではない。ただその違いは何かの種別の違いではなく、立ち現われた宇宙風景の姿の違いなのである。このナイフだけが強く照明をうけている姿と、フォークと並びそしてその左にあることが強い照明をうけている姿との相違なのである。

「物」も「こと」もともに宇宙風景の「ものごと」なのである。

# III　比喩の想像

## 9　三つの比喩

比喩はそれが比喩であることが承知されているとき、間違いなく比喩の働きをする。「比喩でしか言い表わせない」ときにも、それが比喩であることは確認されている。比喩は端的な表現よりもより直截でありより的確でありうるが、比喩は端的な表現ではないことが承知されての比喩なのである。地の塩はなめることができず、虚無の深淵にボールが落ち込むことはなく、忘却の海でクロールすることはできない、こんなことは「言うまでもない」からこそ比喩なのである。

だがたしかに、一つの比喩が比喩であることをやめて端的な表現に変ることもある。電子計算機の「記憶」は今や比喩ではなくなったと言えよう。しかし、記憶のためのメモや文書は記憶そのものとはされないのに、磁気ドラムの磁化が記憶のためのものではなく「記憶」そのものだと言うがためには、「記憶」の語義の拡張変化が必要なのである。核酸が遺伝「情報」を持ち、蜜蜂が蜜蜂ダンスで「交信」し、民衆の意向が為政者に「フィードバック」する、と言うときも同じことが起っている。しかし、このような比喩の端的表現への変態にはそれらが完了したものであれ進行中のものであれ何の困難もあるまい。それらはたやすく見すかすことができるからである。

このようなまっとうな比喩、素性の知れた比喩に対して、哲学にはえたいの定かでない比喩が棲みついている。それらは、端的表現と比喩との、通常明確な境界を白濁させるような比喩である。しかもそれらを哲学から追放しようとしても追放できない比喩である。それらは哲学、というより人間の知性にいわば生得とも思われる比喩だからである。これらの比喩なくしてはおよそ認識とか知識といわれるものはありえぬだろう、そのような根幹的な比喩である。

それらいわば哲学の比喩とも言うべきものから三つの比喩を抜きだしてその素性をいくらかなりと明らめてみたい。この三つの比喩にもし簡便な名を与えるとすれば、知覚の比喩、他我の比喩、死の比喩、とでも呼べよう。だが哲学には孤立した問題がありえないのと同じ理由から、この三つの比喩は互いに素なのではなく同根同幹のものである。

## 1　知覚の比喩

今わたしの目の前に紅茶茶碗があり、角砂糖とレモン切れがのっている。わたしはその角砂糖が甘味のため、レモンが酸味のためのものであることをもちろん知っている。しかし、甘い、酸い、ということは味わってのことである。当然、「この砂糖は甘い」ということは「これをもしなめれば甘い」と言っていることになる。だがこの「もしなめれば」の意味の取り方に紛れがある。

一つはこの「もし」を未来仮定に取ることである。「もしそれをなめたら命取りだぞ」の「もし」であり、なめる、ということが将来実現したときの話と取るのである。しかし今わたしは（不定の）未来について語っているのではない。現在ここにあるこの砂糖について語っているのである。「この男はもう長くない」ということは死相を示している男の現在について語っているのであり、「この子は将来大物になるだろう」とは、瑞相なり偉相を現わしているこの子供の現在について語っているのと同様、「もしなめれば甘い」とはいわば甘味相を持ったこの角砂糖の現在について語っているのである。それは、「この道を右に折れれば村に出る」ということが今わたしが立っているこの場所の道の行く末について語っているように、角砂糖の行く末を語るという仕方で、その角砂糖の現在について語っているのである。つまり、いま東京駅のプラットフォームに停車している列車が大阪行きであるという語り方なのである。

このように、未来仮定の「もし」は単純に未来について語るのではなく、そのような未来を蔵するものとしての現在について語ることである。ある未来相を持つ現在について語ることである。「未来蔵現在形」と呼べるだろう。この「もし」の取り方に対し、別ないま一つの取り方がある。それは、未来仮定が現在の持つ未来相を語るのに対して、いわば、現在の持つ仮定相を語る。すなわち、「もしなめれば……」の「もし」を「将来もし現実になめれば」と取るのではなく、「今もし仮になめるとすれば」と取る、この取り方である。この取り方は通常、反事実的条件法（contrary-to-fact conditional, counter-factual conditional）と呼ばれている。

　この条件法には目立った特性がある。それは、検証不可能な命題だということである。今わたしは角砂糖をなめていない。したがって、今仮になめるとすれば甘い辛い、ということの真偽判定は原理的に不可能なのである。だからその命題は経験的に無意味だ、と結論するのが論理実証主義の短絡であった。その結論は実は結論ではなく経験的有意味性の一つの定義の設定に他ならないことは明らかである。しかし、上の条件法が検証不可能であること、すなわち、真偽を争うことのできない命題であること、このことは動かない。今なめていないのに、もしなめるとすれば、という仮定は現実にはありえぬ想定、虚構の想定であり、そのゆえに真でも偽でもありえない。すくなくとも真偽の検証は論理的にありえないのである。

　だがしかし、この虚構の想定、反事実の想定は現実について何ごとも語らず、事実についていささかの情報も与えない、というのは速断である。ある見たこともない様《さま》の木の実を示されて「これは苦い」と告げられるとき、現実にそれを味わわぬにせよ、何ごとかの了解が得られたのである。それも、架空虚構の話の了解ではなく、この木の実の現実についての了解がえられたのである。では、その了解とはどんなことの了解だろうか。それは、次のような了解であると思う。

　その木の実は今現在は味わわれていない。したがって、それが現在只今苦いとか甘いとかというのは架空の話である。しかし、その架空の話によって、その木の実が現実にどんな種類の木の実かの了解がえられたのである。すなわち、それはかつて味わわれたことがあれば苦かったはずであり、将来、現実に味わわれることがあれば苦いであろう、そのような過去と未来の中間、その途上に今ある木の実なのである。無数にありうる航路の中で、この船は太平洋航路の定期船である、あるいは南米航路の不定期船《トランパー》であると知るのと似て、この木の実は、いわば苦い実の航路の定期船だと了解するのである。現在この木の実はその定期航路の途上にあることを了解するのである（目的論的話法もこの型に属する）。換言すれば、千差万様にありうる歴史の中から、苦い木の実のたどるべき歴史（それも実に様々だが）が選別され、この木の実は他の歴史ではなくその選別された歴史に属すること、今現在その歴史の中の一地点に位置することを了解するのである。そしてこの歴史は現実の歴史であって架空虚構の歴史ではない。

　今味わっていない木の実をもし今味わえば苦い、というのは虚構の歴史である。しかし、そのことによって了解されることがらは虚構のものではなく現実の歴史なのである。結局こう言えよう。すなわち、反事実的想定の機能は、虚構を藉りて現実を述べることである、と。この独特な述べ方をやや適切ではないがわたしは比喩と呼びたいのである（次章では「虚想《ファンシイ》」と呼んだ）。

この比喩を端的な表現だと誤解するとき、それは無意味とされ、ときに矛盾とさえされることになる。例えば周知のようにバークリィはそうとった。「もちろん、例えば知覚する者がいない公園の木とか戸棚の中にある本を想像する程たやすいことはない。……だがそれは木とか本と呼ばれるものの観念《アイディア》を心に浮べながら、それらを知覚する者の観念を作らないでいることなのだ」（『人知原理論』§23）。つまりバークリィは、知覚されていないという状況の下で知覚されているときにのみ意味を持つ語を使用する叙述は「明白な背理《レピュナンシイ》」だと言っているのである。「君は見えていない物を見ることができるのか？」（『第一対話』）。だから「暗の中では斑岩は何の色もない」（ロック『人間悟性論』§19）し、「バラは暗の中でも赤いと言えば君はきっと暗の中の赤を眼前に見るだろう」（ヴィトゲンシュタイン『哲学研究』§514）と冗談も言えるのである。しかし、少くともすべての背理が無意味であるのではない。帰謬法の証明が正しければ、それの前提が背理であることの証明が正しいのであり、そのことによって前提が無意味になるならば帰謬法そのものが無意味になってしまう。だから、背理はかならずしも無意味ではない。しかし、反事実的仮定は無意味ではないにしろ、すくなくともその検証は論理的に不可能であることは上に述べた通りである。それにもかかわらず、この仮定法は独特な仕方で現実についての情報を与える。それが比喩として働いているからである。端的な表現としてとればそれは背理であり更に無意味であるかもしれない。しかし、それは比喩として機能しているのであり、比喩として背理でもなければ無意味でもない。

この比喩は知覚の場から取り去ることができぬ比喩である。知覚の根本的条件はそれが視点を持つ、ということである。事物は特定の距離と角度から見る以外にはない。つまり、特定の視点から見る以外はない。音とて同様、特定の視点（聴点？）から聞く以外には聞けず、物に触れるにも特定の触れ方でしか触れることはできない。それら特定の見方、聞き方、触れ方、等を総称して視点と呼ぶならば、知覚はつねに特定の視点からのものであり、またそうある以外にはない。しかし同時に、知覚はその特定の視点から見え聞え触れる風景だけのものではありえない。一つの視点から椅子を眺めるとき、その視点に据えたカメラに写るだけのものを見ているのではない。その椅子の背面、側面、時にはその内面の見え姿の了解を含まずしてはそれを椅子としては見ることができまい。そして、その背面、側面、内面等の了解とは何よりもまずそれらの見え姿の知覚的想像ではあるまいか。それは知覚そのものが持つ一意的な規定性、すなわち、細部に至るまで決定された形や大きさや色、を持ってはいない。そして、いわば感覚的には「見え」てはいない。だがそれにしても、漠とはしながらもその形や色は想像的に「見え」ている。それら想像的「見え」を含まぬ知覚はありえないだろう。かすかに聞えてくる候補者の絶叫は、すぐ傍で耳を押さえるような音の想像なくしては絶叫として知覚されはすまい。つまり、その声のいわば接近面の想像なくしては。これら、背面、側面、内面、接近面等々の想像は、狭義の表面知覚と、地と図のような関係で支え合っており、それらの想像なくしては、その狭義の表面知覚そのものもありえない。一つの図柄から地だけ残して図を取り去ることができないように、図を残して地を取り去ることもできない。そして、地を取り去ることができないように、これらの想像を知覚から取り去ることはできない。それらは知覚にとって不可欠というよりは、もともと知覚を成り立たせている条件ともいうべきものなのである。

だが、これら背面、側面等々の想像は多くの場合、知覚的な想像である。例えば背面の色の想像の場合、単に「赤い」という文字や音声を想像するのではなく、あの「赤」この「赤」という色をたとえ不分明であろうと想像している。だから色見本の一系列を眼前に知覚的に呈示されれば、あれとは違う、これにやや近い、等と比較同定ができるのである。だがこの知覚的想像はまさに上述した反事実的想定に他ならない。今現在この椅子の背面は知覚されていない(図としては)。だがその背面の知覚的想像とは、背面と向き合った視点からの背面の知覚の想像であるからである。今味わわれていない木の実をもし今味わうとすれば苦いという想定のように、今向き合ってはいないがもし今向き合ったとすればしかじか、という想定であるからである。そして木の実の場合と全く同様に、それは検証不可能な想定であり、もしそれを端的なこの現実世界の想像描写としてとるならば、それは背理もしくは無意味な規定である。だがふたたびそれらの想定は端的な描写想定ではなく、比喩として働いているのである。

これらの反事実的想定は、現に今わたしのいる視点とは別な視点をとったとした場合の知覚風景の想像である。したがってそれはこの現実世界において実現することがもともと拒否され排除された場合の想定、つまり虚構の想定である。それにもかかわらずこの虚構の想定は現実世界について多くのことを告げ知らせる。それ以上に、この虚構の想定なくしては、現実世界の知覚、ただ一つの椅子の知覚すらありえない。虚なる背面なくしては実なる表面がありえないからである。虚を藉りて実を述べる比喩の機能がここにある。虚に照されて実がはじめて実となる。あるものを椅子として知覚すること、それはそのものが机でもなく棚でもなく積み木でもないまさに椅子のたどり来た、たどりゆくであろう歴史の一点に今現在位置していると知覚することである。そして今述べた虚構の想定が漠然としてではあるが、この歴史がいかなる歴史であるかを指定する。例えば、その椅子の今現在見えていない背面が今現在赤いという虚構の想定は、赤い背を持つ椅子の歴史を指定し、この椅子がその歴史の一点に今位置することを知覚させるのである。それゆえ、この虚構の想定すなわち知覚の比喩こそ知覚を成り立たせているものなのである。

しかし逆に、知覚の場から出るならばこの知覚の比喩は不用のものになる。自然科学の描写がそうである。自然科学の世界描写はその根本において特定の視点を持たない。それは無視点描写である。デカルト座標による位置、図形、軌跡、の描写はどこから見られたものでもない。地球軌道は太陽を焦点とする楕円であって、どこから眺めたどれ程の大きさの楕円形であるという付言は必要でない。また、科学描写は色に言及する必要もなければ、厳密に言えば言及できないのである。もし鉄片の色を厳密に、科学的厳密さをもって述べようとするならば、あらゆる照明、あらゆる距離、あらゆる角度から、あらゆる色彩感覚を持った人間や動物に見える色を述べねばならず、これは不可能事である。科学もしばしば色を叙述するがそれは叙述の簡便のため、知覚描写を混じえて二枚舌を使うのであり、原則としては色彩描写を必要とはしないし、厳密な色彩描写は不可能なのである。こうして、科学描写は無視点であること以上に、知覚語を使用しないですむ描写なのである（第2章4節参照）。このことから、知覚の場で必須であった知覚の比喩がここでは必要がない、というより場違いのものになる。もちろん、科学には科学的な反事実的想定が数多くある。もし地球の自転速度が二倍であったならとか、空気にもし炭酸ガスが数パーセント多ければとかの類である。これらの科学的反事実の想定が知覚の比喩と類比的な働きをすること、特に自然法則の表現としては欠かせないものであることは確かである。しかしとにかく、知覚の比喩は知覚の場に属するものであって科学の世界描写に登場するものではないことだけを確認しておく。

しかし、知覚の比喩が端的な叙述と並び、かつそれと相互に支え合い、相互に溶融しているものであることは確かであろう。知覚の比喩の機能は原初的であり他に還元したり他のもので代替することは不可能である。それは知覚、また広くわれわれの認識の根本的機能なのである。だがそれは知覚の比喩に限られたことではない。

## 2 他我の比喩

知覚の比喩が知覚の根底に働くものであるように、われわれの人間交渉の根底にも一つの比喩が働いている。それが他我の比喩である。

他人の痛みをわたしが痛むことはできない。それは事実的にできないのではなく論理的にできないのである。つまり、他人とわたしという分別に意味がある限り、他人の痛みをわたしが感じるということは意味をなさないのである。わたしにシャム兄弟があったとしてもその兄弟の腹痛をわたしが痛むことはできない。常に同時に腹痛を起すとしても、またそれが共有する腸の或る場所の炎症からくるとしても、わたしの痛んでいるのはわたしの痛みであって兄弟の痛みではない。

同様に、他人の喜び、悲しみ、退屈、またそのさまざまな思いや考えをわたしは体験できない。ふたたび論理的にできない。

それにもかかわらずわたしは他人が痛がっていること、悲しんでいること、一口に言えば他人の心が或る程度までわかる。体験することが論理的にできないことがわかる仕方は二つしか考えられない。一つは推測であり、いま一つは、自分の体験とは別の種類のことがわかっている、と考えることである。だが、多くの人が指摘してきたように、推測によって、という考えは成り立たない。推測の当否より前にその推測さるべきこと、例えば他人の腹痛の意味こそが問題だからである。したがって、上の第二の考え方、すなわち、他人の痛みがわかるというときにわかっているものは、我が痛みとは類を異にするもの、との考えに導かれざるをえない。その類を異にするもの、とは事実よりみて、他人の痛そうな振舞い、状況、発言以外にはあるまい。結局、他人の痛みがわかる、とは実は、その痛そうな振舞いや発言をもって、その人が痛がっているということの意味としている、ということになる。その振舞い等からの推測ではなくて、その振舞い等を示していることそのことが人が痛がっていることなのである。

しかし、この行動主義的見解はどこか人を満足させない。人の心をその振舞いで置換することに対する心情的な不満より以上に、現実の事実と大切な点で食い違っているという不満である。現に人の腹痛を気遣っているとき、その人の振舞いを気遣っているのではなく、まさにその人の痛みを気遣っているのだ、と。

だが気遣っているその「人《ひと》の痛み」とは実は自分が体験した痛みになぞらえた痛みではないか。「人の痛み」ではなく「我が痛み」の想像ではないか。ここで、いや人が「我が痛み」に類する痛みを持つことの想像だ、と答えるならば、背理と無意味の危惧が生じる。わたしが体験しわたしが感じる痛みはただわたしが体験し感じるという状況の下においてのみ何ものかでありうる。それを他人に移植しようとの想像は、地球や惑星の夜昼を太陽に移植し、実数の大小を虚数に移植することの想像にひとしく、想像不可能なことの想像ではあるまいか。あるいは、聞えぬ程高い音の響きを想像し、見えぬ程小さな物の見え姿を想像（ヒュームのダニの動物精気粒子）するのに類してはいまいか。

　人の痛みの想像とは、私が我が痛みを持参してその人に変貌したとするか、その人が私になり変って我が痛みを持つに至るとするか、いずれにせよ、我が我でなくなり人が人でなくなる背理の想像である。それを事態の端的な想像ととる限りは。現に味わっていない実を味わうとの想像はこの現実世界とは別様な世界、虚構の世界の想定であった。それに対しここでは、我を我でない人とする、あるいは人を人でない我とする、別様の人間、虚構の人間、の想定がある。

　知覚の比喩の場合と同様、この虚構の想定は端的な叙述としての検証は不可能である。他人が腹痛を感じているかどうか、その振舞い応答ではなく真に腹痛を感じているかどうか、それを試す方法は原理的にない。それは虚構の想定だからそれの真偽を試す方法がないことは当然である。それにもかかわらず、この虚構の想定が人の痛みをまさに「痛み」として賦活するのである。例えば、わたしはもちろん少しも痛くはないが、「さぞ痛かろう」と人に対して思うのである。この人の痛みがわたしの体験する自分の痛みに似ているとか同種であると端的に、直線的に、いうのではない。そういうことはまさに虚構の想定そのものであって、その虚構の想定を藉りて示される現実ではない。その示される現実とは、わたしの痛みとただこの虚構の想定によってつながれた「人の痛み」である。「痛くてたまらぬ」と「さぞ痛かろう」とは、この他我の比喩によってつなげられている。他我の比喩によってつなげられることによって、人の、顔をしかめ傷口を押さえる振舞い動作、「イタイ」という発声は単なる振舞い、奇妙な運動、発声ではなくして「痛み」の振舞いとなるのである。他我の比喩がなくとも、人の振舞いは統一あるパターンを示し、わたしたちの深い同情あるいは無関心を引き起すかもしれない。しかし、わたしたちが現に毎日暮している中での「人間」の把握、「人の痛み」の把握はこの他我の比喩によって支えられている。わたしたちの知覚が知覚の比喩によって支えられているように、「人間」や「人の痛み」の把握は他我の比喩によって支えられている。わたしたちの「人間」や「人の痛み」の把握は、他我の比喩によって支えられ賦活されている、そうした種類の把握なのである。

　知覚の比喩と他我の比喩とは平行する。知覚の比喩は、現にわたしの居る視点とは別な視点からの知覚の想像という虚構であった。一方、他我の比喩は、現にわたしがわたしでありながらまた他人の境涯にわたしがあるという虚構の想像である。両者において共に、いわばわたしの遍在《オムニプレザンス》という虚構がみられるのである。この虚構によって、知覚の場では、無数の側面を持つ（三次元）物体の認識がなり立っている。他我の場では、この虚構によって、人間および人間の心の認識がなり立っている。しかし、三次元で持続する物体の認識自身は虚構ではなく現実であるように、人間および人間の心の認識もまた虚構ではなく現実なのである。だがこれらの現実は虚構を藉りて表現される以外にはない。たとえば、一時点において、ある者が直方体であることを知覚語で表現しようとするとき、その同一時点においての無数の視点からの見えを述べる以外にはない（たとえ含蓄的にでも）。つまり、虚構を藉りる以外にはない。同様に、或る人が痛がっていることを述べようとするとき、そして行動主義の省略算を避けるとするならば、もしわたしが彼であるならば随分と痛かろうと、ここでも虚構を藉りる他はないのである。しかしそのことによって彼の痛みがいささかでもわたしの感じる痛みに似たものになるわけではない。依然として彼の痛みはわたしの感じる痛みに似もしないし異なりもしない。それらは互いに素なのである。だが互いに素でありながら彼の痛みはわたしに、そしてわたしの痛みにひどく身近なものとなる。それは粉々に打砕かれる岩やへし折られる材木や無残に槍で突きまくられる藁人形が持つことのできない身近さである。それはまさに人々を人々同士とする身近さである。

この身近さは人々を人々とする原初的な身近さであって、われわれに与えられた条件であり、したがっていわゆる他我問題の解決法などによって証明されたりするものではない。証明などを必要としないで既に在るのである。ヒュームが想像力について述べた言葉をここに転用するならば、「ここに一種の引力がある。……この引力たるや心的世界において自然界におけると同じく数々の不思議な結果をもたらす。……しかもその原因については殆んど何も知られず、人性そのものの根源的性質に帰さねばならない」(『人性論』一巻一部§5)。

## 3　死の比喩

シャルル・ペギーの鋭い警句がある、「死とは他人にのみおこる事件である」。また人はエピクロスの、死はありえぬことの証明を思い起すだろう。

だが人は自分の死後の家族を案じ、身辺を整理し、葬式は簡素にと遺言し、遺贈を約束したりし続けている。人は明らかに自分にやがて死がおとずれ、だが世界は何ごともなかったように続行すると信じているのである。しかし、たとえばわたしは自分の死後の世界を想像できるだろうか。見るべき眼も聞くべき耳も、いやそれらを通して知覚するわたし自身がもはやないという条件の下で、たとえば街の風景はどのように見えると想像できるのか。風景がどう見えるか、とはわたしに風景がどう見えるかとの意味である。そうでなくてはわたしは何を想像できよう。ところが、わたしがもはやないとき、風景はどう見えようもあるまい。したがって、わたしに今想像できる死後風景はありえない。

しかし、それにもかかわらず、たとえば自分の葬儀風景を想像するとするならば、それは前提となるべき条件、自分の死という条件を犯しての想像である。つまり、自分はまだ死んでいない、少くとも死に切ってはいないとしての想像である。草葉のかげにまだ知覚できるだけの生命を残して、そこから眺める葬式の想像である。知覚の比喩においては、今現在見ることのできない背面の知覚想像の虚構があった。他我の比喩にあっては、自分が自分である限りなり変ることのできぬ他人になり変る虚構があった。ここではそれに輪をかけて、生きることのできぬ死者たる私が生き残る虚構がある。これが死の比喩である。

この虚構の「死後」の下でしか死もまた意味を持ちえないのではなかろうか。生前と死後の境界としてならば死は意味を持つだろう。しかし、生前と空無の境界としての死はどんな意味を持てるだろうか。空無には始まりも終りも境界も考えることはできまい。空無が午前八時五分から始まった、とは何も意味を持たないだろう。それが意味を持つとすれば、空無ならざる何ものかがありそれとの対比の上で空無の持続が測られるような場合でしかあるまい。そして空無ならざる何ものかがあるならばもちろんすでに空無ではない。こうして空無に端を考えることができないとすれば、生にもまた端を考えることはできない。生の右端とは空無の左端だからである。

では、死後世界が虚構であるのと並んで、死もまた虚構というべきだろうか。わたしには何と言ってよいかわからない。生死の高圧の下では虚構と現実との相の分別が崩壊するかに見える（臨界圧をこせば水と水蒸気との相の区別がなくなるように）。あるいはまた、生が知覚の比喩と他我の比喩を作り上げたように、死もまた生の作り上げた虚構であるのかもしれない。

附記　この章と第10章「虚想の公認を求めて」とは全く同じ主題を扱っているがその表現は異なっている。それが重複ではなく相補的であることを願うものである。

## 10　虚想の公認を求めて

事物が見えているとき、それは必ず三次元的な事物として、つまり背後、側面、内部をもつものとして見えている。しかし、我々に生《なま》に見えている（知覚されている）のはその表面、特定の視点から見える表面だけである。それにもかかわらず、我々はそれを三次元の事物の表面として見ているのだから、なまに見えていない側面や内部もまた「知覚されている」と言うことにもいささかの権利、いささかの理由がある。しかしこの「知覚され方」は、なまの端的な知覚とは異なる独特な「意識され方」であり、事物の独特な「立ち現われ方」である。この独特な意識の様式、立ち現われの様式のもついくつかの特性を以下で観察してみたいのである。この様式は、反事実的条件法、他人の意識、能力語（……できる）、更には死の観念にまで深くかかわり、それらを貫通していることが見られるであろう。

## 1 「思い」と「知覚」

事物や事態が我々に立ち現われる様式には、大きく分けて「思われる（考えられる）」という様式と「知覚される（見え、聞える等）」という様式の二つがある。例えば、幾何の問題を解こうとして紙や黒板の上に画く図形は「知覚される」図形であるが、プラトンが既に明確に指摘したように、我々はその「知覚図形」について考えているのではなく、それに助けられて「見えない」図形（例えば幅のない線、拡がりのない点）を心の眼で「思っている」（「考えている」）のである。それと同様に、数学的対象のすべて、理論物理学の対象のすべては「知覚」されるのではなく「思われ」るのである。それらの対象はその本性からして「見られ」たり「触れられ」たりできないものであり、ただ「思われる」ものとしてのみ立ち現われるのである（電子の色や陽子の手ざわりなどはありえない）。

しかしこの二つの立ち現われ方の様式は常に分離しているのではなく、微妙な仕方で交錯し滲透し合うことがむしろ多い。特に「思い」抜きの純粋知覚というものはありえず、「知覚」は「思い」がこもらずしては知覚ではありえない（だがその逆に、知覚のまじりけのない「思い」はある——上述の諸例）。

更に、この二つの立ち現われの様式の中間とも、あるいは二股かけているとも言いたい独特な立ち現われ様式がある。我々が日常何かを想像したり思い出したりする折りには、この独特な様式で、想像されたものや思い出された事がらが立ち現われるのである。例えば、我々は何かを「見る」のを想像し、ある歌を「聞く」のを想像する。つまり、何かを「知覚している」と「思う」のである。ここで事物や歌が現に「知覚されて」いるのではない、しかし、「知覚されて」いると「思われ」るのである。私が一匹の犬を想像なり想起なりの形で「思う」とき、はっきりとではないにせよその犬の形や色（「知覚される」形や色）について述べることができる。つまり、知覚を叙する言葉で述べることができる。こうした独特な（犬その他の）立ち現われ方の様式を「思い的知覚」とも「知覚的思い」とも名付けられようが、同じく合いの子名前であるにせよ「知覚的思い」の方が知覚と思いとのコントラストを明確に保存しているのでそれを採用することにする。

この「知覚的思い」はそこでの形や色には必ず或る不定性があるという点で、細部に至るまで完全に決定された色や形をもつ知覚とは明瞭に区別される。想起された犬の色や形を完全な細部にまで語ることはどんな明瞭な記憶にあってもできない。自由な想像では何ごとでも意のままに想像できるように思えるが、知覚のもつ完全な規定性を想像することは全くできない。しかし、このことはヒュームが誤って考えたように、「知覚的思い」が知覚の何か色褪せてぼけたコピイのようなものであるのではない。物影がすべてにじんだような霧の朝の知覚、薄ぼけた古い写真の知覚には何らの不定性もない。そのにじんだような、薄ぼけた細部に至るまで完全に規定されているのである。「知覚的思い」が知覚のこの規定性を欠くのは、単にそれが知覚とは異なる立ち現われの様式であるからであり、知覚ではないからである。知覚的思いにあっては、知覚でのように、目をこらして「見つめる」ことがありえない。そこでの色や形は知覚での色や形とは全く別の様式で立ち現われるのである。その規定の不定性は知覚的思いの本性固有のものであり、従って何ら欠陥と考えるべきではない。

この色や形といった事物性質の不定性に加え、それと密接に関連した今一つの不定性が知覚的思いにみられる。それは視点の不定性である。知覚にはすべて一意的に定まった特定の視点がある。どんな事物も、知覚される場合には特定の距離と特定の視角から見られ、触覚にあっては特定の仕方で触れられる（特定の握り方、撫で方）。それに対し、知覚的思いにあっては、この（広義の）視点が一意的に規定されず、多少なりともぼけている。想像においても、想起にあっても、事物が想像され思い出される視点を一意的に尖鋭に定めることはできない。これらのことが、我々が想像や想起での事物の正確な絵（知覚される絵！）を描くことができない理由の一つである。もちろん、記憶にたより、あるいは想像の中で、絵を描くことはできる。しかし、想像され想起されたままのものを写生することは不可能である。知覚的思いの立ち現われを知覚の立ち現われで模写する（つまり、知覚的に模写する）ことはできない。

このような相違があるとはいえ、それにもせよ知覚的思いは他の種類の思い（例えば理論物理学の思い）と較べればなお知覚に近縁なものである。知覚的思いは知覚と直接比較されうるのである。もちろん、その比較は事物とその写真の比較（知覚同士の比較）とは違ったものであるが。我々が、あの人は想像していた通りの容姿に見えるとか、あの家は記憶していたのとは違って見えるとか、と言うとき、我々は知覚的思いを知覚に較べているのである。こういった比較において、知覚的思いが知覚に「合う」「合わない」、あるいは、その二つが「互いに合う」と言うことにする（フッサールの「意味充実」あるいは"Deckung"に近い意味で）。この比較は上述した特異な不定性をもった知覚的思いを、その不定性のない知覚と比較するものであるゆえ当然のこととして、比較の「合、不合」の概念もまたきっぱりとしたものでないことはもちろんである。「合う」にしても高々、カリカチュアや略画が実物と合う程度のしまりなさで合うに過ぎない。しかし、この大まかでゆるやかな合い方こそ我々の日常生活で望ましい合い方なのである。ドアをあけて部屋がほぼ期待通りであれば、またブレーキを踏めば予期通り車が減速すればよいのであって、部屋の細々した細部や細かい減速の仕方などは我々の関心するところではない。事実、我々の言語表現がその表現しようとする事態と合う「合い方」もまたこの合い方に他ならない。命題は何か計量的なことを述べているのでない限り、それが述べようとしている事態と上に言った大まかな仕方でしか「合」わない。実証主義者の言う「検証」とはこの命題と事態との合致であるならば、少くともこの種の検証はただしまりなくしか遂行できないものである。

しかし、この「合う、合わない」が知覚的思いと知覚との唯一の重要関係であるのではない。この両者はそれよりも遥かにこみいった密接な関係をもっている。

## 2 知覚に籠められた知覚的思い

我々が或る視点から机に眼を向けるとき、「見える」部分と「かくれて見えない」部分とは明確な輪郭で区切られている。その「見えている」部分を「知覚正面」と呼ぶことにする。だが上にも述べたように、我々はこの知覚正面を背面や側面や内部をもった三次元物体の知覚正面として見ているのである。これら背面、側面、内部は生《なま》に知覚されてはおらずにただ思われている。それも色や形をもつものとして思われている。つまり、それらは知覚的思いとして立ち現われているのである。では、この机の立ち現われは別々に分離した二つの立ち現われ、すなわち知覚的に立ち現われる知覚正面と、知覚的思いの様式で立ち現われる背面側面等の、二種類の立ち現われが合成されたものだろうか。もちろんそうではない。もし背面側面等の知覚的思いから切り離され分離されたならば、今見えている知覚正面は三次元の家具の知覚正面ではありえない。一言で言うならば、これらの背面側面等の知覚的思いがこもっているからこそその知覚正面は「机」の知覚正面なのである。

そして机のこの知覚正面からそこに籠もっている知覚的思いの汚染を洗い流そうとする試みはすべて、かつての実証主義者の「感覚与件」やフッサールの「感性的ヒュレー」の誤りに帰ることになるだろう。質料を形相（エイドス）から、ヒュレー（素材）をモルフェー（形態）から、感覚与件を概念規定から分離析出することは絶対に不可能である。だが、だからといって知覚と思いとの分別をも廃すべきだということにはならない。たしかに、何物であれ何事であれ、思いが全くこもらない知覚（知覚的立ち現われ）はありえない（悟性的要素を全く排除した直観の多様などはありえない）。しかし、たとい思いがいかに濃密にこもっていようとも、机を「見る」こと「触れる」ことと、見も触れもしないでただ（心に、頭に）*「思う」こととの分別は子供にも見誤ることのない歴然たるものである。ただ全く純粋な知覚的立ち現われとは、感覚与件と同様考えることのできぬものであり、すべての知覚は思いのこもった知覚である、このことを忘れてはならない。いかなる知覚も思いをこめての知覚なのである。

＊　心、頭、と言ったがこれは慣用句を使っただけで「思い」の登場する特別舞台があると考えているのではない。「思われた」机は頭や心にあるのではなく、百貨店や隣室にあるのであり、あるいは、数年前私の部屋にあったのである。

しかし、では机の背側面等の知覚的思いはどのような仕方で机の知覚正面にこもっているのか。この問には明瞭な答はないし、また恐らくありえない。友人の姿を見ているときの知覚には彼の過去についての（私の）思いがどのようにしてこめられているか、という問に答がないのと同様である。あるいは、悲しみの表情にあって悲しみがどのような仕方で顔にこもっているのか、という問に答えがないのと同様である。しかし、簡単な事例の考察が幾分の示唆を与えてくれよう。例えば、角砂糖のような立方体を眺めるとき、特定の視点からは特定の知覚正面が見える。しかし我々は、それとは異なる視点からはどのような知覚正面が見えるかを大まかながら知っている。それを知っていることとそのことは即ち、「立方体」とはどんな形であるかを知っていることの一部だからである。これはつまり、今は見えていない背側面の知覚的思いに他ならない。再び繰返すが、これら背側面の知覚的思いは今見えている知覚正面にお伴のように連れ立っているのではなく、知覚正面をいわば貫通し滲透してこの知覚正面をして今まさに見えているように「立方体の知覚正面」として見えさせているのである。この知覚正面はただこれらの知覚的思いがこもってこそ一つの立方体の知覚正面として立ち現われるのである。

言葉での説明を一層厄介なものにする事情がある。思いと知覚との言葉にしにくい融着が、背側面の知覚的思い自身にもまた再現することである。立方体の今見えていない一つの側面の知覚的思いでは、その側面が知覚正面と「思われ」、今見えている知覚正面はそこでは「見えていない」一つの側面として「思われ」ることになる。従って、知覚正面として「思われ」ているその側面の立ち現われには再びそれ以外の側面（今見えている知覚正面を含めて）の知覚的思いがこもっている。それらがこもっておらねばそれはもはや「立方体の一側面」の知覚的思いではなくなるだろうからである。一旦言葉で述べようとすると、つまり、ことを別けて述べようとすると、このような錯雑にはまりこむ。だがこの知覚正面と、側面の知覚的思いとの錯雑した交錯融合は、時間的持続を言葉で述べようとするときの現在とそれに接続する直接的過去、未来（フッサールの Retention と Protention）の交錯融合と幾分似ていなくはない。

しかし、言葉では錯雑し混乱してみえても事がら自身は単純で透明なものである。すなわち、我々が机を見るとき見えるのはその正面だけであるがその正面は（背側内面のある）「机」の正面として見える、この単純自明なことに過ぎない。

## 3　知覚的思いと虚想（fancy）

想像、ということを広くとって、現在知覚されていない物や事が立ち現われることだとするならば、知覚的に思うとはまさに想像することに他ならない。だがこの想像は無責任な想像や気ままな空想ではなく真面目で素面《しらふ》の想像なのである。これは何かの意味で「正しい」あるいは「真である」ことを意図しての想像なのである。

しかし、この意図された「正しさ」（または「真」）を実証する方法があるだろうか。その方法はただその想像を現なまの知覚と直接に対決させ照合することだというのであれば、それを実行することは原理的に不可能である。現在机の背後はかくかくであろうという想像を後刻の机の知覚と対決照合させて「合う」かどうかを調べることはできる。しかしそれが「合った」としてもその想像の「正しさ」の保証にはならない。必要なのは後刻の知覚との照合ではなくして、これまた現在の知覚との照合だからである。しかし、これはできない相談である。机の背後は現在、想像されているのであって知覚されているのではないからである。ここで鏡で机の後をうつすとか、光学ファイバーやテレビ装置を使うとかしても何の足しにもならない。例えばテレビの場合であれば、なるほどその画面にうつされた机の後姿は現在知覚されることになるが、その画面の「正しさ」（「真」）を保証するにはこんどはその画面とナマの机の後姿との照合が必要となるからである。結局、現在の想像と現在の知覚とはトレードオフの関係にあって両立せず、したがって両者の対決照合は原理的に不可能なのである。

このことはしかし単に、更に一段と根の深い問題の露頭に過ぎない。その問題とはすなわち、知覚されておらぬ時点における机の背後の想像なるものがそもそも可能か、ということである。バークリィにとってはそれは不可能であった筈である。なぜなら彼は、今知覚していない事物、例えば公園の木だとか別室の書物だとかを想像することは同時にそれらを知覚している自分をも想像することを含まねばならない、と考えるからである（『人知原理論』23節、本書二八六頁）。ところが今自分はそれらを知覚していない。したがって今自分がそれらを知覚していると想像することはこの現実世界とは別な世界を想像することである。それは一つの反事実的想像なのである。それは架空の別世界の想像であって我々が現に今生きているこの世の想像ではありえないのである。だからこそその「正しさ」をこの世の何かと照合して確かめる手立てがないのである。そして、今現にここにあるこの机の背後の彼岸的想像ではない現世的想像は不可能なのである。バークリィはこう結論しなければならない。

問題の核心は、現に知覚していない事物を知覚的に想像する（思う）ことの不可能性にある。この点をいま少し尖鋭に露出する事例がロックとヴィトゲンシュタインにある。暗やみの中にある斑岩（『人間悟性論』二巻八章19節）あるいはバラ（『哲学研究』514節）の色を想像できるか。ここでも問われているのは、論理的に知覚不可能なものを知覚的に想像することの可能性なのである。この問に単純明快な答はない。或る人は丸い四角を想像することはできないと言いながら、一方では何の懸念もなく$\sqrt{2}$を有理数だと想定してその想定自身の不可能性を証明する（帰謬法）。だが果して、四つの直線が四つの角を作りながらしかも或る一点から等距離にあると想像することは不可能なのだろうか。また多くの人は赤外線の色や超音波の音色を想像することは不可能だが、公園の樹木とか、眼前の机の後姿を想像することなどは何でもないと言うだろう。その人々はまた誰それはあんなことをしないでもよかったのにと気易く言うだろうが、ある事を現にした人間をそれをしなかった人間として想像することは、暗やみの中でバラは赤いと想像することと同じく何か矛盾することを想像しているのではあるまいか。ヴィトゲンシュタインが、我々は不可能なことを思うことはできない、と言うのは正しいであろう。だが困ったことに、我々は不可能とはどういうことなのかを明確に思うことができないのである。

　しかし一方端的な日常の事実としてそこに見えている机の背後の色や形を安々と想像しているし、暗やみの中の家具の色形をさえ想像している。しかも彼岸的想像をしているなどとは思ってもみない。まぎれもなくこの現実世界の机や家具の想像だと確信している。もちろんバークリィ的人間は、それは誤解でありそこで想像されているのは実は現在の机の背後ではなく後刻机の後にまわった時に知覚されるであろう未来の背後なのであり、あるいは暗やみの中でぼうと光っている蛍光物質製の家具やバラであると言うに違いない。そして、そういう想像には何の問題もない、問題なのは普通の材料で作られた安家具の現在の色や形の想像なのであり、更に問題なのはこの二つの種類の想像を取り違えまぜこじゃにしているところにある、こう言うだろう。私はそれに同意する。ここには交叉点でダンゴになった車のような混雑がある。一方には日常茶飯の未来想像、予期想像がある（後程の机の後姿、電気をつけた時のバラの赤色）。これらの予期想像は現世の未来についての想像であってその「正しさ」は原理的には確かめうるものであり、バークリィ的異議の対象にはならない。だが今一方に、机の現在についての想像（現在の背後の知覚的想像）がある。これはバークリィ的見解の指摘するように別世界の想像、架空の想像でしかありえず、当然その「正しさ」は予期想像のような仕方では確かめることができない。しかしことの核心は次のところにある。すなわち、この別世界の想像、架空の想像がこの現実世界において不可欠の現実的機能を果していることである。この架空の想像こそ現実の机が現実の「机」として立ち現われるためには欠くことのできないものなのである。

こう述べてくると何か大変入りくんだことのように聞えるが、事がら自身は全くありふれた単純極まることなのである。そこに机が見えている、私はその後姿を思い浮べる、それだけのことに過ぎない。その思い浮べられた机の後姿は私が机の後側にまわって見た時の見え姿でしかありえない（バークリィ）。ところが私は今机のこちら側にいる。したがってその思い浮べられた後姿は架空の世界での後姿なのである。それにもかかわらずその後姿の想像なくしてはこの机は今現に見えているようには見えぬであろう。つまり、架空の世界の想像こそ現実世界を現実的たらしめているのである。この机はその背後の架空の想像をこめて今現にあるように立ち現われているのである。机のこの知覚的立ち現われの中にこめられている、この背後の架空の想像（知覚的思い）の独特な立ち現われ方を強調するためにそれをヒュームの使った言葉をかりて「虚想」fancy と呼ぶことにする（ヒュームはこの言葉に特別な意味を与えて使ったのではなく、ただ行きずりに「正当化されない想像」という位の日常的意味で使ったのであるが、そこに含まれている、「理性《リーズン》」的には正当化されえないが「人間本性《ヒューマンネーチユア》」に不可欠なものというヒュームの発想を取り出したいのである）。虚想が働いている働き方を観察すれば、それが「知覚」や「思い」と同じ位に根本的な事物の立ち現われ方の様式であることがわかる。「虚想」は「思い」の一種としてその中に含まれるとも言えよう。また「知覚」は常にこの「虚想」がこもらずしては知覚ではありえない。したがって虚想は「知覚」及び「思い」と並列的に並ぶ一戸建ての立ち現われ様式とは言えない。しかしそれは他の何らかの立ち現われ様式に還元されえない、という点においては根本的様式なのである。机の現在ただ今の背面の知覚的思いはこの現実世界の思いではなく架空の虚なる思いである。だがこの虚なる思いがこの実の世界で実の働きをする。すなわち、この虚なる思いがこめられていてこそ机の知覚正面はまさにこの机の実なる知覚正面であるのである（つまり、机は机として見える）。この虚なる思いの実の働きを「虚想」と呼ぶのである。だが一方、この虚なる思いはこの実の働きとは別な、純粋に虚の働きをすることもできる。それは虚なる思いが端的単純に架空世界の思いとして働く場合である。これは空想とか仮構とか想像とかと呼ばれる場合であり誰にも熟知の働きである。それに対して「虚想」はこの現実世界の現実性そのものを支える実の働きなのである。知覚されえない背面の知覚的思いこそ、今現実に見えている机の姿を机の姿たらしめる、その意味でこの虚なる思いこそ現実をして現実たらしめているものなのである。そうする働きの中でこの虚なる思いは空想的想像とは全く異なる機能を果しているのである。一言でいえば、背面の虚なる思いは「虚想」という働きの様式においての机の背面の立ち現われ方なのである。背面のこの虚想様式での立ち現われ方は、知覚様式での立ち現われ方、空想様式でのそれ、想起様式でのそれとは別な今一つの独自独特な立ち現われ方であると同時に、例えば知覚的立ち現われの中に不可欠のものとしてこめられている立ち現われ方なのである。

それゆえ、机の背面の虚想の「正誤」を云々することができるが（一方、空想や仮構ではできない）、その正誤の調べ方（検証方法）は予測的想像が未来知覚と対決照合される式のものとは別のものである（6節）。そのことによって、虚想はバークリィの論難の矢から逸れた場所に身を置いていることになる。「知覚されえぬ背面を知覚しているという思い」はたしかにバークリィの指摘したように現実の背面の思いとしては不可能な思いであり無意味な思いである。しかし「架空」の思いとしては、つまり別世界の想像としてならばバークリィももちろん文句なしに承認するはずである。この架空の虚の思いは空想として働く場合もある。しかし「虚想」にあってはそれが現実世界の中で実の働きを働いているのである。この実の働きをかりにバークリィが認めないとしても、それは先程の論難とは別の論難、異種の論難なのである。そして私がここで試みているのはただ、この「虚想」の実の働きを事実認定の問題として公認をうることなのである。われわれの毎日の見聞きの生活の中に常時働いているものとしてこの「虚想」を公認することを求めその認知を求めているのである。そして、ヒュームが理知《リーズン》によっては正当化できないがという前口上をつけた上で「想像力」の働きを人性（human nature）固有の働きとして公認するときのようなおよび腰をとる必要は毛頭ない。「虚想」は白昼堂々とわれわれの眼前に常時働いているからであり、理知の黙認や認可をいささかも必要としないからである。ロックとヴィトゲンシュタインの闇の中でも「虚想」は余りに堂々と働いているためかえって人眼につかないのである。その働きによってこそ彼等の闇は「バラの花のある闇」「斑岩を包む闇」として彼等に立ち現われるのである。この虚想の働きなくしてはわれわれは今生きているような昼と夜とを生きることはできないのである。

## 4　反事実的条件法

上に述べてきた虚想の働きが、反事実的条件法（もし私が鳥であったら……）や能力傾向話法（今あそこで居眠りしている男はピアノがうまい）と密接につながっている。われわれが、そこにある砂糖壺の中の砂糖をもし今なめるとすれば甘いと言うとき、机の背面や闇の中のバラの色について何か言うのと同様、今この瞬間には実現できず経験できないことを語っている。虚想を認知しない人は、この反事実的条件法を理知化しようとして、それは砂糖の現在ただ今について語っているのではなく、もしなめれば常に甘い味がするという一般経験法則を述べているのだと考えるかもしれない。だがその一般法則をその形で述べることもできるが今私が語っているときは明らかに砂糖の現在ただ今について語っているつもりであり、問題はこのつもりで語っている場合のことなのである。するとその人はこう言うかもしれない、すなわち、そのつもりで結構、その場合は「現在ただ今の砂糖は上の一般法則に従う種類のものである」と言うことなのだ、と。しかし私が上の反事実的条件法で言いたいつもりのことはそうではないと私は感じる。私が言いたいつもりのことは、この砂糖は壺の中にある現時点で「甘いのである」ということなのである（甘かろう、ではなく）。もちろん直ちに反問されるだろう。なめられない砂糖が甘いとは一体どういう意味なのか、と。

なめたときの砂糖の甘さとはどんなものかは誰でも知っている。そしてたしかに知覚的立ち現われのみに固執する限りは、それ以外の甘さの意味はない。しかし、知覚（なめる）という様式以外の立ち現われ方での「甘い」の意味があるのである。それが「虚想」された甘さなのである。私は今なめていない砂糖をなめたときの味を空想する。それは別世界についての虚なる思いである（といっても、そこで思われている甘さはあのわれわれ熟知の普段の甘さである）。この架空の虚なる思いが現実のこの壺の中の砂糖にこめられて、この壺中の砂糖が「甘い砂糖」として見えて（知覚的に立ち現われて）いるのである。ではそのように「虚想された甘さ」とはどんな味の甘さかと尋ねられても、ただそれは空想でのなめ味がこもったものとして見える甘さだとしか答えられない。それは現実になめた場合の甘さがどんな味かと問われても、ただなめたときの味だとしか答えられないのと同様なのである。そしてただ、今なめてはいないがそこにある壺の中のものが「甘い砂糖」として私に見え（立ち現われ）ているという単純平凡な事実を「虚想」として公認することを求めるだけである。私にできるのは単に、その公認をしてもらうためにこの虚想が様々な状況の中でどのように働いているかを人々に納得してもらえるような描写をすることなのである。

反事実的条件法はこの虚想の実の働きに眼をふさぎ、現実世界の現在の話を架空的未来の話に、あるいは架空の別世界の話で代置し代用しようとする、理知的余りに理知的な話法なのである。これは「すりかえ」であり、する必要のない、またすれば事を誤るすりかえなのである（もちろんしかしこの話法にはそれ固有の適法な働きが別にある）。壺の中の砂糖は事実として——反事実としてではなく——現在ただ今「甘い砂糖」として立ち現われている。虚想された甘さがこめられている砂糖として。

反事実的条件法に較べ、能力話法や傾向話法《ディスポジション》は虚想話法により身近い。今あそこで眠っている男は陸上選手だと言うとき、再び何かなめられていない砂糖が甘いと言うのに近いことが言われている。しかし、この場合を反事実的条件法にしてみると不自然さが歴然としてくる。「もし今彼をたたき起してやれば韋駄天走りができるだろう」。恐らく彼は韋駄天走りができるだろう（ただしそれ程気のいいまた寝起きのいい男だとしてであるが）。だがわれわれはそのことを言うつもりではないことは明らかであろう。われわれはただ、睡眠中でありながら彼は今もすぐれた運動能力をそなえていると言いたいのである。つまり、彼は「眠っている運動選手」として立ち現われているということを。すなわち虚想のこめられた様式で彼が立ち現われているということをである。

こういった述べ方は非難をうけるものと思う。能力や傾向の問題にまつわる困難から目を意図的にそらしてただ虚想話をするだけではないかと。その通りである。しかしただ、目をわざとそらせたのではなく、それらの困難と言われるものを、潜在—発現、能力—実現、sensibilia といった概念で置換しても一歩も進まないと思うからである。だからむしろ、傾向だとか能力だとかの立ち現われる様式、すなわち虚想の様式を端的に認知公認しその働き具合を観察することの方が大切だと思うからである。

## 5 他我

虚想の立ち現われ様式を公認しない限り、われわれの他人に対する態度もまた正しく理解することはできないのではないかと思われる。われわれが他人の体を人間の体として見、それに人《ひと》として仲間としての態度をとることの中に虚想が根深く働いている。

他人について私が知覚するのはただ彼の身体とその身振り振舞いであることは誰しも認めよう。彼の痛みなり悲しみなりを私が共有することは論理的に不可能である。しかし行動主義者にとってはこれは彼が他人に対してとる態度すなわち自働機械としてではなく人《ひと》としての他人に接する態度をとることのさまたげにはならない。まず例えば、或る種の状況での或る種の（他人の）振舞いのゲシュタルトをその人が悲しんでいることだと定義する。次にこの悲しみのゲシュタルトがその行動主義者に何かの反応をおこさせる。同情とか嫌悪とか、それは何であってもよい。それによって彼はその悲しみの人に対して人間的態度をとる。行動主義者にとってはこれで十分であるかもしれない。しかしわれわれの実際の態度はこの描写ではつくされていない。われわれが或る人が悲しんでいると思うとき、その彼の悲しみはわれわれ自身の経験した悲しみと多少なりとも同種同様のものであると感じている。これは生活の事実なのである。しかし行動主義者は意図的にこの事実を無視しようとする。それは少くとも彼の考えでは不可能な事実だからなのである。彼自身論理的に経験できぬことを有意味に想像することは不可能だからである。その昔バークリィにとって不可能だと思われたこと、それが今、行動主義者にとってもまた不可能に思われるのである。

一方、言語の私秘性（熊谷直男氏の話）を拒否しその公共性を信じる哲学者は別の見方をとる。彼は例えば「悲しむ」という言葉は他人から習って憶えたものだと考える。彼の教師が悲しそうな振舞いをするとき「あなたは悲しい」と言えと教えられる。一方彼自身が悲しんでいると教師が判断したとき「私は悲しい」と言えと教えらえる。故に、とこの哲学者は言う、自分の悲しみと他人である教師の悲しみとは同種のものである、と。「悲しみ」の語をまず他人に適用できないでは自分自身に有意味に適用できないのである、と。自分と他人とに共通にその語を使うことによってこの語の意味が習得されるからである。

しかし、「痛み」という語が自分にも他人にも同じ意味をもつ、つまり、自分が痛いのも他人が痛いのも同じ痛みであるとはどういう意味であろうか。私は自分の腹痛や歯の痛みがどんなものかよく知っているが、他人の痛みは私が金輪際経験できぬものではないか。なるほど、「痛み」という語を他人にもどう使うかは親や教師が教えてくれたしそのおかげで他の人々と話がうまく通じ合う、更に、この公共教育が、私が自分と他人との痛みは同種のものだと思いこんでいることの原因でさえあろう。しかし、そのことはこの思いこみが一体どんな思いこみなのか、それをいくらかでも明らかにしてくれるものではない。上の行動主義者にとってはこの思いこみこそ全く無意味な思いこみなのである。

ここでまたまた、これまで繰返し遭遇してきた問題（机の背面、闇の中のバラ、壺の中の砂糖、眠り選手）が眼前に立ちはだかっているのに気付くだろう。すなわち、直接に体験し直接に知覚することが論理的に遮断されていることを一体どうやって「知覚的に思う」こと「体験的に思う」ことができるのか、という問題である。そして答は再び同じである。われわれは「虚想」の様式でそれらを思うのである。

私が或る人が悲しんでいると思うとき、普通私は彼のおかれた状況に自分自身があることを想像する。時には、彼の性格人格を私自身に人格移入することを想像する。もちろんしかしこれは行動主義者に言わせれば、そのとき想像されたものは単なる「今一人の私」alter egoであり、その悲しみは「私の空想的悲しみ」の想像であって、「彼の現実の悲しみ」ではない。その通り、この想像の働き方に眼を閉ざす限りは、この想像は架空の別世界での別な私についての想像であり、この現実世界での別人についての想像ではない。それは、机の背面、壺の砂糖の味、闇中のバラの色、等々の想像が架空の別世界の想像だと言われたのと同じである。しかし、これら架空世界の想像は空想として働くことができると同時に、実の働きを働いて現実世界の事がらを独特な様式で立ち現わせしめるのである。これが「虚想」の様式なのである。虚想においては、狙いは「私の架空の悲しみ」に向けられてはいない。狙われ志向されているのは「彼の現実の悲しみ」なのである。私の架空の悲しみの想像はこの狙い（志向）を導く「挿し絵」の役を果しているともいえよう。玉突きのクッションの役、将に対する射られる馬の役、天体望遠鏡の狙いの光行差補正の役、ともいえよう（しかしこれらはすべて言葉に窮しての比喩にすぎない。「やぶにらみ」の比喩である）。要するに、実を狙うに虚をもってする、これが虚想であり、虚想の実の働きなのである。こう言葉で述べると抽象的にひびくが、われわれは朝起きて夜眠るまで（いや夢の中までも）この虚想にひたって生きているのである。虚想抜きでは家具は家具でなく、食べ物は食べ物でなく、花は花でなく、人は人ではないのである。背面や側面の虚想の立ち現われがこもらずしては机の知覚正面が机の正面ではないのと同様、人の心（悲喜、気分、意図、知覚等）の虚想がこもらずしては他人の身体は「人《ひと》の身《み》」ではないのである（しかし、人の心がその身に空間的にこもるのではない点が机の場合と違う。そのこもり方についてはここでは述べない）。

## 6　虚想の変更訂正

事物や事の独特な立ち現われ様式に「虚想」という名を与えたが、この語に伴う気まま勝手さは虚想にはない。それはわれわれの思いのままの空想とは反対に、知覚と同様われわれに直接に与えられるものなのである。思いのままに知覚できないのと全く同様、思いのままに虚想することはできない。従って、知覚そのものに正誤真偽を云々できないのと同様、虚想にも正誤は云々できない。しかしまた、知覚相互の間または知覚と何かそれ以外のことがら（例えば物理学的事態）の間に合致背馳の意味での正誤が言えるように、虚想にも或るコンテクストの中での正誤は云々できる。

私は人さまの悲しみが私の経験してきた自身の悲しみと実際に同種のものかどうかを直接に確かめる仕方は全然ない、このことは余りにも明白である。しかし、もしその悲しむ人が或る点では悲しみにふさわしい振舞いをするが他の点ではそれと違和的な振舞いをし始めるとするならば、その人に対する私の「悲しむ人」としての虚想はぐらつき始めるだろう。そして違和的な振舞いが度を過ごせば、彼が私と同種な悲しみで悲しんでいるという虚想を私は捨てるに至るだろう。その人の奇異な振舞いが更に頻繁になり顕著になれば彼を「正常人」とみる虚想を私は捨てるだろうし、最悪の場合は彼を「人」とする虚想を撤回するだろう。こういう仕方で虚想は訂正を受けるのである。虚想のこの訂正のされ方が行動主義者の「ゲシュタルト」が訂正を受ける仕方と全く平行的であることに留意すべきである。

机の背面の虚想もまた同様に、もしその机が正常な机にふさわしくなく見えだしたならば訂正を受けよう。例えば舞台の書き割の机の、あるいは幻の机の、虚想に変更されるだろう。だがしかし、一体なぜ虚想は訂正をうけ、全体どうして虚想は変更をこうむるのか、このことを理解するには虚想の働きをその働く現場で一層広い視野から眺める必要がある。

これまで虚想という立ち現われ様式の公認をいわば請願するために、他の立ち現われ様式からそれを弁別することに強調を置いてきた。しかし、虚想という立ち現われ様式は決して他の様式から独立分離して働くことはないのである。すでに述べたように、机の背面の虚想は机の知覚的立ち現われの中に「こめられて」あらわれ、人の悲しみの虚想はその人の姿に、バラの花色の虚想は暗黒の闇に「塗りこめられて」あらわれるのである。だがそれにとどまらない。虚想の働きを働く机の背面の架空の想像は、架空ならざるこの世の未来想像や過去想像と「接続」してでなければありえないのである。「現時点 $t_0$ における机の背面」の架空想像は、「過去 $(t<t_0)$ と未来 $(t>t_0)$ における机」の想起想像と予期想像とに接続されなければそれこそありえぬ想像なのである（ただし、この $t$ は数学的点時刻ではなく、大ざっぱな持続であり、大ざっぱでなければならぬ。——次節参照）。だがこれは虚想特有のことではなく立ち現われ一般のもつ基本的性格なのである。したがってこの性格を一般的に観察する方がかえって見透しをよくするので次節でそれを試みる。

そこでの観察を先取りして、虚想にもまたその一般的性格があることを承認するならば、虚想が訂正変更をうける事情が了解できるであろう。それは単純である。想起想像や予期想像と接続され一体となってはじめて可能な虚想は、前二者に変更訂正が生ずれば当然変更訂正されるのである。それはメロディの一部が変われば、メロディ全体の相貌が変わる、すなわちメロディの他の部分の相貌も変わるのと同様なのである（こういう変化の仕方を私は「共変〔変化〕」と呼びたい）。こうして例えば机の数分後の知覚的立ち現われが予期とはずれたとき、悲しみに沈む人が数秒後涙を流すと思ったのがクスクス笑いを洩らしたとき、机の背面の虚想、悲しみの虚想はその当てはずれの知覚的立ち現われと共変的に変化するのである。

## 7　時の地平（歴史の地平）の中の虚想

前節で少時延期した、立ち現われ一般のもつ特有な時間的性格の観察をしてみよう。まず準備的に観察したいのは、持続の幅がゼロの点的瞬間における「状態」なるものは、それがいかなることの状態であれ存在しない、ということである。点時瞬間における痛みを想像してみる。今までなんともなかった足が一瞬激痛におそわれ（ただし持続ゼロ）ふたたび直ちに消失する。そんな痛みはたとえあったにせよ痛くもかゆくもない、ピリッともしないはずであり、従ってそれは痛みではなく、それゆえそのような痛みなぞはありえない。同じように眼前の白壁が一瞬だけ赤く染まってまたもとのように白くなる。そのような「赤」はありえない（ゆえにそのような「白」もありえないのである）。幾何学的な点や線に色を考ええないと同様、点的瞬間における「着色状態」も考ええないのである。羊かんの切り口には羊かんの一片もないように、如何に短命な素粒子といえども時間的切り口に「存在」することはできない。存在するためには如何に短期であろうと持続が必要なのである。ゼノンの矢はだから、各瞬間に、動いているのでもなければ空中に停止して浮んでいるのでもない。なぜなら、動くにせよ止まるにせよ、動きあるいは止まるべき矢そのものが「存在」しないからである。

それゆえ、物理学者が或る物理系の時間的経過をその瞬間状態（$t$の関数）の連続的接続として表現しているのは実はSFであると言わねばならない（しかしこのSF表現がどうして現実的機能を果しているのかは大変興味ある問題だがここでは述べる余裕がない）。われわれはその誤りをまねて、机や人間（身体的、心的状態ともに）を瞬間的存在や瞬間的状態の連続的接続と考えてはならない。

では、瞬間的状態や存在がいけなければ、好むだけ短い持続での状態や存在を考えればいいではないか、それで事はさして変るわけではあるまい、こう思いたくなるであろう。そして机や人間の時間的変化はこの短持続での状態の連鎖としてよいだろう、と。しかしこの考えにもまた甚だ危険な誤りがひそんでいる。というのは、この考えの底には、その机や人間の短持続の状態をその連鎖から切り離して、つまりその前と後と無関係に、理解できる、という考えがひそんでいるからである。換言すると、その前後から切り取られた短持続の机なり人間の状態を提示されれば、それがどんな状態であるかを立ち所にみてとれる、という考えがそこにある。ここには、常に一つの全体を互いに独立な要素部分に分解し再びそれを組立てて全体を復元するという科学的要素主義の影が濃い。あるいは、机を見るときその感性的材料を、悟性的、概念的統握から分離できると考えた哲学的分離主義の影がうつっている。

もちろん、ビフテキからその一片を切り離し、バナナを一口かみ取ることに何の問題もない。しかしこのとき誰かが、その一片はその「外部」、その「周囲」を取り去られたのだからもはや「外部」も「周囲」も持たない、全く周囲から隔絶した一片になっている、こう言うとすればその言い分の奇妙さはまぎれもない。およそ外部のない空間的事物はありえないからである。しかし、机の時間的一片をその前後から切り離して把握しうると考えるのはそれと同じことなのである。その時間的一片を特定の前後から切り離せば、それは前後を一切持たない一片の持続となると考えることだからである。だがそのような前後なしの持続の断片などはありえない。特定の前後から切り離すとは、他の特定の前後で置換すること以外にはありえない。

持続の断片を分離して把えていると思いこんでいる人は、実は、非常に特殊な前後をもった断片を考えているのである。すなわち、何物も（あるいは少くともその当の机が）存在しない空《から》の前後にはさまれた断片を考えているのである。しかし、そのような空虚な前後にとり変えられた断片はもとの断片と同じものではなくなってしまう。或るメロディの一節がその前後のメロディ抜きで弾かれるとき、その一節の音響的また音楽的相貌はもとの相貌と全く違ったものになる。それと同様、われわれは部屋の中に突然机が出現し暫時の滞在の後にまた突然消失してしまう、このような短命な机（？）を考えることはできるが、それはデパートで買える普通の机とは全く違った相貌をもつであろう（クレオパトラの鼻が切り取られて宇宙空間のまっただ中で遊泳している情景を想像してみて戴きたい）。

かくて、空間的断片も時間的断片もその知覚的立ち現われの相貌はただその周囲と前後の中にあってのみ「かくかく」でありうるのである。まずそれらは自存自前の「かくかく」の相貌をもち、ついでその周囲や前後のあり方の「影響」とか「対比」とかによって変様をうけて別の「かくかく」の相貌になるのではない。そのような、もともとからの「かくかく」などがないのである。仏者の言葉をかりるならば「自性」がないのであり「空」なのである。1と2、4と5、……から切り離された「3」などは何ものでもありえないのである。同様に「1」も「2」も「4」も他の数から分断されては何ものでもありえない。それらが特定の数名詞で名指されうるのはただ自然数「全体」の中においてのみなのであり、特定の数が特定の「かくかく」なる数でありうるのはただ他の特定の数の全体に「縁《よ》って」のみなのである。

したがって、全体は部分の和ではない、などと言うのは正しくない。全体に先立つ部分などがもともとないからであり、一方、全体は空間的、時間的領域に分割することは何でもないからである。机はその台と四つの脚に空間的に分割されるし、机の領域はこの五つの領域の幾何学的、物理的な和なのである。ただその台なり脚なりの相貌はただ「机の台」「机の脚」としての相貌なのであり、もしその一脚を切断してころがせば「切断されてそこにころがっている木片」の相貌となるのである。そして、それは切断前の「部分」とは異なる「部分」となる。周囲と絶縁された脚の相貌などはありえないのである（だが一方、電子とか幾何学の特定の三角形などは他に「縁《よ》」らぬ強固な「自性」があるようにみえるのはそれらが非相貌的（非知覚的）言語である「点位置」言語によって「思考」されているからである。本書第2章）。

時間的断片についても同様であり、時間的真空の中に孤立した断片などは何ものでもありえない。食事の経過の五秒間の断片は、その前後の中にあって始めて「食事中」なのである。では何事かの事件を述べるのには無限の過去からの「前」と未来永劫の「後」について述べなければならぬことになりはしないか。そうではない。それは述べるまでもなくすでに無限の「前」と永劫の「後」との中にあるからである（涯のない四次元宇宙の中に。本書第8章）。そしてどれ程の長さの「前後」について言及するかは、その当の事件について何をどう語りたいかという目的に依存する。このことは歴史家が熟知するところであろう。そしてその言及の長短有無にかかわりなく、歴史の一断片はその前後に貫通されてはじめて「かくかく」の一断片たりうるのである。それと同様、私に今知覚的に立ち現われている机は、「机‐史」の現在断片としてしか立ち現われえない。そして今耳を傾けているのは、「メロディ‐史」の一断片に耳を傾けているのである。再びそれと同様、机の現在の背面の虚想は「机の背面史」の現在断片としてのみ立ち現われうるのである。人の悲しみの虚想は「悲しむ人の歴史」の現在断片としてのみ立ち現われうるのである。つまり、現在断片の虚想はすべてまた、私にとって「思われて」いるその前史後史に、その来し方行く末に、貫かれていてはじめて「かくかく」の虚想として立ち現われうるのである。だからこそ、その「思われた」歴史が現実と食い違えば、その歴史が訂正変更され、それがすなわち虚想の訂正変更ともなるのである（共変）。虚想がこうして現実世界とのかかわりで訂正変更をうけるものであること、そのことがとりもなおさず虚想の投錨場所がこの世にあって架空の世界ではないことなのである。虚想はしっかりこの現実世界に錨をおろしている。それは実の虚想なのである。

しかしこのような訂正をうけない、そしてたえずわれわれを脅かしている虚想がある。その脅かす相貌をよりおだやかな相貌に変更しようと人がむなしくこころみる虚想、「死」の虚想である。「我が死」の虚想である。しかしこの死の虚想こそわれわれが各々の生を今生きているように生きさせている虚想に他ならない。丁度、机の背面の虚想が机の正面を机の正面としているように。

**附記**　この章は英文の拙論 "Beyond Hume's 'Fancy'", *Revue Internationale de Philosophie*, 107–108, 1974. を日本文にしたものであるが、特に後半においては表現に大幅な変更を加えた。

## 11　ナンセンス　その詩と真実――キャロルとヴィトゲンシュタイン

暑い七月の午後、ものういオクスフォードの流れに浮んだボートの中に、あひるおじさん《ダックワース》と、どもりのド、ド、ドジスン先生（つまり、ドードーキャロル）が小さな三人姉妹と乗っていた。姉妹の中の「もったいぶった一番目のが、やぶから棒に〝話始めよ〟とのたまった。二番目のが少しやさしいもの声で〝ナンセンスがなくちゃだめよ〟と」（『不思議の国』冒頭の歌）。

こうしてナンセンスが一ぱいつめこまれた「不思議の国」と「鏡の国」が誕生したのである。それは「一すじの羽毛すら動かせない弱い息吹き」（同上）のものながら、その奇怪な優しさと跳びはねるおかしみで、数しれぬ子供と大人の心を捉えてきたナンセンスである。それはまさにヴィトゲンシュタインの言葉で言えば、「言葉のお祭り」（*Philosophische Untersuchungen*. 38. 以下、『哲・研』と略記）であり、祭りの笛や太鼓や夜店のざわめきのように子供達を魅惑し、大人をほほえませるナンセンスである。だがしかし、それらは見かけどおりの、無邪気な言葉遊びだろうか。無邪気な祭りのお面の下にグロテスクな顔をもったナンセンスではなかろうか。

ヴィトゲンシュタインにとっては、この言葉のお祭りこそ哲学の病のもとであり、「再び普段の日につれもどさねばならぬ」(『哲・研』116)ものであった。形而上学は「深遠な文法的冗談」(同、111)であり、「哲学とは、知性が言葉に魅縛されることに対して言葉をもって戦うこと」(同上)なのである。その「空中楼閣を引き倒してその言葉の地面を清掃する」(同、118)ことが哲学の任務なのである。しかし、その哲学自体がまた一つのナンセンスなのである。「この本で述べた諸命題は、私を理解する人ならば、それらを突き抜け、それらを超えて乗り越え、そうしてその諸命題をナンセンス(unsinnig)だと見てとる、そうした仕方で働くものである(はしごを上り終えたら、いわばそれをはずさねばならない)。これらの命題を打ち超えて、人は世界を正しく眺めねばならぬ」(*Tractatus Logico-Philosophicus*, 6. 54. 以下『論考』と略記。数字は項の番号)。このナンセンスを語りおえて、ヴィトゲンシュタインは哲学から長い間離れた。夜が明けて祭りが終わったのである。「言葉の夢」(『哲・研』358)から覚めたのである。

アリスもまた覚める。トランプの法廷でアリスにカード達がとびかかる。カードの家が、空中楼閣《カードハウス》が、倒れたのだ。「なかばおこり、なかばこわくて、彼女は小さな叫び声をあげて、それらを叩き落そうとしたとき、……姉さんがその腕にのせたアリスの顔から、落ちかかる枯葉をやさしく払いのけてくれているのに気がついた」(『不思議の国』終章)。

「(チェスの) 赤の女王をゆすぶりつづけた。と、だんだんそれは丈《たけ》が縮み、横にふくらみ、柔かく丸くなって、……いやとどのつまり、それは仔猫だったのだ」(『鏡の中へ』終章)。

覚めた世界は、ナンセンスの一つもない「味気《ダ》ない現実《ルリアリテイ》」(『不思議の国』終章)であり、「言明しうること、即ち、哲学とは何のかかわりもない、自然科学の命題以外には何も言わぬこと、それが正しい哲学の方法なのだ」(『論考』6.53)。しかし、「人生もまた夢にすぎない」(『鏡の中へ』、終行の一つ前の行、終行は「ザ・エンド」)ならば、ナンセンスはつきることはなかろう。だからヴィトゲンシュタインも再び哲学にもどり、死病の中でまでも哲学のナンセンスと戦ったのである。「めだたぬナンセンスをあからさまなナンセンスにし」(『哲・研』464)、「あからさまなナンセンスをめだたぬナンセンスにうつす」(同、524) ために。

しかし、キャロルがナンセンスを創り、ナンセンスを演じて、楽しみ楽しませるのと、ヴィトゲンシュタインがナンセンスと戦って、苦しみ苦しませるのとは、鏡の国のあべこべのようなあべこべだろうか。もの悲しいまがい海亀《モックタートル》の陽気な言葉遊びと、ヴィトゲンシュタインの実用のみに実用できる言葉遊び (Sprachspiel,『哲・研』21) とはおよそ反対の向きを向いていはしないか。

だが、背中とおなかはあべこべを向いてはいるが、一つの胴の裏表であるように、キャロルのナンセンスと、ヴィトゲンシュタインのナンセンスは、たがいの鏡像なのである。ヴィトゲンシュタインが「鏡の中へ」はいったときキャロルになる。

「独我論と何から何まであべこべになっている哲学を考えることはできるだろうか」

（L・W『個人的経験』）。

ヴィトゲンシュタインにとって、「言いえぬこと《ウンザークバーレ》」を言葉で言えばナンセンスになる。だから、「言いうること」によって「言いえぬこと」、つまりナンセンスを「示さ《ツァイゲン》」ねばならない。「哲学は、考えうること《デンクバーレ》によって内側から、考ええぬこと《ウンデンクバーレ》を定める《ベグレンツェン》べきである」（『論考』4. 114）。「哲学は、言いうることを明瞭に呈示することによって、言いえぬことを指示《ベドイテン》することになる」（同、4. 115）。それに対して、キャロルはみずからナンセンスを演じることによって、つまり、「言いえぬこと」を言ってみせることによって、そのナンセンスを「示す」のである。もちろん、その目当ては「お子様向き」であって「哲学用」ではない。しかし時に不思議にそれは「哲学向き」になるのである。彼の生き生きとしたナンセンスがナンセンスに意味の命を吹き込み（beleben, beseelen, フッサール、ヴィトゲンシュタイン）、それを意味あるものに見せ、逆に意味あるものをナンセンスと見せるからである。「みなさん、どっちだと思います？」（『鏡の中へ』終章の歌の前）。わたしたちは「ああ、鍵穴が大きすぎるのか、鍵が小さすぎるのか」（『不思議の国』一章）と、思いまどうのである。これは些事だと馬鹿にしてはいけない。アリスにとっては涙の池をつくるほどの死活の問題であったし、また「天が地に対して動くのか、地が天に対して動くのか」はガリレイにとっても生死の問題であったのである。

しかしもちろん、あの涙の池でアリスが会った鼠の、しっぽ《ティル》形の長い話《テール》のように長いナンセンスを、ヴィトゲンシュタインが『論考』で語ったようにはキャロルは語りはしない。「三番目のが、話《テール》の腰をおって、一分間に一度よりは少なくね」（『不思議の国』冒頭の歌）と言ったからだとしておこう。

*

「不思議の国」ではじめアリスは一分ではないが、十分に一度ほどの割合で大きくなったり小さくなったりする。大きくなった時は足が遠くに見えなくなり、足に贈りものを郵便で送ることを考えた。「あんよさん、さようなら」。しかし、成長したのでなく大きくなったのならば、アリスの眼も網膜も大きくなったんだから、足が見えなくなる「道理がない」。だが自然科学的道理は「味気ない現実」であってナンセンスの冒瀆である。アリスはメーベル並みに算数に弱く、「四五の十二、四六の十三……」なのである。だが数学に自信のあるヴィトゲンシュタインだって百に一を加えて百二にしたって間違いでないと思っている（『茶色本』Ⅱ部5）。だから、体重は3乗で、足や骨の断面積は2乗でふえるから、足は見えなくなるのでなくて、折れてしまうのだと言うことの方が、ナンセンスなのである。また、アリスが大きくなれば、アリスを構成する素粒子も大きくなるがそれは物理的に不可能だと言うことが、ナンセンスなのであり、逆に、アリスがただ文句なしに大きくなることが現実なのである。

化学教室には原子模型といわれるものがころがっている。つまり、眼で見ることができればこのようなボールの集まりですよ、と言うものがである。だが、素粒子は見ることができない何かであれば、この模型はまさにナンセンスの模型、というよりはナンセンスの「写真」、そのものではあるまいか。自然科学もその教科書的表現では、「兎の穴を落ちつつのナンセンス」以外のものではあるまい。アリスが大きくなること、小さくなること、のナンセンスは現代化学者が現代化学者となるべきナンセンスなのである。すくなくとも理学博士のナンセンスである。

「ぼくたちはみんな気違い。ぼくも気違い。君も気違い」(『不思議の国』六章)。「俺は気が狂ったに違いない!　と言いたくなる状況」(L・W『個人的経験』)。

気違いついでにもう一つ言おう。問題は、「大きくなったアリスの流した涙の池に小さくなったアリスはおぼれうるか」である。計算すると(現今、「計算する」とは「おはよう」と同じだろう)、九フィートのアリスが流した涙の池に、「ほとんど」二フィートのアリスが溺れうるためには、アリスはわれわれなみの子供として、約五リットルの涙を流さねばなるまい。ビールびん八、九本分の涙である。したがって問題は、われわれ「涙もかれるまでに」五リットルの涙を流しうるか、である。「知らんね」と芋虫教授がけりをつけてくれましょう（『不思議の国』四章）。

＊

だが問題は「あらわれる」。チェシャー猫の「にやにや笑い《グリン》」のように。「まずしっぽの端から消えだして、にやにや笑いで消え終ったのですが、にやにや笑いはほかの部分が消えたあとも、しばらく残っておりました」（『不思議の国』六章）。「空中に奇妙なものがあらわれたのに気づきました。はじめは何だろうかといぶかったのですが、一、二分見つめたあとでにやにや笑いだとわかったのです」（同、八章）。

ここで、ヴィトゲンシュタインも「あらわれる」。彼の「ほかの部分」が英国に消えてすでに二十余年だが。彼の「ほかの部分が消えたあとも、しばらく残って」いるドードーの「おごそかな口調」（同、二章）でこう言うに違いない。「目鼻口なくして笑いなし」、と。アリスは「そこでローソクが消えたあとでローソクの火がどうなるか想像してみようとした」（同、一章末尾近く）が、ヴィトゲンシュタインなら言うだろう、いや言っている。「論理的《ウンローギッシュ》に不可能なものは、考えることはできない」（『論考』5. 4731）。だがキャロルはそうは思わない。

「あんたは練習がたりないのよ。私があんたの年頃じゃ、一日に半時間はやったのよ。(息を長くすって眼をつむるのよ)、そうやって朝飯前に、不可能なこと六つも信じたこともあるよ」(『鏡の中へ』五章)。

そしてゼノンには不可能事だったがアキレスはとにかく陸亀《おか》を追い越したし、われわれだってまがい海亀ぐらいなら追いぬける。

だがそうやってもわれわれにはチェシャー猫のにやにや笑い(註)の「あらわれ《アピアランス》」を信じることはできず、「ローソクの消えたあとの火の様子」を信じることはできない。

註　なぜ、にやにや笑いなのか。ドヂスン教授の生れ故郷がチェシャーであり、そこのチェシャー・チーズは有名とのこと。ところが「チーズ」と言えば口がほころぶことになっている。故に「チェシャー・キャット」と言えば、口がほころばねばならぬ。故に、にやにや笑いであって、それ以外ではありえない。　Q. E. D.

傍証　公爵夫人は「猫はみな笑えます。またたいてい笑います」と答えた(『不思議の国』六章)。だがもっと強く、「猫は笑うほか何ができよう」と言うべきである。

だが、猫なしのにやにや笑いが不可能事だとすると、わたしたちは毎日毎時、アリスのように、とびかかる不可能なカードを払いのけなければなるまい。不可能な枯葉を、それも優しい姉さんなしに。品物なしの「値段」、愛人なしの「愛」、行為なしの「善」、アリスもドードーもなしの「ナンセンス」。毎時毎日これらについて話をしているとすれば、ナンセンスを語ること、「冗談を作り、それを言うこと」も「人の行為の一部、すなわち生の一形式」（『哲・研』23）だからとでも言おう。

実は長い間、ひま《スコレー》のある学校《スクール》の先生方《スコラ》が猫なしのにやにや笑いのナンセンスをきまじめに考えたのである（グリフォンやまがい海亀の「Taught-us 亀《トータス・トータス》」先生もきっとそうだろう）。その方々の御意見では、猫と猫の笑いは分離することはできないが、分離して考えることはできる、とのことである（理知的区別 distinctio rationis）。だからあなたとあなたの食い気は分離できないが、つまり、あなたが食欲がなければ食欲たるものもないのだが、あなたのことは考えず、あなたの食欲だけをわけて考えることはできる、というわけである。トウィードルディーが言うように、「それがそうなら、そうかもしれぬ。それがそうだったんなら、そうだったんだろう。だけど、それがそうじゃないんだから、そうじゃない。これが論理というもんだ」（『鏡の中へ』四章）。

論理はそういうもんだから、そういうもんだろうが、猫なしの笑いは、ローソクなしの火は、どういうもんなのだ、と気になさる方がおいでだろう。答は簡単、アリスがそれを見た、それも二度も見たのだから、そうだったんだろう、ということである。それが論理というものであり、「ある意味で、論理の中で誤ることは不可能」（『論考』5.4731）であり、「論理学の命題はすべて同じことを言う。つまり何も言っていない」（同、5.43）のである。

だがしかし、猫なしの笑いをわけて考えることはできるんだから、できるんだろうが、それを見ることは無理だろう、いくら息を長くすって眼をつむってもできないだろうと、というのが私の意見である。あなただって、アリスとロリナとイディスを見ることはできるが、リデル三姉妹を見ることは、たとい不思議の国にいてもできない、ということは明瞭であろう（同じように、π《パイ》を見たことおありですか）。三姉妹の「集合」は考えることであって見るものではないのである。そして猫抜きの猫笑いも、考えること位はできようが、誰もそれを見た人はないだろう。となると先ほどの先生方《スコラ》と同じになる。

　だが実はこの点については、「私は自分でございませんので、自分で説明できないのです」（『不思議の国』五章）。だって、アリスの同国人（少し年は離れているが）ヒュームも、「人の心に帰される同一性は架空《フィクシャス》のもの」と言っているではないか（『人性論』一巻四部第六章）。そしてヴィトゲンシュタインもまたいわく、「考えたり、思ったりする自我などはない、……自我は世界に属さず、ただ世界の限界」（『論考』5.631, 5.632）、と。

*

　だが、猫のいないにやにや笑いがナンセンスで、猫がいてにやにやすることはナンセンスでない、とそう言えようか。

鼠　「……愛国の士カンタベリーの大僧正スタイガンドすら、それを得策なりとみて《ファウンド》」
あひる「何を見たんだって」
鼠「それをですよ、もちろん〝それ〟がなんだかわかってるでしょう」
（『不思議の国』コーカス・レース）

しかし、あひるは「蛙か蛆」なら見えるが「それ」を見ることには合点がいかない。とすれば、あひるは蛙や蛆とともに「猫」を見ることはできるが、「猫」が「にやにやしていること」を見ることができないのではあるまいか。それ、その「こと」を。

実際、「見る」という言葉は活溌な、お祭騒ぎの好きな言葉である。未来を見透し、振返って過去を見る。人の野心を見抜き、問題の要点を見てとる。真偽を見分け、結果を見とどける、ここに来てみて、それをやってみよ、……ときりがない。

だが、「目で見る」ことに話を限っても、わたしは今猫を見ているのだろうか。猫を構成する粒子を見ているのではないか（小麦粉の粒子を見ないでパンが見えるだろうか）。いや猫からの光を見ている、いや網膜の上にうつった姿を見ている、いや神経パルスを、いや脳細胞の興奮を……これはまったく「見る」のコーカス・レースである。だから、「競争終りっ」で「誰もが勝ち」、つまり何でもかでも「見る」ことになったわけである。

ヴィトゲンシュタインはその『哲・研』でこのレースについて長考する（特に、第Ⅱ部

xi章）。彼は心理学者のジャストローの育てた、「あひるうさぎ」を借りてくる。うさぎとも見え、あひるとも見えるまぎらわしい動物である。あひるが「あらわれ」ているときは、あひるが見える。それはよい。しかし、うさぎがこんどは「あらわれ」たとき、あひるは消えうせたのだろうか。そうでなく、にやにや笑いのように、しばらくの間でも残っているのだろうか。しかし、アリスは残った笑いを「見た」のに、このあひるは「見えない」。とすると、あひるは消えたことになる。だがどのようにして？　「しっぽの先から段々と」か。いやこの絵には、しっぽは描いてはありません。しっぽ《ティル》があったら「あひるうさぎ」でなくなるから。それでは話《テール》にならない。

だから消えるならば「口ばしの先からだんだんと」でなければならない。だがそれでは「うさぎの耳のはしからだんだんと」消えることになって、あひるもろともうさぎも消えて、あとに笑いすらものこらない。

だとすると、こう言ったらいかが。うさぎも、あひるも、はじめからいなかった。だから「見える」わけがない。ほんとうに「見えている」のは動物でなくてただのまずい落書きなのだ。ちょうど、「白兎が忙しく通ってゆくので高い草がたてたさらさらという音は……ただの草が風にそよいだだけ、……三月兎が気違い帽子屋とやる果てなきティーパーティの茶碗のガチャガチャは……ただの羊の鈴の音……」だったように（『不思議の国』末尾)。

チェシャー猫の顔のない笑いなどははじめからなかった。いや、顔のある笑いもまたはじめからなかった。あるのはただ目口鼻の配列、いやただの粒子の集り。笑顔などは、人のも猫のもありはしない。「見える」道理がないのだから。「いったい猫が笑えるとはしりませんでしたわ」(同、六章)。だが、自然科学はこのアリスの言ったことすら言えない。それはただ「在る」ものについてのみ言え、「猫」も「笑い」も、「あひるうさぎ」と共に「ない」ものだからである。

「誰もが勝ち」の「見えるものずくめ」と、この「見えぬものずくめ」の間にあって、「見る」という言葉は、アリスのように大きく小さくならねばならない。芋虫が教えてくれた茸をかじって「片側で背がのびて、ほかの側で背がちぢむ」(同、五章)ようにすればよい。ただし、その茸は兎の穴に落ちて採りにゆかねばならないが。そしてヴィトゲンシュタインもその穴を知らなかったらしい。「それ」が私に「見える」。

＊

アリスはお菓子をたべて、大きくなるか小さくなるか、「〝どっち、どっち〟と頭に手をあててどっちにのびているか感じようとしたが、驚いたことに元のままだった」(同、一章)。ヴィトゲンシュタインは言うだろう、「わたしの身長ならわかるわ、こういって手を頭にあてる人のことを考えてごらん」（『哲・研』279)。「それじゃ、朝刊の記事を確めるため、同じ版のをいくつも買ってつき合わすようなものだ」（同、265)。だが、ポアンカレはそれをもとにして幾何学のコンベンショナリズムを議論したのである。アリスは地球のまん中近く落ちていると思ったとき、「じゃ、緯度と経度はどれ位かしら」（もっとも、緯度や経度が一体何だかアリスは知らなかったが）（『不思議の国』一章)。ヴィトゲンシュタインなら言うだろう、「今太陽で午後五時だと言ったらわかるかい」（『哲・研』351)。だが、アインシュタインがそれをわかるようにしたのである。

ナンセンスと真実はガラス一重へだてた、たがいの鏡像なのである。だから真実の左はナンセンスの右なのだ。

鏡の中では時は奇妙に動く。それに較べたら「不思議の国」での時は物理学者のようにまっとうである。気違い帽子屋が「時」のごきげんを損じて、果てのない「午後六時」に置かれて果てのないお茶の時をすごしているにしても、それは時計が動かないだけで、時はまっとうに動いている。きっとその時計は誰かが「間違えて文字盤を針にくっつけて針と一緒に廻るようにしてしまった」（『青色本』）だけなのだ。だから、彼は果てなくお茶を飲んでグチをこぼせるのである。

鏡の中では、帽子屋《ハッター》は白の王の伝令Hatta《ハッタ》として、(註)未来に犯す罪で今牢に入れられるはめになる。

**註** 画家テニエルはハッタの帽子をかき間違えたようだ。「この型十シル六ペンス」の字がまともになっている。ジャバワッキイの歌同様、鏡像文字であったはず。だが、彼自身は鏡の中に入ったことはないのだから無理もない。

アリスの白い仔猫のように身だしなみの悪い、「再来週におこったこと」を「一番よく憶えている」という、白の女王が言う。「彼は有罪を宣告されて今牢屋にいるよ。裁判は次の水曜でないと始まらない。もちろん犯罪が起こるのは一番あとさ」(『鏡の中へ』五章)。しかし、牢屋につながれてどんな犯罪ができるんだろう。また、事の順序がみなあべこべなら、女王はことばを逆にしゃべり、ハッタはうしろ向きに歩いて兎穴に落ち、いや穴からとび上り……いやアリスはこのようには考えなかった。アリスはビクトリア朝の少女で、テレビのタイムマシンのSFや逆まわし映画などに毒されてはいなかった。彼女は道徳的で人道的だった。「もし彼が犯罪をやらないなら?」人権問題だと思ったのである。だが女王はこともなく、「そんならそれにこしたことはないさ」。そう、その通り、これは月給の前借りのような、賞罰の先渡しだけのことである。熱力学第二法則や、永久機関の侵犯ではない。

しかし、女王が「指が痛い！　ああ、ああ」と汽笛のような叫び声をあげて、そして「まだ指を刺していないけど、もうすぐ刺すよ」と言うときは少し話が変ってくる。そして暫時のあと実際指を刺した時はにこにこして「もう叫び声は一ぺんあげてしまっているので、も一度やり直しても意味ないよ」と言う時。これは単に、痛みの先渡しだけだろうか。ベルグソンは、ポールがピエールの未来をその感覚まで予見するとは、ポールがピエールの未来を生き抜くことで、それはポールがポールであり、今が今である限り不可能だと考えた（『意識の直接所与』）。女王は女王であるが、女王の今が女王の未来ではありえない。

女王は再来週おこったことを一番よく「憶えている」のであって、再来週を「生きては」いない。だからそれは「記憶」である限り、アウグスチヌスが言うように、「喜びも悲しみも、一度、心の胃袋である記憶の中にしまいこまれてしまうと、もう、それを味わうことができない」（『告白』10巻14章）。もちろん、痛みも同様で、去年うけた傷の記憶で、今足がキリキリ痛むわけではない。しかし女王は、五分先の未来の記憶で、今、指が痛いのである。その記憶が「痛かった」記憶であろうと、「痛いだろう」記憶であろうと、記憶である限り「痛い」はずはないのに。だから、その五分先の事件とは、指を刺すが痛くない（実際女王はその時ににこにこした）事件であり、一方今起ったこととは、指を刺さぬが指が痛い、という事件だったのである。

「ああ、これは鏡の国の本なのよ。だから鏡に写したら、文字はみな普通になるはずだわ」(『鏡の中へ』一章)。そうしてアリスは深遠なジャバワッキイの歌が読めることになったが、私は一体何を読んだことになるのだろう。「深遠な文法的冗談」(『哲・研』一一一)だろうか。いたずら仔猫のチェスの一手だろうか。「ことばに野暮用させるため」、「ことばの夢からゆり起こす」、「ほんとにお前はお馬鹿さん」(ドジシュタイン『鏡の外へ』)。

*

だがアリスにもわからない。

「やっぱり夢じゃなかったんだわ。ただ——ただ、わたしたちみんな同じ夢の中にいないとしてだけれど。夢だとしても、わたしの夢であってほしいわ。赤のキングの夢じゃなくて」(『鏡の中へ』八章)。

トウィードルディはアリスに言う、「彼が目を覚ましたらお前はどこにいると思う? どこにもいないんだよ、なぜって君は彼の夢の中のものなんだから。……君はほんもの《リアル》じゃないんだ」。アリスは「わたしはほんものよ」と叫んで泣きだしたがひょいと気づいて、「ほんものでなかったら、泣くなんてできはしないわ」。だが、トウィードルディは、なんと馬鹿な、「君の涙がほんもの《リアル》の涙だなんて思ってるんじゃあるまいね」(同、四章)。だが——トウィードルディはほんものなのか?

だが、アリスが「夢見られた」のは、赤のキングではなくて、どもりのド、ド、ドジスン教授によってではなかったか。

「夏の空が色あせて、こだまも消えて記憶も失せて、……だがなお彼女はわたしの中にいる、幻《ファントム》のように。アリスは大空の下を駈けめぐる。だが目覚めた眼には見られない」（同、終りの歌）。

ドードーがアリスを夢見る。アリスがドードーを夢見る（涙の池で）。アリスが赤のキングを夢見る。そしてこんどは、赤のキングがアリスを夢見る。そして、黒の仔猫がアリスを夢見る。……だから、この夢は見果てぬ夢であり、だから、「人生また夢に過ぎない」（同、結句）、「魔法《マジック》のことばがあなたをしっかりかかえる」（同、冒頭の歌）かぎり。

それについては、ヴィトゲンシュタインには一言もない。「語りえぬことについては人は黙さねばならぬ」からである（『論考』結句と序文）。

「あなたはどっちだと思いますか」。

アリスもまた、「仔猫ちゃん、夢はわたしのか赤のキングのだったに違いないわ。だけどもちろんわたしの夢の中に赤のキングがいたのよ。だけど、そうすると、わたしが彼の夢にいたことにもなるわね」。
「あなた、どっちだと思う?」

（『鏡の中へ』本文結句）

# Ⅳ　論理と世界

# 12　論理と世界

## はじめに

もちろん、世界はただ一つしかない。われわれがそこに生まれ、住み、そして死ぬ、このただ一つの世界である。だが、われわれはこの一つの世界を実にさまざまに眺め、さまざまに語るのである。それは、世界のこの部分、次にあの部分というように、さまざまな部分について語るだけではなく、その同じ部分、同じ対象についてもまたさまざまに眺め語るのである。同じ一つの銃弾を弾道学的に語り、化学成分について語り、また一つの歴史的暗殺事件の構成要素として語る。望むならば、その経済学的生産コスト、小売マージンについてさえ語ることができる。われわれはこの同一の銃弾に多種多様な語り方を重ねて語るのである。

これらの語り方がどれほど多様であり多彩であっても、それらすべてを貫いているのが論理である、と言えよう。貫く、ということはそれらすべての語り方が論理的だというのではない。論理に反した、また論理を無視した、しかも生き生きとした語り方はいくらでもある。しかし、詩人や神秘家たちが論理に反し、論理を無視した表現をするときにすら、そこには、犯され無視された論理が存在するのであり、それらの表現の活力もその一部をこうして論理を犯したり無視したりすることに根ざしているのである。こうして、論理は犯されたり無視されたり、あるいは守られたりするものとして、われわれの語り方のなかを常に貫いている。初めにロゴスがあり、そして以後つねに論理があるのである。

ではそのような論理の正体は一体何なのだろうか。それはどのように世界を語るにせよその語り方に、ひそんで去らぬものならば、この世界がつねに持つある性質とでもいえるものだろうか。あるいはまた、およそわれわれ人間が何かを語るときにそれなしではすまないなにか、つまり「語る」ということの基底にあるなにものかなのだろうか。あるいは、世界について「語る」以前に、世界についてなにかを「考える」ことの中にすでに論理が見出されるのだろうか。あるいはまた、それは世界の性質でもなく、また、人間が考えたり語ったりすることとは無関係に、たとえば2と3は5、という算術の命題のように、いわばイデア的に妥当する、とでもいうべきだろうか。

この問いを少数の物好きな論理学者や哲学者の問題だとして通り過ぎるならば、その人は人間と世界について広範で重要な問題を見過ごすことになる。論理の正体を何とみるかはすぐさま、人間が世界をどうみるか、知識の性格はどのようなものなのか、したがって結局、世界はどうあるのか、ということにつながるからである。もちろん、世界は現にあるようにある。だが、どのように「あるように」、なのか、つまり、世界の了解の問題にただちにつながるのである。

このことからも、論理の正体が何であるかに決定的な答えはないと言える。誰も、その正体見たり、とは言えないだろう。それは、世界の正体見たり、ということに近いからである。あるのはたどたどしく歩一歩深まってゆく知見というようなものである。

以下で述べるのもこのたどたどしいアプローチの一つである。まず、論理法則を心理的な思考法則とする心理主義の批判から始め、ついで論理を言語の規則と見る考えを検討する。そこから論理法則の持つ必然性の問題が浮かびあがり、その必然性を論理とともに持つ幾何学や算術の性格が問題になる。その結果、ふたたび論理と世界との依存関係の再検討をしなければならなくなる。そこで一つの好事例として量子力学の論理を取りあげ、ついで弁証法論理の一例としての運動の論理を考察することになる。

## 1　思考法則としての論理

### 心理主義

形式論理学、たとえば矛盾律や排中律とか三段論法をすなおにみるならば、それらがわれわれの思考を支配している法則だと考えるのはしごく自然な道であろう。石が落体法則に従って落ちるように、われわれの思考は一つの前提からその帰結へ落ちるのであり、その思考の落下経路の従う法則がたとえば三段論法の一つである。また、「Aであってまた Aでない」とわれわれは考えることができず、また「Aであるかまたは Aでない」と考えざるをえない。この思考の動きを支配するのが矛盾律や排中律である、と。一言でいえば、論理法則は思考の法則である、ということである。そしてここで言われている思考とは抽象的なものではなく、われわれの具体的な心理現象としての思考なのだから、論理法則は当然心理法則である、ということになる。

こうして「論理学がいやしくも学問である以上、それは心理学の一部分または一部門であり、一面では部分が全体と、他面では技術が学問と異なるように、心理学とは区別されるのである。論理学はその理論的基盤をすべて心理学に負うている」とミル(J. S. Mill)は言うし[1]、またリップス(T. Lipps)は「論理学が心理学の特殊学科であることがまさにこの両者を十分明確に区別している」と述べる[2]。こういう見解が十九世紀後半、西欧で支配的であったことは、これら心理主義にかつては与し、後にその徹底的な批判者となったフッサール(E. Husserl)[3]がたびたび証言するところである。

こういう心理主義に対し、まず指摘せねばならないのは、かりに心理主義が正しいとしても論理法則はそのまま心理法則であることはありえぬ、という点である。たとえば矛盾律をとってみよう。「AでありかつAでないことはない」。これが論理法則としての矛盾律である。だが、心理主義はこれをそのまま心理法則とすることはできない。この矛盾律の表現は思考にとどまらず、およそ心理現象になんら触れるところがないからである。心理主義者はしたがって次のように言い換えねばならない。「われわれの思考は矛盾律に従って動く」、と。これは矛盾律と異なり、心理現象についての叙述であり、矛盾律はその叙述の一部をなすだけである。

ただちに反論されよう。この区別は些細なものであり、物理法則の場合を考えればこの区別には意味のないことがわかる。たとえば、落下法則自体と、「物は落下法則に従って落ちる」ということとは同じことを言っているではないか、と。

まさにそこに違いがある。落下法則の場合はこの反論の言う通り上の区別は言葉使いだけのものである。だがそうである理由は、落下法則が落下現象の叙述そのものだからである。だが矛盾律は通常のとり方をする限り思考現象の叙述ではない。それは、2たす2が4ということが思考現象、たとえば、2たす2が4だと考えること、の叙述ではないのと同様である。それはあるいは思考内容の叙述でありうるかもしれないが、時間的経過をたどる思考現象の叙述ではない。したがって、心理主義は、論理法則をそのまま心理法則だと言うことはできず、論理法則に従う心理法則、というものに代えねばならない。たとえば、「われわれは論理法則に従って思考するという思考強制（Denkzwang――ジグワルト）

の下にある」というように。

この変更を加えることによって、心理主義はそれに対して誰もが向ける非難に一応答えることができるようになるのである。すなわち、心理主義が言うような心理法則は事実的に誤っている、との非難である。われわれはしょっちゅう、論理法則に従わない思考や証明をやっているからである。心理主義はその非難に対して、「おおむね」とか「多くの場合」とかの免責条項《エスケープ・クローズ》をつければよい。幸か不幸かそのような条項のない心理学の法則が元来ないのだし、医学や気象学や地震学のことを考えればそのことで特に非難されることもない。そしてこの変更を施した心理法則がまた「おおむね」真であることは誰でも認めよう。

しかし、片方を上げれば片方が下がる。こんどはこの変更によって、論理法則の性格もまた変更をうけざるをえない。この心理主義での（たとえば）矛盾律の意味するところは、「われわれはおおむね、AでありかつAでないとは考えない」というコンテクストの中での「AでありかつAでないことはない」ということになる。数学の論理的証明も、「ゆえに、人々はおおむね次のように考える」ということの連鎖となる。

この結果を勇敢に呑むならば、心理主義は少なくとも首尾一貫している。そういう心理主義の誤りを証明する手段はないように思われる。ただわれわれは、論理学を目の前においてみるとき、この心理主義は事実誤認を犯していることを確信するだけである。論理法則には数学の証明と同様、「おおむね」といえるような何ものも認められない。こう言えるだけである。そしてまた心理主義もこのことは了解している。端的に認めれば、心理主義は論理法則を心理現象における事実法則ではなく規範法則と考えようとする。

**思考と思考内容**

論理法則を、いくたの例外をゆるす心理法則ではないとすると、それを何らかの形で思考を規整する法則だと考えるのは自然の道であろう。たとえば、論理法則は「正しい思考」が守らねばならない法則だと思えるのである。われわれはたびたび誤った思考をするのだから、論理法則はしばしば犯される。しかし、正しい思考においては必ずそれは守られなければならない。一言でいえば、論理法則は正しい思考に対する規範法則だ、と。

こう考えればなるほど、論理法則は「おおむね」なりたつ心理法則だとの難点はさけられよう。しかし、この規範法則という概念は別の難点をひき起こすのである。

まず、「正しい」思考とは何をいうか、ということである。もし、正しい思考とは論理法則に従った思考である、と言うのであれば循環は明白である。すなわち、論理法則とは守られるときに守られる法則である、という無内容なことを述べるにすぎなくなる。それゆえ、思考の「正しさ」とは何であるかを、論理法則に触れないでそれとは独立に示さなければならない。たとえば、漠然とはしているが、現実に適合する思考が「正しい」思考であるとか、あるいはリップスのように「習慣、伝統、好悪感に影響をうけない、ただ思考自身の法則性にのみ従う思考」を正しい思考と呼ぶとかである。このことの困難には、今立入る必要はない(4)。かりに、この困難が何らかの仕方で乗り越えられて、満足のゆく「正しい思考」の定義がなされたものとしよう。すると今度は、論理法則を何も規範法則だと考えなおす必要がなくなることになる。

正しい思考をするためには論理法則に従わねばならないのであれば、今度は、論理法則に従えば正しい思考となるのである(ただし、論理法則が正しい思考のための十分条件であるとしてであるが)。このこと、すなわち、論理法則に従うものは正しい思考であるということ、あるいは逆に、正しい思考は論理法則に従っているということは一つの事実についての叙述であって、何ら規範とか当為(……すべし)を含んではない。論理法則はふたたび事実法則になるのである。「一層簡単に言えば、それらは思考の自然法則そのものと同一である」(5)(リップス)。しかも、思考を「正しい」ものに制限した結果、さきの「おおむね」性を伴わない思考法則となる。だがしかし、このように論理法則を条件づきの思考法則にとるにせよ、規範法則ととるにせよ、今一つの、より根本的な難点が存在する。それは先にも述べた、思考そのものと思考内容との区別にかかわる難点である。

例を推論にとろう。ある前提Pから帰結Cを推論するとする。この推論を心理的過程としてみるならば、それはある時間的経過をたどる過程である。それはどういうものだろうか。たとえば、まず前提Pが心に浮かび、しばらくして帰結Cが心に浮かぶ、といった具合だろうか。そのとき、帰結Cが心に浮かんだときには前提Pは心から消え去っているのだろうか。あるいは、前提Pは心に滞留しつづけ、さらにPとCとの関係が心に浮かんできているのだろうか。また、前提Pが心に浮かぶ、というとき、Pの全体が一瞬に心に浮かぶのか、あるいはある時間をかけて、漸次浮かんでくるのだろうか。その場合には、その一部が心に浮かんだ*Pとはどんな心理的現象なのだろうか。そのような、半かけの命題とか半できの概念などが一体あるのだろうか。

＊ ここで「心に浮かぶ」と繰返し述べたが、それは「心の中」に浮かぶことを意味しない。意味しえないのである。このことは本書第Ⅰ部で詳説した。だから「心に浮かぶ」とはただ、「思い的に立ち現われる」ということに過ぎない。

この推論の心理過程がどのようなものであれ、それはこの論理的推論が叙述するものではないことは明らかであろう。「PならばC」という推論は、いささかも時間的順序や時間的経過を叙述しているものではないことは明瞭である。では、論理法則は何を叙述するものだろうか。それは心理的過程としての思考ではなく、その一連の思考が到達した思考内容を叙述している、と言えないだろうか。もちろん思考内容も心理的事象である限りその都度異なっている。五たび私が「PならばC」と考えたとすれば、その思考内容もそのたびに変化しているだろう。たとえば、一度目は曖昧に、三度目は確然と、また五度目はうんざりして機械的に考える、というように。だがそれにもかかわらず、この五つの思考内容はすべて「PならばC」という思考内容であることに変わりはない。私の歩き方は時に応じてさまざまに変わるが、「歩いている」ことには変わりがないようにである。この意味で、「PならばC」という推論法則は、思考内容を叙述するものだと言えよう。ボルツァーノ（B. Bolzano）やフッサール[6]はさらに進んで、論理法則を思考内容からも切り離し、一切のリアルな心理現象とは別なイデアールなものとして、われわれはそれに向かい（志向し）、それについて考えるのだ、と言うが、それに対しては態度を保留しておきたい。

一方、心理主義者は、論理法則が思考現象の法則ではないにせよ、思考内容の叙述であるのならば、なおそれは心理法則の一種ではないかと言うだろう。だが、もしそう言うのであれば、論理だけではなく、数学や物理学、その他あらゆる領域での法則は、「正しい」思考内容なのだから、それらすべてもまたこの（不当に拡張された意味での）心理法則だと言わねばならない。しかし、われわれが「地球は丸い」と考える、「二つの奇数の和は偶数だ」と考えるから、それらの命題は心理法則であるなどとは誰も言えないだろう。この点、カントが論理法則を「悟性および理性の形式的規則」と言うときは曖昧であるにせよ、「純粋論理学は……心理学から何ひとつ借用しない。もともと心理学は悟性の規準にいささかも影響を与えるものではない[7]」と言うときは、正しい。

## 2　言語規則説

前節で述べたように、推論「PならばC」は何ら時間的関係を述べたものではない。PやCが何かの時間的経過を述べた命題であっても、PからCが導出されるというPとCとの関係は時間に何の関係もない。ということは論理法則は外の世界にせよ、心の世界にせよ、何か時間的に経過する現象について述べるものではないのである。このことは、「PならばC」が正しいか否かをわれわれがどうして定めるかを考えてみてもわかる。もしそれが時間的な現象（自然現象、心理現象）にかかわるものならば、この推論の正しさはそれらの現象と付き合わせ、照合してみなければならない。しかし、われわれはそのような事実調査を行なわない。事実調査なくして、たとえば三段論法の正しさを知るのである。

このことから、論理法則は事実法則ではなくして、事実を表現する概念の間、またはそれら概念の記法である言語の間の関係を述べたものである、という見解が生じた。これを以後、簡単のために、言語規則説と呼ぼう。

### 言葉の意味による真

事実との照合なしにその正しいことがわかる命題は数多くある。たとえば、「火曜日の十五日後は水曜日である」ことは十五日後にそうなっているかを調べることなしに正しい。「父の姉の一人娘はいとこである」ことも家族調査をする必要がない。「青屋根は赤くない」ことも家屋を調べることなくわかる。ではこれらの命題の正しさは何によって判別されるのだろうか。誰でも、それはそこに使われた概念または言葉の意味*からだ、ということを認めるだろう。それらは、曜日や血縁や色についての言葉に与えている意味からして正しい、というよりはむしろその意味関係の表現の一つなのである。それは何も言葉に限らない。ある地図に等高線が描かれていれば、それから任意の線に沿った断面図が作成できる。その平面図にあたる地形ならば、必ずその断面になっていることは実地測量をしないでわかる。これは、等高線というものの持つ意味からしてそうなのである。

＊ 以下「意味」という語を多用するがそれは便法であって、「意味」なる心的対象があるというのではない。繁をいとわねば「立ち現われ」語法ですべてを言い換えることができる。第6章に若干スケッチされたように。

同じように、論理法則の一つ、たとえば排中律の一事例をとってみる。「明日は雨であるか、又は雨でない」。これは明日になって初めて正誤が確かめられる予報ではなく、今直ちにその正しさがわかる。この場合も上の多くの事例と同じく、言葉の意味からしてそうであると見られないだろうか。この命題で主役をなしている、「又は」という接続詞と「でない」という否定詞の意味からしてその命題の正しさが判定できる、と言えないだろうか。それを明瞭に示すのは、明日は雨という部分を任意の他の（有意味な）命題に置き換えてもやはりその命題が正しいと判定できることである。つまり、この排中律命題の正しさは、「……か又は……でない」という形によることであって、したがって、そこに登場している「又は」と「でない」の二語の組み合わせによってなのである。したがって、具体的な排中律命題はすべて、この「又は」と「でない」の二語の意味によって正しいと判定されるといえる。

推論の場合にこの事情は一層明瞭になる。「AはBより強い」ことから「BはAより弱い」ことが推論されるのは、明らかに「強い、弱い」の語の意味からである。「AはBの子」から「BはAの親」を言う推論も同様である。また、「PかつQ」から「P」が、また「Q」が推論されるのも、「かつ」の意味によってであり、「すべてのAはB」から「このAはB」が推論されるのは「すべて」の意味によってである。

これらはすべて、意味によってその正しさが判定される命題や推論として、事実との照合によって真偽が判定される命題や推測と明らかな対照を示すのである。この対照を強く主張したのはカルナップ（R. Carnap）を始めとする論理実証主義であったが、それ以前にもライプニッツ（G. W. Leibniz）の、理性による真（vérité de raison）と事実真理（vérité de fait）、カント（I. Kant）の分析判断と総合判断との対比にそれが表現されている。またフッサールが「諸概念の意味内容だけに基づく真理と、個体的存在に関する真理(8)」の対比を語るとき、この対照を述べているのである。

### 論理語の収集

だが意味のない言葉はない。とすれば、あらゆる語について「意味によって正しい」命題や推論があるはずである。それらをすべて論理法則と呼んでよいだろうか。そう呼んで悪い理由はない。しかし、われわれが通常論理法則と呼んでいるものはそのほんの一部なのである。ではどんな点でこの狭い領域が区切られるのだろうか。こう問うことは、論理法則を生みだす語はどんな特性を持っているか、と問うことである。語の意味から正しさが判定されるのだから、どんな語を選択するかで、その語の意味から生じる命題や推論の範囲がきまるからである。

その選択の基準の第一は、非主題性をもつ語、ということである。つまり、色や血縁関係や地図といった特定の主題にのみ登場するのではなく、あらゆる主題に登場する語を選ぶのである。その結果、それらの語から生じた命題や推論は、任意の主題に適用できる一般性をうることになる。

われわれの言葉でこの基準をみたす語をさがしてみよう。個々の名詞は何かの主題を指し、形容詞、動詞、副詞もまた限られた範囲の主題に適用するのだから除外される。ただ、最も一般的な名詞である「もの」と、繫辞「である」は残る。代名詞「それ」も非主題的だから基準をみたす。「でない」という否定詞、「かつ」や「又は」の接続詞、それから「すべて」という、また「若干の」という数量詞もそうである。それからいま一つ、「等しい」という語がある。これら非主題性の基準をみたす語を系統的網羅的に検索することは興味ある作業と思うが今はその余裕がないので以上に止めておく。なおこの作業にほぼ当るのはフッサールの「純粋に真理、命題、対象、性質、関係、結合、法則、事実などの諸概念の意味にのみ基づく、あらゆるイデア的法則」(前出書、一二二頁)としての論理法則であることを附言しておく。

選択の第二の基準は、接続詞や否定詞における外延性である。すなわち、二つ以上の命題を接続した複合命題の真偽がその要素命題の真偽によって一意的に定まる、という外延性を要求する。たとえば、「……の時」という語はこれを満足しない。「陽が沈んだ」ことが真、「木の葉が舞った」ことが真であっても「陽が沈んだ時、木の葉が舞った」は真偽いずれでもありうる。「地球が四角い」は偽であるが、ある人が「そうと考えた」ことは真でも偽でもありうる。それ故、この語は外延的でない。「彼は地球が四角いと考えた」における「……と」も同じ理由で外延的でない。この外延性の基準を求めることは当然それから生じる論理法則を外延的なものに限ることになる。そうすることがよいかどうかはあらかじめ決められない。それは結果として生じた論理学の有効性によって決められる以外にはない。

第三の基準は、他の語に何かの形で還元されたり、他の語によって定義できる語は採らない、という自明の基準である。

さて、これらの基準を意識的に適用して古典論理学や現代の記号論理学が形成された、と言うのではない。しかしそれら論理学が論理学だと考えられていることの基底にはこれらの基準がある、またなければならない、と言いたいのである。これらの基準がなければ、無数の言葉の中からどうして特定の語だけが論理学に登場するのかを理解できないのである。

## 論理学の定立

以上のやり方で選んだ語の持つ意味、からして正しいと判定される命題や推論を集めれば、「論理的に正しい」論理法則が生じる。しかし、現代論理学はそこにある変更を加えるのである。というのは、日常われわれの使う言語の中の語は生き生きとした曖昧さを持つため、単純な体系的処理には不向きな点があり、そのような処理に適するように曖昧多義な丸みを切り落すのである。具体的な例として、「又は」をとろう。日常言語では、「又は」で接続される二つの命題は無縁なものではなく既にある関係を持っている。「生きるか、又は死ぬか」の生死の関係のごとき関係、「今日行くか、又は明日ゆく」の今日明日の関係のようなものがそれである。しかし、体系的処理にとっては、「又は」について

「有意味性についての閉鎖性」を要求したいのである。閉鎖性とは、任意の有意味命題を「又は」で接続した複合命題もまた有意味命題であることである。整数を加減したもの、また掛け合わせたものはまた整数だが、割ったものは必ずしも整数ではない。この意味で整数は、加算、減算、乗法、に関しては閉鎖しているが、割算については閉じていない。現代論理学は、接続詞に関して（有意味）命題の閉鎖性を要求するのである。

だが、日常言語の「又は」や「かつ」はこの閉鎖性を満足していないし、否定詞「でない」もそうである。「……でない」の「でない」を百回重ねた文は誰も有意味だとはしないだろう。またどの範囲にまでそれを満足しているかは人により場合により、またレトリックによって一定していない。そこで、日常言語の接続詞を語源として、新しい接続詞、閉鎖性を満たす新しい接続詞「∨」、を作成するのである。こうして、「又は」を語源とする新接続詞「∨」は閉鎖性を持つことになる。たとえば、「バラは赤いか、又は地球は丸い」は全く無意味だが、「バラは赤い、∨、地球は丸い」は有意味となる、というより有意味とするのである。(9)

ではその意味はどういう意味なのか。それは、「バラが赤い、と、地球は丸い、のいずれか、又はその両方」という意味である。ここに使われた「又は」は日常語の「又は」であるが、上の叙述の中では有意味な使われ方をしていることに注意されたい。ここに与えられた意味を真偽概念を用いて次のように表現することもできる。「バラは赤い」をA、

「地球は丸い」をBと書くと、「A∨B」はAとBとのうち少なくとも一つが真ならば真、AとBのいずれもが偽ならば偽となるような（有意味）命題である、と。ここで「∨」は先に述べた外延性の基準、つまり構成要素の命題の真偽がきまれば複合命題の真偽も一意的にきまるという基準を満たしていることがわかる。逆にこの「∨」の真偽条件を与えることによって、「∨」の意味が規定されるとも言えるのである。記号論理の教科書にのせられている真理値表（Truth Table）はこれら新接続詞の意味を与える定義だと見ることができる。

この真偽による定義を採用すると、また、第三の基準、すなわち最小限のボキャブラリーの要請、が接続詞に関する限りはきっぱりと満たされるのである。すなわち、真偽条件によって定義可能なあらゆる（n項）接続詞は、「∨」と否定詞の組み合わせに還元できることを簡単に示すことができる。さらに、「……でもなく……でもない」を語源とする新接続詞（Shefferの棒と呼ばれる）をとるならば、すべてはこの唯一の接続詞の組み合わせに還元できる。このことは、外延的接続詞に関する限りは、論理学に登場する語をそれ以上検索する必要はない、換言すれば、取りこぼしや見のがしを恐れる必要はないことを意味するのである。

さきにあげた非主題的な語の中で、接続詞の他に新語を定義する必要はない。ただその使用条件を明確にするだけで十分である。たとえば代名詞「それ」を、どの「もの」を指すかを明確にし、またそれを明確な表記法で示すのである（論理学での「変項」がそれである[10]）。また、数量詞「すべての」を、どの範囲の「もの」についての「すべて」であるかを明確にする、といったようにである。

こうしていくつかの語が収集され、適当に変更された新語で代替されれば、次はこれらの語の意味によって正しいと判定される命題や推論を取りこぼしなく集める。それらはもちろん無限にあるわけだから、当然その無限の命題や推論を表示するには、それらを他のものから識別する標識がたてられる。それがあるいは「つねに真」という標識であったり、「（公理から導出される）定理」という標識であったりするのである[11]。

これが現在われわれが（記号）論理学と呼んでいるものに他ならない。

### 論理法則と世界

以上で、論理法則とは非主題的な若干の語の意味からその正しさが判定される命題や推論であるとの観点から、現実の論理学が実際その観点の下で構成されていると見うることを示した。もしこのことが正しいとすると、論理法則と事実世界との関係はどうなるだろうか。

論理法則が、ある語群の意味だけによって成りたつのであれば、それは事実世界を参照することなしに成りたつのである。ということは事実世界がどうであってもそれとかかわりなく成りたつことである。これは逆に言えば、事実世界の具体的特性については、論理法則は何も発言していない、ということになる。事実、「明日は雨か、雨でない」は明日の天気がどうであっても正しい。つまり、明日の天気について何も教えるところがない。天気予報としては情報皆無なのである。論理法則は世界について何ごとをも語らず、ただ言語の意味の間の関係を表現しているのである。それは経験に基づかない、という意味でアプリオリであり、言葉の意味のみにかかわるという意味で「分析的」なのである。

さらに、このことは論理法則についてだけのことはない。言葉の意味だけからその正しさが判定される命題はすべてそうなのである。上に見たように、論理法則は、それらの命題の中で非主題性その他の基準で弁別された一小部分に過ぎないのである。

言語規則説の論理学観はこのような結論に導かれざるをえない。だがはたしてこの結論は正しいだろうか。言語とは世界を語るための言語である。その言語と世界、表現と表現されるものの間にこのようなきっぱりした境界線をひけるだろうか。言語には世界のあり様が何かの形で深く映じてはいまいか。そして言語の意味にかかわるものは、この映じ方を通して再び世界にかかわるのではないだろうか。

この問題はここ二十年、分析哲学者といわれる人々の間で論議されてきた。その人々はこの問題を次のような形の問題としてたてた。すなわち、分析命題(言語の意味のみから正しい命題)と総合命題(事実の参照を必要とする命題)との間に明確な線を引けるか、という問題としてである。多くの分析はその明確な境界線を引く根拠は見当らないという結論を示した。だがこの形での問題はここでは立入らない。

ここでは、それらと多少異なった視角からこの問題を検討してみる。その視角とは、論理学を正面からあつかう前に数学、特に幾何学がこの問題でどう位置づけられるかをまず考察し、それを通して論理学の問題に接近してゆくという道筋である。なぜならば、この言語と世界の関係が最も尖鋭な形であらわれるのは論理よりもむしろ数学であるからである。そして、数学の問題で浮びでた姿を論理学に投影する方がコントラストの強い画面が得られると思うからである。

## 3　数学と言語規則説

### 数学の経験的解釈

言語規則説からすれば、数学の命題もまた数学的概念の意味からのみ正しさの判定をうけるものと考えるのは自然であろう。数学の定理は事実と何の照合もしないで成りたっている。二つのリンゴと三つのリンゴを合わせて数えてみると四つのリンゴしかなかったとしても、2プラス3は5、ということが否定されるわけではない。何かの理由でリンゴが一つ消失したのである（二つの素粒子が衝突して一つの新しい粒子になることは珍しくない）。

時速3キロの船の上を進行方向に時速2キロで散歩する人は、船の外からみれば時速5キロで進んではいないことは相対性理論が示す事実である。だがこのため3＋2が5でなくなるわけではない。算術の命題は事実と照合する必要はないのである。

幾何学の場合も同様である。ユークリッド三角形の内角の和が二直角であることは、三本の光線で描かれた広大な天文学的三角形の内角の和が二直角でないことが発見されても否定されはしない。ただ、その大三角形がユークリッド三角形ではないと言うまでである。

ではそれらの命題は何によってこのフェイルセーフの正しさをうるのだろうか。それはそこに登場する、数や直線や加算や三角形の意味からして正しいのである。それらは数学的言語の意味からして正しいのであり、したがって世界については何も語っていない。これが言語規則説が当然受け入れねばならぬ見方である。

だが、算術や幾何学は意味の領域のこととして事実世界から全く切り離すとすると、それらが現に事実世界に適用されている事情を説明しなければならない。言語規則説はその事情をこう説明する。

幾何学の場合をとると、純粋な幾何学、例えばフッサール（『学問の危機』§9・1）の言葉での「純粋に形式的に定義されたユークリッド的多様体」はその公理系によって完全に規定されている。その公理系が、「点」とか「直線」とか「交わる」とかの幾何学語の意味関係を表現しているものに他ならない。幾何学の定理はこの意味関係によって、またそれのみによって正しいのである。定理の証明とは、この意味関係の連鎖に他ならない。この幾何学を現実世界に適用するとは、それら「点」とか「直線」に経験的解釈を与えるのである。すなわち、経験的意味を与えるのである。たとえば、張り糸や光の進路を「直線」とするように。こうして経験的意味を与えられた語からなる命題はもはや純粋幾何学の命題ではない。それらは経験幾何学、または物理的幾何学の命題であり、もはや純粋幾何学の命題のもっていた「意味によって正しい」という性格を失い、事実との照合によって検証をうける事実命題となるのである。そしてそれらは事実世界について語る命題となる。したがって純粋幾何学の命題が持っていたフェイルセーフの必然的性格を持たず、事実命題の蓋然性の性格を持つのである。[12]

この言語規則説の説明が成りたつためには、一つの条件が必要なことが強調されねばならない。というのは、もし純粋幾何学での「点」や「直線」その他の語が、既に何かの意味を持っていたならば、その語の経験的解釈なるものはありえないからである。既に意味を持つ語にあらためて意味を与えることはできない。経験的解釈が可能なためには、その解釈をうける語はいわば白紙状態になければならぬ。したがって、上のような説明ができるためには、純粋幾何学の語は公理系によってその相互関係が拘束される以外は何の意味も持っていてはならない。何かの意味を持っているとすると、もはや単純な「解釈」を云々することはできず、代わりにその語の経験への「適用」が問題になるのである。[13] したがってこの言語規則説の説明が通るためには、純粋幾何学はヒルベルト（D. Hilbert）の公理系でのように、「未定義概念」についての体系でなければならない。その体系で意味を持つのは「又は」や「すべて」等の論理語だけであって、「点」や「直線」等の幾何学語は（少なくとも対象的な）意味を持たないのである。一言にしていえば、それは幾何学ではなくて一つの論理的記号体系なのである。

**純粋直観空間**

こうして純粋幾何学を一つの記号体系、すなわち若干の未定義記号と論理語のみが登場する公理系とするならば、そこでの幾何学的命題とみえたものは実は記号命題とでもいうべきものになる。たとえば、「三角形の内角の和は二直角」という命題は、実は論理語と幾つかの記号との組み合わせに他ならないのである。そしてその記号命題が公理系から導かれるということは、ただ論理語の意味のみによって判定されるのだから、この純粋幾何学の命題は論理語の「意味のみによって正しい」（公理からの）推論なのである。

一方、この未定義概念に経験的解釈を与えて生じる命題は全くの事実命題であり、それらが正しいかどうかは蓋然的、近似的にのみ検証される。こうして、ここにふたたび、言語と世界との切り離しが確認されたことになる。

その結果、算術や幾何学の命題を先天総合判断とするカントの考えは全面的に否定されることになる。[14] 幾何学命題はそれが純粋幾何学の命題を意味するならば「意味によって正しい」分析命題であり、それが経験幾何学の命題を意味するならば経験によって検証をうくべき経験的総合命題であって、経験に先立ち経験そのものを可能とする先天的《アプリオリ》命題ではないからである。

しかしここに重要な問題がある。カントの意味した幾何学命題は、記号体系としての純粋幾何学でもなく、また経験幾何学でもないことは明らかである。規則説は上の二つ以外の可能性はないと考えている。しかしカントは第三の幾何学を考えていたのである。それはむしろ常識に近い、直観幾何学とでも言うべきものである。すなわち、経験的な線や図形ではなく、それらに先立ちそれらを可能とする純粋空間直観の場での幾何学である。もしこの直観幾何学が十分意味を持つものであるならば、そこでの幾何学はカントが考えたように、経験に依存しない必然性を持つと同時に、経験に「適用」できるだけの意味をそなえたものになる。つまり、「意味によって」正しくありながら、その「意味」は幾何学的内容を持ち、しかも経験に適用でき、経験について「語る」ことができるものとなるのである。

しかし、純粋直観空間なるものに対してはほとんどの経験主義者が反対しよう。われわれがそこに住む経験的な空間以外に、いま一つの空間を想定するのは全くの形而上学的な仮構であり、先験主義的妄想であると。もちろん、直観空間なるものが、経験的空間と並んで別に存在するのではない。私はそれを、経験的空間についてさまざまな空間的関係や図形を語るために前提されねばならない概念組織があり、その概念組織によって語られた経験的空間だと解する。

たとえば、「ひろがりのない点」や、「幅のない線」という概念である。ひろがりのない点も幅のない線も経験的には（事物的には）存在しない。あるのはひろがりのある点や幅のある線である。だが、「幅のある」ということを言うことそれ自体に、「幅のない線」の概念が不可欠である。幅がある、といえるならばその幅の「端」がなくてはならない。その「端」はまさに「幅のない線」なのである。もし、経験的には「ぼやけた端」しかないというならば、「ぼやけない端」の概念を前提にしている。「ぼやけない」ことの了解なくして「ぼやけた」ことの了解はありえぬからである。全く同様に、「ひろがりのない点」の了解が「ひろがりのある点」の了解に前提されている。それらはフッサール（『学問の危機』§8）がそう考えたように経験的な線や点を理想化したものでも、その極限として考えられたものでもない。[15] 逆に、経験的な線や点の意味それ自体に前提されているのであり、それなくしては経験的な（幅やひろがりのある）線や点という概念はありえないのである。

これら純粋概念（そう呼んでおく）が適用されるのは、つまりそれらの概念によって語られるのは、このわれわれが住む現実の空間であり、経験的概念が適用されるものと同一の空間なのであって、それとは別な宙に浮いたような空間ではない。カントの純粋直観としての空間はこのように解しないでは、経験の直観形式とはなりえないのである。すなわち、これら純粋概念でこの現実の経験的空間が語られるとき、この経験的空間が純粋直観とよばれるのである。「或る物体の表象から……実体、力、……硬さ、色等を分離しても、かかる経験的直観の中で残されている……延長と形態、かかる空間的なものが純粋直観に属する」(『純粋理性批判』B 35)。

## 直観幾何学と言語規則説

以上において、言語規則説が考えるように二つの幾何学があるのではなく、実は三つの幾何学が考えられなければならないことが示された。すなわち、(a)論理語と未定義語よりなる記号体系としての純粋幾何学、(b)それの経験的解釈である経験幾何学、に加えて、(c)純粋直観空間についての直観幾何学である。

(a)の純粋幾何学の命題は論理語の「意味によって」公理から推論される。(b)の経験幾何学の命題は事実命題であり、その正しさは最終的には経験によって検証されるべきものとして、つねに蓋然的であり近似的である。

だが、(c)の直観幾何学の命題は、「意味によって正しい」ゆえに純粋幾何学の命題と同様に必然性を持っているが、同時にその「意味」は論理語だけで拘束されているのではなくて、積極的に純粋直観空間において内容的に与えられるのである。したがって、純粋幾何学の命題が未定義記号の間の論理語による関係のみを語るのに対し、直観幾何学は直観空間について語るのである。換言すれば、純粋幾何学は単なる論理的体系として非主題的であるに対し、直観幾何学は主題的なのである。そしてその主題はこの現実のわれわれの住む三次元空間なのである。

だがこの直観幾何学の命題が現実の空間について語るにもかかわらず、経験的検証を必要としないのはどうしてか。それは、直観幾何学は「ひろがりのない点」や「幅のない線」の意味をこの空間において「構成」[16]するからである。これらやその他の直観幾何学概念は三次元連続体としての空間の中で構成されたものである。さきに述べたように、これらの概念は経験的事物（たとえば光線や張り糸）から抽象されたものではなく、逆にそれら経験的事物の空間的性質（や関係）を語ることを可能にする概念なのである。比喩的に言うならば、何も描かれていない三次元連続体の中に、われわれが自由に直線や三角形を描くのである。

このことの一つの証左は、その描き方の自由さにある。[17] たとえば、「直線」はさまざまに描ける。今、おなじみの「真直ぐな」直線を描けば（他の概念とともに）それはユークリッド幾何学を満足する直線となる。こうして描かれた空間をゴムのように伸縮させたと考えよう。すると、元の真直ぐな直線はゆがんだ曲線となる。だがこのゆがんだ曲線はまたユークリッド幾何学の「直線」であるとなしうるのである。すなわち、それを直線としてユークリッド幾何学を満足できるのである。[18] 簡単に言えば、ユークリッド「直線」を無数の仕方で構成できる。そしてまた、非ユークリッド直線をもまた無数の仕方で構成できるのである。

こうして、直観幾何学の諸概念はこの空間の中で構成されたものである。しかもいかなる経験的事物にも触れることなしに構成されたものである。それゆえ、直観幾何学の命題はそのような「構成された意味によって」正しいのであって、経験的検証を必要としない。それに公理系的表現を与えることはつねに可能であるが、それは純粋幾何学の公理系のように未定義記号の体系ではなく、空間的意味を持つ概念の間の関係の表現である。その定理は、純粋幾何学ではただ公理から演繹されることによって正しいのに対し、公理から論論理語の意味によって演繹されることに加え、公理が真であるから正しいのである。そして、一つの仕方で構成された概念に対してはたとえばユークリッド公理系が真であり、他の仕方で構成された概念に対しては非ユークリッド公理が真なのである。

このように、直観幾何学の諸概念はこの現実の空間の中で構成されたものであり、経験的事物の空間的性質（や関係）を語ることの前提となるものであり、そのことを可能にするものである。つまり、経験に先立つ前提であり、経験（について語ること）を可能にするものである。この意味で直観幾何学は経験に対してアプリオリなのである。それと同時に、直観幾何学はこの現実の空間について語る。たとえば、「ある仕方で直線 etc. を構成すれば、三角形の内角の和は二直角」だとか「別の仕方で直線 etc. を構成すれば、それは二直角より大きい」とか、この空間について語っている。その意味で直観幾何学の命題は総合的なのである。したがってそれは、先天総合判断なのである。

こうして言語規則説の見解は少なくとも幾何学の場合には訂正を要することになる。すなわち、「意味によって」正しい命題は事実については何ごとも語らない、ということは言えないのである。「意味によって」正しい命題でありながら、直観幾何学は事実について語り、事実についての情報を与えるのである。

この幾何学の場合に示されたことが、論理学についてもまた言えるだろうか。論理学はその本性からして非主題的であり、直観幾何学が空間を主題に持つのとは根本的な相違がある。その相違にもかかわらず、なお論理学は世界について何ごとかを語るといえるだろうか。かりにいえるとすれば、何ごとをどんな語り方で語るのだろうか。このことを考察するために、通常の論理学を一種の限界状況においてみる。その限界状況として一つは量子力学を、今一つは運動の弁証法をとってみよう。

## 4 量子力学と論理学

### 量子論理学

量子力学的状態を通常の論理学（古典論理学と呼ばれる）では表現しきれない、または表現不可能だ、という見解は古くからある。バーコフ（G. Birkhoff）とノイマン（J. von Neumann）[19]は約四十年前に量子論理学と呼ばれる体系を提出し、ライヘンバッハ（H. Reichenbach）[20]は多値論理学を量子力学の表現法として採ることを提案した。最近では、フィンケルシュタイン（D. Finkelstein）[21]、パトナム（H. Putnam）[22]その他の人々がふたたび量子論理学こそ量子力学の論理であることを強く主張している。

もしかりに、これらの見解が正しいものとすると、非主題的であることをその根本特性とする論理学もまた事実世界に密接にかかわるものとなる。それはあからさまに世界について「語る」ことはしないにせよ、その世界への「適合性」において事実世界とかかわることになる。古典論理は依然その「意味によって」正しくあり続けはするが、その「意味」は量子力学的経験世界においては適用できないという点で、「経験的に無意味」となる。ちょうどそれは、解釈をうける前の純粋幾何学と同様に単に一つの記号体系、しかも経験的解釈が不可能な記号体系となる。少なくとも量子力学の場ではそうである。パトナムはさらに進んで、論理学は経験的法則であり、古典論理学は少なくとも量子力学では経験的に偽であるとまで言うのである。したがって、量子論理学の問題を検討することは、論理学と事実世界とのかかわり方をみてとるためにははなはだ好都合な方法であるといえよう。

では、古典論理学が量子力学で破綻するとされるのはどの点であるか。それは、そこでは古典論理学の分配律と呼ばれる論理法則が成りたたない、ということである。分配律とは、「又は」と「かつ」を語源とする「∨」および「・」の二つの接続詞の間になりたつ法則で、$p\cdot(q_1\vee q_2\vee\cdots\vee q_n)\equiv p\cdot q_1\vee p\cdot q_2\vee\cdots\vee p\cdot q_n$ および、$p\vee(q_1\cdot q_2\cdot\cdots\cdot q_n)\equiv(p\vee q_1)\cdot(p\vee q_2)\cdot\cdots\cdot(p\vee q_n)$ と書ける。ただし文字は命題をあらわす。簡単な例を一つあげる。「今日は天気で、彼は山か川に行った」は、「今日は天気で彼は山に行ったか、今日は天気で彼は川に行った」と真偽を等しくする。このしごく当然なことが量子力学では成りたたない、というのである。

いま一つの素粒子を考え、その粒子の運動量がPである、という命題をpに当てる。次に、その粒子の位置が$A_1$であるとの命題を$q_1$に当て、一般に位置が$A_i$であるとの命題を$q_i$に当てはめる。位置は普通連続値をとるが簡単のため、$n$個の離散値をとるものと仮定する。Pおよび$A_i$は量子力学で運動量および位置の固有値といわれるものである。

すると、この粒子の位置は$A_i$のいずれかなのだから、「その粒子は、$A_1$にあるか$A_2$にあるか……$A_n$にある」、すなわち、

(1)　$q_1\vee q_2\vee\cdots\vee q_n$

は真でなければならない。一方、量子力学の基本的事実として、特定の運動量と特定の位置を持つ状態はありえない。したがって、「運動量がPであり、かつ、位置が$A_i$にある」

ことはありえない。すなわち、

(2)　$p \cdot q_i\ (i=1, 2, \cdots, n)$

はつねに偽である。さて今この粒子が運動量Pを持つ状態にあるとすると、pは真となる。したがって、(1)と古典論理の「・」の意味によって、

(3)　$p \cdot (q_1 \vee q_2 \vee \cdots \vee q_n)$

は真であるが、(2)と「∨」の意味によって、

(4)　$p \cdot q_1 \vee p \cdot q_2 \vee \cdots \vee p \cdot q_n$

は偽となる。すなわち、(3)と(4)とはこの場合真偽を異にする。すなわち、分配律は成りたたない。

そこで、あるいはヒルベルト空間の持つ性質に基づいて(バーコフ、ノイマン)、あるいは多数の系の集団の上での観測の概念(フィンケルシュタイン)から、新しい接続詞が定義され、その新しい接続詞の間の諸関係を公理系に組んだもの(数学的には、直交相補非分配束となる)が量子論理とよばれるものである。その詳細はここで必要がないが、分配律以外では古典論理の主だった法則はやはりそこで成り立っているものである。

## その反駁

しかし、上に述べた古典論理が量子力学で破綻するということの証明には誤りがあると

考える。問題は(1)の式にある。「粒子は$A_i$のいずれかの位置にある」ことが真なのは、その粒子の位置を観測すれば$A_i$のいずれかの位置をとる、という意味にとってである。だが運動量Pを持つとの前提の下で、位置観測をしないで、いわば客観的にその粒子が$A_i$のいずれかに位置する、という意味にとるならば（そして上の証明はそうとっている）、それは正しくない。

この場合には二つの考え方がある。一つは(1)は無意味だとすることであり、今一つはそれを有意味だが偽だとする考えである。

量子力学では粒子の「軌道の概念が存在しない」[23]のであれば、ある時刻に粒子が特定の場所にあり特定の運動量を持つ、ということは意味をなさないはずである。したがって、粒子が運動量Pを持つならば、「$A_i$に位置する」という命題、すなわち$q_i$は無意味であり、それゆえ、pを前提とする限り(1)（$q_1 \vee q_2 \vee \cdots \vee q_n$）も無意味である。また当然、(2)の$p \cdot q_i$もまた無意味となる。ゆえに上の証明もまた無意味となる。

だがこの考えをとると論理学の基本的性質の一つが失われることに注意せねばならない。それは論理学の「閉鎖性」（2節。また注9）が犯されることである。すなわち、有意味な命題同士を論理語で接続したものが必ずしも有意味にはならないことになる。なぜなら、「運動量Pを持つ」という命題pと「位置$A_i$にある」という命題$q_i$とはそれぞれ独立には量子力学において有意味であるのに、それを「・」で接続したものは無意味だと考えているからである。こうして、この無意味論をとるならば、量子力学において分配律は破綻しないかわりに、より基本的な「閉鎖性」が成りたたなくなる結果となる。

今一つの考え方をとることは、閉鎖性を維持することである。「xは四角」および「xは丸い」という二つの有意味命題を「かつ」で接続した「xは四角でかつ丸い」という命題は無意味ではなく有意味であるが偽であるとする考え方と平行的な考え方をする。すなわち、pと$q_i$はともに有意味であり、それを「・」で接続した、(2)の$p \cdot q_i$またそれらを「∨」で接続した、(1)および(3)も有意味と考えるのである。だがこうしたとき、(1)の真偽はどうなるだろうか。古典論理の中で(1)の意味を考えればそれは、「粒子は$A_i$に位置する」ということである。ところがこの粒子が運動量Pを持つ、すなわちpが真であるならば$q_i$のいずれもが真ではない、というのが量子力学の言うところであり、(2)の$p \cdot q_i$が偽だというのがまさにそのことなのである。したがって、(1)はpを前提とする限り、上の証明が言うように真ではなく偽なのである。[25] ゆえに、古典論理の分配律が犯されるという証明は成りたたない。

こうして、無意味論をとるにせよ有意味論をとるにせよ、量子力学で古典論理が破綻するということの証明は成立しない。

## 描写の接続としての論理

このように、古典論理学が量子力学で破綻しないにせよ、この問題を一段と広い文脈で考える必要があると思う。

古典論理の中の命題論理学は広い意味での接続詞の論理学である（そして量子論理学の問題も命題論理学の範囲にある）。ということは、命題論理学の働きは命題の接続と結合にある、ということである。換言すれば、さまざまな世界についての語りの中での命題論理学の機能は、世界描写の中で部分的描写を結合・接続してより広い描写にするところにあるといえよう。この部分的描写を究極までせばめてゆくとき、それ以上こまかくできないところがあるとする。その場合は、それを最終的単位とし、それらの単位的描写を接続、結合すれば世界描写ができることになる。それが原理的に行なわれうることを主張したのが、ヴィトゲンシュタイン（L. Wittgenstein）(26) やラッセル（B. Russell）(27) の論理的原子論といわれるものであり、それを模型的に考えたのがカルナップ(28)の状態描写の概念である。

事実、古典力学はその好例となる。すなわち、世界を粒子の集合と考えた場合、各粒子の状態を記述する命題を「・」（「かつ」を語源とする）で接続すれば世界の力学的状態は完全に描写されることになる。その上で、「∨」や否定詞で接続することによってさまざまのことが語れることになる。この意味で古典論理は、世界の要素的描写を基にして、それを接続することによってこの世界についてさまざまに語ることを可能にするものである。

命題論理を含むより広い論理学としての集合論もこの点では変わらない。集合論は大まかに言えば、互いに区別できる要素の集まりについて、その各要素についての語りを基底にして、それらをつなぎ合わせて語る方式だと言える。

ところが、量子力学ではこの方式が通用しなくなるのである。たとえば、二つの粒子が相互作用の下にある系を考える。するとこの二粒子系の状態描写を、各粒子の状態描写を「・」で接続して表現することはできない。古典力学では、たとえば、月と地球とからなる系の描写は、月の状態描写と地球の状態を「・」で接続して表現できる。だが量子力学では、接近した二つの電子についてそうすることができないのである。そこでは、二つの電子を一緒にした系の記述があるだけである。

このことは、命題の接続を旨とする命題論理の働き場が縮小されたこと、すなわち、命題論理の表現能力の滲透力の限界を意味すると言えまいか。量子論理学の提唱は、この古典論理が表現できぬところを別の接続詞で表現しようとしたものだ、と言えると思う。だがその新しい接続詞は結局のところヒルベルト空間のベクトル間の関係の引き写しであり、既に数学的に表現されているものを焼き増ししただけと思われる。実際、量子論理学に移ることによって何のメリットがあるのか。パトナムはそれによっていわゆるコペンハーゲン解釈、たとえば観測による系の攪乱、波動関数の一瞬の収縮、状態の重ね合わせ等の奇妙さがなくてすむ、と言うが、少なくともそれが量子論理学の採用によってそうなるとは全く信じがたい。

以上の検討によって論理学と世界との関係について次のように言えると思う。第一に、若干の論理語の意味によってなりたつ論理法則は、それらの語の非主題性によって、事実世界について特定の何ごとかを語るものではない。その点で、直観幾何学がこの現実の空間について語るのとは異なる。しかし第二に、それら論理語の表現力、ひいては論理学の事実世界への適合性は、事実世界のあり方によってきまる。その意味では、論理学は事実世界と深くかかわる。

論理法則はただ「意味によって」正しく、事実世界がどうあろうと成りたち、したがって事実世界について何ごとも語らない。その点では、言語規則説は論理学についてはは一応は正しい（しかし、幾何学や色語や血縁語については正しくない）。だが、「意味によって」のみ正しく事実についてはは何も触れない言語規則はいくらでも勝手に作成できる。それら勝手に作られた規則をわれわれは論理学とはよばない。論理学をして論理学たらしめるものは、それの事実世界への適用である。それゆえ、論理法則は、単に「意味によって」正しいのではなく、事実世界に（ある限度で）適用可能な「意味」によって正しいのである。換言すれば、論理語の「意味」は非主題的でありながらしかも事実世界へ適用可能な、有意味に適用できる、そういう「意味」なのである。つまり、論理語の「意味」はその世界とのかかわりをすでに背負っている。そして一旦背負ってしまった後に、その「意味のみによって」論理法則は正しいのである。論理法則が世界について語らないのは、この「意味」の中ですでに語り済みだからあらためて語ることができないのである。言語規則説はこのことを語り足らない点で不十分である。

だが、では論理法則は何を語り済みなのか。それはたとえば「かつ」、または、それを語源とする「・」、を例にとるならば、世界はさまざまな事態からなり、その事態を「かつ」によって連合接続したものもまた世界の事態である、そのようなことを語っている。そして量子力学的事態では必ずしもそうではないことを先ほどみたわけである。そこでは「事態」の概念そのものが不確かなものであり、さらに「要素的事態」の概念が変更をうけねばならないのである。

次には弁証法的に考えられた「運動」という事態で、このことを検討してみよう。

## 5　運動の弁証法

量子力学の問題では、量子力学的状態の表現、たとえば粒子の位置と運動量による状態の表現がことの中心であった。これと全く平行的に運動の弁証法の場合も、運動物体の状態の表現、特にその位置と速度による表現がその核心である。この二つの問題の密接な関係、あるいはその平行性を強く念頭において運動の弁証法を考察しなければならない。

附記　この小論を書いた時、私には「一時刻における状態」という概念の有意味性についての疑念がなかった。今ではこの概念はそのままでは、無意味であると考える（本書第13章「時の迷路」3節、第10章「虚想の公認を求めて」7節）。しかし、弁証法論者もその反対者もともにこの疑念をもたないのだから、彼等の争点の分析として以下の叙述にこの概念を使用することは許されよう。

## 運動の弁証法

ゼノン以来、運動のパラドックスはさまざまに述べられ、特に運動は変化一般にまで拡大されてきた。しかし、ここでは運動を狭い意味の運動、すなわち空間運動に限るとともに、このパラドックスをこれまでの考案に沿う形で解釈する。

問題は運動物体のある時刻（幅のない瞬間的時点）における、その物体の状態描写である。その時刻において、その物体は空間の一点に位置せねばならない。しかしその位置にある、というだけでは運動物体と、その位置に静止している物体とを識別することはできない。つまり、それだけでは状態描写は不完全なのである（このことは、量子力学的状態に位置の確定的表現を与えればその運動量は全く不確定になる〔不確定性原理〕ことに呼応している）。そこでこの状態描写を拡げて、運動状態と静止状態とを識別するために、「同時にその位置にない」と表現しないわけにはいかないと弁証法論者は言うのである。すなわち運動物体の一時刻における状態描写は、「ある位置にあり、そしてまたその位置にない」と表現せざるをえない、と言うのである。この表現は当然その物体の状態表現として真でなければならず、論理学の矛盾律がそれを偽とすることと衝突する。したがって、運動を表現しようとすれば論理法則を犯さざるをえない。逆にいえば、論理学は運動を表現できず、強いて表現しようとすれば自己破壊を行なわざるをえない、と。これは、量子力学的状態を古典論理で表現しようとすれば分配律の侵犯という矛盾に陥らざるをえないという、量子論理の側からの主張と平行的である。

　古典論理の側はこれに対してこう答える。「動いている」ということは時間の経過に伴って位置を変える、ということであり、そのこと以外にその意味を与えることはできない。速度の大きさはその移動距離と経過時間との比、またはその極限 $ds/dt$ として与えられる以外にはない。したがって、運動物体の一時刻における状態の描写は、「その位置にあり、速度 $ds/dt$ を持つ」と表現されるべきであり、これは何ら矛盾律と抵触しない（ただし速度の方向は簡単のため省略）。これが少なくとも古典物理学が一貫してとってきた表現であり、そして弁証法論者の議論もまたこの古典物理学の枠内で定式化されているのだから、矛盾律を棄てねばならぬ理由は全くない。これが古典論理の側からの答えの骨格である。

## 批判的検討

この二つの見解の相違の核心は、「一時刻における状態」に対する態度の相違にある。それ弁証法論者はそれによって全くかけねのない「特定時刻での状態」を意味している。それに対し、他方の見解は、「特定時刻での状態」はそれ自体では表現できず、その時刻の前後の近傍時間に触れないでは表現不可能だと考えている。なぜなら、移動距離と経過時間によってのみ「速度」や「運動」「静止」が定義できるのだから、他の時間での状態を参照しなければ「運動状態」は表現できないからである。

古典力学で、力学系の一時刻での状態はその系の各粒子の位置と速度を与えることによって完全に描写される、と言われるときも実は他の時刻での位置が参照されていなければならない。そうでなければ「速度」の意味が与えられない、と古典論者（以後そう呼ぶ）は言うのだから。古典論者の見解の帰結は、系の一時刻での運動状態なるものは表現できず、ただある幅を持った連続的時間間隔の中での位置によって、その時間内での系が完全に描写できる、ということである。そうであれば、何も速度を初めから基本的描写事項にあげる必要はない。それは $ds/dt$ としてその時間内の位置から二次的に定義できるからである。実際、古典力学で「位置と速度」と言われるのは言動方程式が二次の微分方程式であるため初期条件として位置の一次時間微分、すなわち速度が必要になったためである。

このことは一方弁証法論者にも影響する。もし、他の時刻への参照なしに厳密な「一時刻での運動状態」を描写しようとするならば、位置と速度のみならず、加速度やそれ以上の高次微分を附加せねばならぬ。たとえば、「等速運動状態」と「加速運動状態」との識別には、加速度の表現が必要だからである。それゆえ、「ある位置にあってあらぬ」というような曖昧な表現に代えて、「時刻 $t$ に位置Aにあり、速度Bを持ち加速度Cを持ち……」という表現をとるべきではあるまいか。そのとき重要なことは、たとえば速度は位置変化によって二次的に与えられるのではなく、位置と同様に運動物体の、位置とは独立な状態量であることである。つまり、他の時刻での位置を参照しないで定まる量なのである。一時刻において「動いている」ということは、それ以前またはそれ以後の時刻と較べて位置が変わる、ということではなく、それとは独立な一時刻における「状態」だとするのである。

この、位置と独立な速度と、位置変化によって定義される ds/dt とはどういう関係にあるのか。それは前者が後者によって「測られる」関係にあると考える。温度は寒暖計の目盛りで「測られる」が、温度はその目盛りであるのではない。電流は電流計の目盛り、すなわちコイルのふれによって「測られる」が、電流がコイルのふれであるのではない。それと同様に位置変化と独立な速度は位置変化によって「測られる」が、位置変化そのものではない、と考えるのである。

この考え方をとるとすると、運動の弁証法は古典論理の矛盾律を犯すものではなくなる。

ゼノンの矢はある一時刻に、「ある位置にあり、ある速度を持つ」のであって、「かつ、その位置にない」のではないからである。弁証法論者はこの見解を恐らくはとるまい。しかし、もしこの見解をとったとすれば、運動の弁証法は矛盾律を犯すという、古典論理との争点は消失する。

しかし、それによって問題そのものが消失したのではなく、より広い領域へと問題が移行したのである。それは、一時刻における世界の状態の描写法、ひいては世界の描写法そのものの問題へと移行したのである。しかも、この移行は、論理学の問題を置きざりにする、論理学とは関係のない問題への移行ではなく、この世界描写の問題において論理学と世界とのかかわりが、矛盾律の存否ということよりも一層広い視野で析出されてくるのである。

### 世界描写と論理学

さきに述べたように、論理語の基本機能は命題を結合・接続するところにある。特に命題論理学ではそのことが明白である。それは接続詞の論理学とも言えるからである。この命題論理学の接続機能の具体的な好例を確率論にみることができる。よく知られているように、確率論での「事象」は「要素事象」の接続として表現される。たとえば、サイコロの目の場合、要素事象は「一の目がでる」「二の目がでる」等である。そしてたとえば

「奇数の目がでる」事象は、「一の目がでるか、三の目がでるか、五の目がでる」というように、それらを撰言詞「∨」で接続したものとして表現されるのである。二つのサイコロAとBの目が一致する事象は、「Aの目が$n$、かつBの目が$n$」という連言詞「・」で接続した命題を$n$を一から六までとしてつくり、それら六個の命題を撰言詞「∨」で接続して表現される。

より広い述語論理の基本語である「すべて」という普遍詞（又は総括詞）もまた、個々の要素についての命題を（離散的、または連続的に）接続するのがその意味機能である。たとえば、一つの関数 $y=f(x)$ は特定の$x$に対して特定の$y$の値を与えたものを連続的に接続したものとして表現される。それが集合論的に、$x$と$y$との順序対《つい》（ordered pair）の集合として表現される場合でも、$f(x)$ についての命題は個々の$x$と$y$との組についての命題を「すべて」という語で接続した命題として表現されるのである。こうしてたとえば、電場は、個々の空間的位置での電気ベクトルがかくかくであるという命題を、連続的に接続した命題として表現される。

このように、論理語の機能は命題を結合・接続するところにある。とすれば、その接続の基底となる命題としてどのような命題をとるかが根本的な問題となる。換言すれば、世界について語り、世界を描写するとき、どのような描写を基底として接続するかが問題となる。その基底となる描写が単純なものであればあるほど、そして世界についてのすべての描写がそれら単純な描写の論理語によっての接続として表現されるならば、論理語の表現力は高いと言える。逆にその基底描写がすでに複雑なものであればあるほど、論理語の働きは影の薄いものになる。

量子力学的状態の描写においては、たとえば位置や運動量の固有状態を基底としてそれを論理語で接続して表現することはできなかった（4節）。また相互作用の下にある多粒子系の状態を、古典力学の場合でのように、各粒子の状態描写を基底として、それらの論理語による接続として表現することもできなかった。それらは波動関数やヒルベルト空間という数学的表現を通してのみ表現できる。つまり、数学的表現という迂回路を通してのみ論理語につながるのである。したがって、量子力学的状態の描写においては、論理語の端的な表現力は、古典物理学の場合よりも落ちるのである。

「運動」の場合も、論理語の接続様式は何を基底命題にとるかによって変わる。古典論者の側では、一時刻における状態を基底命題にとれない。その時刻における速度は他の時刻での（位置）状態によって初めて表現できるものだからである。代わりに、各時刻での位置を述べる命題を（連続的に）接続することによって、一時刻での（速度）状態が表現される。これに対し、速度を位置と独立とする弁証法論者は、一時刻の状態を、位置、速度、加速度等を述べる命題を基底としそれらを連言詞「・」で接続することで表現できるのである。

これと似た事情が、さまざまな種類の還元主義と実在論的見解の間にみられる。還元主義はそれが心理学的行動主義であれ、物理学的操作主義であれ、一時刻における意識や事物の状態を、他の時刻での（広義の）観測についての条件法命題の接続で表現しようとする。ブリッジマン（P. W. Bridgman）の操作的定義、カルナップの還元定義といわれるものがその好例である。たとえば、一時刻における窓ガラスの「もろい」状態の描写は、他の時刻での観測、たとえば「叩けばわれるだろう」という条件法観測命題の接続で表現される。これに対し、実在論的見解は、その時刻の状態を他の時刻での可能的観測とは独立に端的に表現できるものと考えるのである。すなわち、窓ガラスを後刻叩こうと叩くまいとにかかわらず、それは今この瞬間に「もろい状態」にある、と考える（この対照は量子力学的状態の描写においてもあらわれる。また「一時刻での世界の状態」が座標系に依存して変わる——特殊相対論——ことにも留意すべきである）。いわゆる「反事実的条件法」はその表現形式の一つである。

これらの事例を通して、論理語の接続機能が世界のあり方、少なくとも世界の把え方に深くかかわっていることは明瞭になったと思う。その論理語の意味によって正しい論理法則もまた、世界のあり方、世界の把え方と深くつながっているのである。論理法則は世界がどうあるかと無関係に、論理語の「意味によって」のみ正しい。しかし、その「意味」は世界がどうあるかによって、その世界との関係がさまざまに変わるのである。その世界描写での表現能力において、またその表現様式が変わるのである。論理法則は世界について何も語りはしない。だが、その世界描写における深浅さまざまな表現様式によって、世界がどうあるかを――ヴィトゲンシュタインの言葉を借用すれば――「示す」のである。

(1) J. S. Mill, *An Examination of Sir W. Hamilton's Philosophy*, 5 ed., p. 461.
(2) Theodor Lipps, *Grundzüge der Logik*, §3.
(3) E. Husserl, *Logische Untersuchungen*, Bd. I.（立松訳『論理学研究I』みすず書房）。
(4) カント（『純粋理性批判』B77）も「たとえば感覚の影響、想像力の活動、記憶の法則、習慣の力、情意的傾向はもとより、種々な成見の源もまたすべて度外視される」というような表現をとる。
(5) T. Lipps, "Die Aufgabe der Erkenntnistheorie," *Philosophische Monatshefte*, XVI, 1880, S. 530.（フッサール〈前出〉より引用）。
(6) フッサール（前出）四―八章。
(7) カント（前出）B 78.
(8) フッサール（前出）三七節。
(9) この閉鎖性にかかわる問題の一つに、「丸い四角」のような表現の有意味性の問題があり、多くの論争をひきおこした。「丸い」と「四角」はもちろん有意味だが、その二つを接続したものが有意味で偽（矛盾）なのか、無意味なのかという問題である。量子論での問題は後に述べる。

（10） 代名詞および関係代名詞と変項との関係を明確に述べたものの一つに、Quine, *Methods of Logic*, §23.（中村・大森訳『論理学の方法』岩波書店）。

（11） この二つの標識が一致した結果を生むことを示すものが、完全性および無矛盾性の証明と言われているものである。

（12） この説明の典型的なものに、H. Reichenbach, *The Rise of Scientific Philosophy*.（市井訳『科学哲学の形成』みすず書房）第八章。

（13） 同じ問題が論理学での「標準モデル」の概念にあらわれている。

（14） このカント批判は論理実証主義者以外にも多くある。たとえば、L. Couturat, *Les Principes des Mathématique*, 1905, Paris. 岩崎武雄『カント「純粋理性批判」の研究』（一九六五）第一章第三節。

（15） この極限の考えはたとえば、A. Whitehead, *The Concept of Nature*.（藤川訳『科学的認識の基礎』）。

（16） カントの「構成」概念については、『純粋理性批判』の先験的方法論における数学論を参照。

（17） 自由といっても全くの自由ではない。直線はヒルベルトの結合、順序、及び連続の公理に相当する性質を満足しておらねばならぬ。なおこの「連続性」と実数連続性との関係は上の論点の今一つの証左として適当だと思うが、立入る紙数がない。

（18） くわしくは、碧海他編『科学時代の哲学』第三巻、拙論「空間について」。

(19) G. Birkhoff & J. v. Neumann, "The Logic of Quantum Mechanics," *Annals of Mathematics*, 37, 1936, pp. 823-43.

(20) H. Reichenbach, *Philosophic Foundations of Quantum Mechanics*, Berkley, Calif., 1944.

(21) D. Finkelstein, "Matter, Space and Logic," *Boston Studies in the Philosophy of Science*, vol. V, 1969.

(22) H. Putnam, "Is Logic Empirical?" 同上。その批判の一つとしてはたとえば、P. Heelan, "Quantum Logic and Classical Logic," *Synthese*, vol. 21, No. 1, 1970.

(23) ランダウ、リフシッツ『量子力学Ⅰ』(佐々木・好村訳、東京図書) 四頁。

(24) マイノングやフッサールはこれに似た立場をとった。また、ラッセルがその記述理論で「現在のフランス王は禿げである」を有意味で偽としたのも同様である。逆にそれを無意味とする立場をとるのがたとえば、P. Strawson, *Introduction to Logical Theory*, 1952, Ch. 6, §III.

(25) 同様に「電子は粒子であるか波動である」も偽である。

(26) L. Wittgenstein, *Tractatus Logico-Philosophicus*.(藤本・坂井訳『論理哲学論考』法政大学出版局)。

(27) B. Russell, "The Philosophy of Logical Atomism," *Monist*, 1918-19.

(28) R. Carnap, *Meaning and Necessity*, 1947.

# 13 時の迷路

時に、いや屢々《しばしば》、言葉が迷路に迷うとしても、それは言葉だけが亡霊のように暗路をさまようのではない。言葉が迷うのは、その言葉が言い表わそうとしている事がら自体が迷うから迷うのである。つまり、言葉は事がらに附いて迷うのである。

そして事がらが迷うのは暗がりの中でとは限らない。むしろ多くの場合、明るみの中で事がらが迷うのである。すべてはくっきりしている、しかしその明るい風景全体がぐらぐらゆらぐ、いや、ぐらぐらしているのかしていないのかに迷う、それが事がらの、ひいては言葉の迷路のように見える。

ここではその一事例として時の迷路に迷ってみよう。この迷路には入口もないし、もちろん「出口《ユイクロ》なし」である。わたし達はその中で生き、そして死ぬ。しかし、われわれの日常、また文法書の中では、時は迷いようもなく見える。過去から現在、現在から未来へと時は砂漠のハイウェイのような一筋道で迷うことのできぬもののように見える。しかし、ハイウェイの逃げ水のような、罪のない惑わせからことが始まる。

## 1　一時の迷い

時は絶えず流れる。だがもしその流れがとまったら。時が凍りついたら。こういう思いが人を時々把えてきた。その人々はそれが何かの思いであること、何かを想像しているのであると思った。しかし、それは何の思いでもなく何の想像でもないことは明らかであろう。中味が全くからなことを思うことも想像することもできないからである。

時が停止したなら、すべての動きは止まる、映画フィルムやテレビの画面を停止したように、と考えがちである。しかし、静止や停止とは時の流れの中でのみ意味を持つ言葉なのである。時の流れなくして、静止や停止を考えたり思ったりすることは不可能なのである。だからアリスが割込んだ気狂い帽子屋のティーパーティの方がつじつまが合っている。そこで停止しているのは時計の針だけで、パーティはともかくも運行されているからである。

要するに、時の流れが止まる、ということに中味を与えることはできない。意味を与えることはできないのである。一方、かつてラッセルが真面目に提出した冗談が無意味となる事情がこれと対をなしている。ラッセルは次のように述べた。かりにこの全世界が二十年前（何年前でも何秒前でもいい）に突然創造されたとしてみよう。もちろん数億年来の地質や放射性物質や歴史的建造物等、いまと全く同じ状態になるような仕方で創造されたとしてみるのである。するとこの考えが正しいか誤っているかを検べる手段は論理的にありえない。従って、世界がいつ創造あるいは出現したかを決定する方法はありえない。

大約以上のようなのがラッセルの提言である。このラッセルの命題の原型となったと思われるものにポアンカレの命題がある。それは時間の代りに空間をとったもので、一夜にして全世界が（物指しをも含めて）何倍になったとしてもわれわれはそれに気付きえないというものである。ポアンカレ自身がこの命題の無意味性を指摘したが、それと同様にラッセルの命題もまた無意味であると私には思える。

というのは、世界が創造される以前には、虚無の中に時間だけが静かに流れている、と考えられている点である。しかし、時が流れないでは静止や停止を考ええないように、一物とてない虚無の中に時の流れを考えることができるだろうか。万象の有為転変の奥山とは別に時の川が流れているわけではあるまい。時の流れとは静止や停止を含んでの有為転変そのものとしか考えることができないものと思う。

時の停止、また虚無の中の時、が考えることができないように、いわゆる時間の逆転もまた有意味には考えられないものである。映画の逆廻し風景は過程の逆転であって時間の逆転ではない。タイムマシンの乗客が平安朝に乗り入れるのは、今年、すなわち昭和四十八年以後であり、彼自身が子供になるとしても、それは乗船時年齢以後のこと、つまり老齢の子供になることである。白のクィーン（キャロル『鏡の中へ』、本書三四四頁）が再来週のことを一番よく憶えているのは単なる予知であり、未来に刺される筈の指のため今悲鳴をあげるのは、まさに今指が刺されもしないのに痛かったからであり、伝令使ハッタが将来犯すべき罪のために入牢しているのは単に懲役の先払いに過ぎない。

時の逆転らしいものを仕立てようとしても仕立てられないのは、時の逆転、ということに意味を与ええないからなのである。運動方程式中の時間変数$t$に$-t$を代入することをもって時間の向きを逆にすると言う物理学者がいるとすれば、それは不注意極まる言い方であろう。例えば$x=at$ $(a>0)$ で時がたてば$x$が増すに対し、$x=a(-t)=-at$ では時が逆行すると$x$が増す、ということは甚だ誤解を招くものであることは明らかである。それは単に、後者では時がたてば$x$は減る、あるいは、先行する時刻における程$x$は大きい、と言うことなのだから。力学においても有意味なのは逆の過程ということであって、時の逆転には意味を与ええない。

逆の過程、例えばフィルムの逆まわしで見られるような過程が考えうるのは、その舞台として一方向きの時の経過があってのことである。この時の経過そのものの逆むきを人が考え想像しようとするとき、大体次のようなことを頭に浮べるのが普通であろう。「今」がつぎつぎ「過去」になってゆくのとは逆に、「過去」がつぎつぎ「今現在」になってゆく。これはフィルムの逆まわしで見られる映画とは全く違う。例えば、「現在」はつぎつぎと「まだ来ぬ未来」へと消えてゆくのである。逆まわし映画では例えば歩いている人は後ずさりしてゆく。つまり、この歩行者の速度ベクトルは後向きの方向なのである。だが今想像されている（と想像されている）時間の逆転では、その歩行者は前向きに歩いておらねばならないはずである。「過去」において彼は前向きに歩いていたのであり、その「過去」が「今現在」になるという想像なのだから。つまり、この歩行者の速度ベクトルは後向きに逆転してはならないのである。しかも、この歩行者は彼が向っている目標から遠ざかりつつあるのでなければならない。しかも彼の意識においても、彼を眺めている私の意識においても、彼は目標に向って近づいてきたし今もまた近づいているのである。近づいている、と思っていた「過去」の意識がそのままそっくり「現在」の意識にならねばならないからである。

これは不可能な想像である。だが念のため今ひとたび、この想像を可能とみせるようにも思える比喩を考えてみよう。下りのエスカレーターを考える。そして、彼がそのエスカレーターの上を、エスカレーターの速さよりも遅いスピードで昇っている、とするのである。この比喩ではなるほどたしかに、彼は前進しつつその前進目標である階上からは遠ざかってゆく。しかし、この比喩はたちどころに破綻する。階下と階上という固定した両端の間を下るエスカレーターが逆むき時間の比喩とはなりえないのである。彼が遠ざかってゆく前進目標、つまり階上が時の流れからはずされ時の外に釘付けされたことになるからである。では、端のない無限長のエスカレーターでは？　よろしい、しかし、時の比喩としてのエスカレーターであるのならばそれは単に無限長であるにとどまらず無限の幅がなければならない。つまり、彼も彼の前進目標も、またそれを眺めているわれわれも、要するに全宇宙の一切合切がそのエスカレーターの上にあるのでなければならない。となると、そのエスカレーターの昇降の方向とかそのスピードとかは全くその意味を失ってしまう。つまり、それはもはやエスカレーターではないのだ。

それでもなお「時間の逆転」ということに何かまだ意味がありそうに思えるかもしれない。その思いを根絶するために、一般に「方向」というものが何であるかを検討してみよう。

一般に、線状《リニア》な関係があれば、それが直線のように閉じてない関係でも時計の文字盤のようにループ状に閉じた関係であっても、かならず「方向」がある。むしろ、その関係が「方向」そのものなのである。長線上の関係は、「より右手」または「より左手」という方向そのもの、つまり方向関係なのであり、「より右手」と「より左手」は互いに反対方向なのである（論理学的に言えば、これらの方向関係は或る領域で連結している二項関係で、反射的《レフレキシブ》、非対称的《アシンメトリカル》、更に閉じてない領域では移行的《トランジティブ》な関係である）。この方向関係によって事物が順序づけられる。それが例えば、自然数列であり、また一般には何かの「序列づけ」

「順番づけ」「ランキング」などなのである。自然科学のすべての一次元測度量、長さ、重さ、温度、密度、電荷、波長、電気抵抗、等々もすべて方向関係であり、その方向関係によって事物の順序づけができる（もちろん、ベクトルやテンソルでも或る仕方で線状に配列することができる）。

さて、何か二つ（またはそれ以上）の事物AとBに着目すると、それは何かの順序に並べられる。つまり方向関係をつけられる。そして時がたつと、この序列に変動がおこる場合はいくらでもある。後の烏が先になるのであり、先の烏が追い越され追い抜かれるのである。このときわれわれは順序が「逆転」したという。AとBとの方向関係がもとのものの「反対方向」になったのである。

ところで時間的先後の関係、つまり「前後関係」もまた一つの方向関係である。しかし、それは上にあげたのとは別種の方向関係である。上に述べた、後の烏が先になるといった順序「逆転」がここではありえないのである。後の烏が先になることができるのは、一つの方向関係が後刻その反対の方向関係に変るからである。ところが、事件Aが事件Bに先立ったとすれば、この両事件ともに一回きりの事件だから、後刻その反対方向になるということが不可能なのである。今朝の朝食が後刻、昼食より先立つということは不可能なのである。だがしかし、それとは別種の「逆転」を語ることはできる。つまり、AとBそのものではなく、それとそっくりだが別の二つの事件A′とB′とが後刻、AとBの前後関係とは反対の前後関係で起るということは可能である。それはフィルムの逆まわしでうつし出される風景であり、物理学者が言う「可逆過程」なのである。プールに飛びこんだ人間が、飛込み板に後向きに「引っ返す」過程であり、往復旅行の帰り途の過程（ただし後向きの）であり、病人が回復する過程であり、陽が西から昇り、川が逆さに流れる過程である（この最後の二つも力学的には可逆過程である——Loschmidt の Umkehreinwand）。

つまり、「逆転」には二種類のものがある。序列逆転の「追い越し」と、「引っ返し」の二種類である。しかし、この二種類の「逆転」には一つの共通点がある。それは、着目した事物や事件の間の方向関係がその反対の方向関係に転じるのであって、方向関係そのものにはビタ一文変化がない、ということである。変るのは事物や事件の間の順序であって、この順序をつけている方向関係そのものには何の変化もない、ということである。方向関係そのものが変っては、「逆転」そのものが意味を失ってしまう。「より先」という方向関係がビクとも変らないからこそ、後の鳥が先になれるのであり、往きには東京出発が大阪到着より先であったが帰りには大阪出発が東京帰着の先になれたのである。

第一、方向関係、例えば「より大きい」「より温度が高い」、そして「より以前」、といった方向関係そのものが変るということが意味をなさないのである。それらが変るとすればただそれらの意味が変る以外にない。そしてもし意味が変ったのならわれわれは別の話をしていることになる。

上で「追い越し」の逆転を語っていたとき、「よりゴールに近い」という方向関係には何の変化もなかったし、後刻追い越した、と言うときの時間的前後の方向関係にも何の変化もなかった。大阪日帰り旅行の「引っ返し」逆転でもこの時間の方向関係には何の変化もなかった。もし時間の逆転を言う人があるならばこれらの逆転のことを言うのではないはずである（もしそれらありきたりの逆転のことを言っているのならばこの長話は無駄な骨折りとなる）。

時間の逆転を言うとすれば、それは事件の「引っ返し」逆転ではなく、「より以前」という方向関係そのものの逆転を言わねばならないだろう。しかし、それは上に述べたように全く不可能なことなのである。それは、「より以前」ということが「より以後」ということになる、過去すなわち「過ぎ去った」ということが今、すなわち「過ぎ去らない」ということになる、と言うことだからである。それは、「より大」ということが「より小」ということになるとか、「より近い」ということが「より遠い」ということになる、と言うことと同じだからである。

人は不用意に、「以前の時刻」と「以後の時刻」をもまた何かの「事件」であるかのように考えがちなのである。そして、この「以前の時刻」と「以後の時刻」の間にまた「前後関係」がつくと思いこんでしまうのである。そして、今われわれの世界では、「以前の時刻」が「以後の時刻」よりも「より以前」であるが、それと反対に「より以後」であることもありうる、と。これこそ時間の逆転である、と。だが、それは「より大」という方向関係と「より小」という方向関係の間に更に大小関係を考え、「より大」は「より小」よりも「より大」であるが、反対にそれが「より小」であることも可能だ、と言うのと同じ無意味なことなのである。それはラッセルの言葉を使えば「タイプ」の混淆であり、ライルの言葉を使えばカテゴリーの取り違えなのである。

「時刻」のかわりに、「今」と「過去」を考えてもことは同じである。いかなる可能的世界であれ、「過去」とは「既に過ぎ去った今」であり「かつての今」なのである。その「過去」が「今」になる、と言うことは、「過ぎ去った」ものが「まだ過ぎ去らない」という論理的矛盾（少くとも語義矛盾）を言うことなのである。それは、或るクラスの成績順が逆転している可能的世界を考え（それはもちろん可能である）、そこでは「成績が上」ということが「成績が下」ということになっているのだ、と言うのに等しいのである。いかなる世界にあっても、「過去」ということの意味は「過ぎ去った今」ということなのであり、それはその世界がどう運行しようと変りえないのである。それは、どんな可能的世界であろうと、3が2より大きく、親が子を生むことには変りがないのと同じである。

いかなる世界であろうと、森羅万象の経過で、「既に過ぎた状態」を「過去」と呼ぶのである。生む方を「親」と呼び、「次の数」をもとの数より「大きい」と呼ぶようにである。たしかに万象は「今」から「過去」へと流れる。だが、「今-過去」、「以後-以前」

はこの流れの向きの呼称であり、この「流れの向き」そのものは流れもせねば、向きももたないのである。この「過去」の呼び方を変えることをもって時間の逆転と呼ぶのならば、それは国語審議会のつまらぬ仕事にすぎない。

こうして、時の停止、空虚な時の流れ、時の逆転、これらは時の迷路ではない。それらは一時の惑い、一時の迷いに過ぎない。

## 2　過去は過ぎ去ったのか

しかし、真性の迷いが過去から始まる。去年の夏の海辺、打寄せる白波、押し寄せるその音、その上の入道雲、それらは過ぎ去って今はもう見ることも聞くこともできない。しかし今わたしはそれらを「思い出す」ことができる。消え失せ過ぎ去った風物なのにそれらを「思う」ことができる。ではどうして思い出すことができるのだろうか。人は事もなげに答えよう、「記憶が今も残っているからさ」と。去年の海辺は消え失せたが、その記憶は今も残留しているからこそ、消え失せた風物を「思い出せる」のだ、と。

しかし、今も残留している記憶によって去年の海辺を「思い出す」のであれば、その残留記憶が去年の海辺の記憶であることが承知されておらねばならない。だが、その記憶が去年の海辺の記憶であることを承知しているためには、残留記憶ではない去年の海辺自身が何らかの仕方で今なお現前していなければならない。そうではなく、去年の海辺が全く跡かたもなく失せたのであれば、当の記憶が去年の海辺の記憶だと承知されるはずがないからである。つまり、記憶（記憶表象）を「通して」過去を「思い出す」とは、過去そのものが登場することなのである。

では想起においては二つのもの、すなわち、過去の記憶と過去自身が現前していると言うべきだろうか。いや事実はそうではない。わたしが去年の海辺を「思い出す」とき、去年の海辺自身を思い出しているのであって、それと並んでいま一つその記憶なるものを思い浮べているのではない。

そのことは現在の知覚の場合と同様である。今わたしに一本の樹が見えている。そのとき二つのもの、すなわち、樹自身とその樹の表象《イマージュ》が見えているのでないことは明白であろう。その表象が心理的な表象《イマージュ》であろうと、網膜や視神経や大脳皮質に印せられた生理学的表象であろうと、実物の樹と並んでその表象が見えているのではない。見えているのは一本の樹であって、その樹とその表象という二つのものではない。それと全く同様に、去年の海辺が思い出されているだけであって、それに加えてその記憶が思い出されているのではない。

だとすると、去年の海辺は全く消え失せたのではなく、今もなお現前しているのである。われわれが去年の海の記憶と呼んでいるものは実は去年の海辺自身なのである。もちろん大脳には何かの形で去年の風物に対応する痕跡《エングラム》が今残留していよう。そして、知覚における網膜像や皮質変化がなければ一本の樹が見えることがないように、それなくしては去年の海辺が今思い出され今現前することはないであろう。しかし、私が「見る」のは樹であって網膜像や皮質変化を見るのではないように、その痕跡が思い出されたり現前したりするのではない。比喩的に言うならば、眼球や網膜や大脳皮質が見るために必要な器官であるように、皮質痕跡は思い出すために必要な器官であるに過ぎない。そして、思い出されている当のものは去年の海辺自体なのである。

たしかに去年の海辺を今見たり聞いたり触れたりはできない。つまりそれは知覚という様式で現前しはしない。しかしそれは思い出という様式で今現前するのである。過去のさまざまの事がらは、いわば過去視線を向けられて思い出の様式で現前する。現在の事物が知覚視線を向けられて知覚の様式で現前するように。この意味で、過去は過ぎ去ってはいないのである。時は流れ去って虚無に消えるのではなく、時は存在の様式を変えて残留するのである。過去は文字通り、思い出の中で（思い出の様式の中で）生きているのである。一枚の絵の中に、また一つの風景の中で、遠くの森や人々は奥行きの中に在るように、遠い近い過去は「今」の中に時間的奥行きをもって在るのである。

このように言うとき、次のような反駁がなされよう。いやしかし、思い出の様式でしか在りえないもの、それを「過ぎ去った」と呼ぶのだ、と。「今は既にないもの」と呼ぶのだ、と。ここにおいて、時の問題は存在の問題となるのである。何をもって「在り」と言い、何をもって「ない」と呼ぶかの問題である。だがそれは単に言葉の呼称の問題だろうか。そうではあるまい。存在の呼称は勝手な命名ではない。それは愛や死や苦しみの名と同様、われわれの生の中で「存在」と呼ぶに値いする何ものかを見きわめ、際立たせ、そしてそれに一つの態度をとることなのだ。だからこそここでわれわれは迷うのである。過去は過ぎ去ってもはやないものか、あるいはまだ在るものか、と。それは呼び名の迷いではなく、生き方の中の迷いなのである。時の迷いは生の迷いなのである。それは、死者を悼み、故郷を憶い、過去を悔い、過去を懐しむ中での迷いなのである。動詞の過去形はこの迷いの言葉なのである。

## 3 瞬間

過去の存在の迷いは「今」の存在の迷いにつながる。

時の流れに長短があり、持続に或る長さがあるとすれば、「今」の持続の長さはいくばくだろうか。いや、そもそも厳密には「今」は持続なのだろうか。あるいは持続の中の一点、それ自身ではもはや長さや部分をもたぬもの、つまり持続ではないものだろうか。それは何も「今」に限ったことではない。およそ、点的な時刻、持続を持たない瞬間とは何を意味しているのだろうか。ここで瞬間と呼んだものは持続を持たない点的な時刻であって、瞬く間（Augenblick）という短い持続のことではない。

この意味での瞬間は持続ではなく、持続の切れ目であり、持続の境界であり端である。だが、長さのある持続とはこの瞬間の連続的な接続、または連続的な集合だと考ええようか。しかし、長さのない幾何学的な点をいくら濃密に連続的につないでも長さのある線にはならないように、*瞬間をいくらつないでも持続にはならないのではあるまいか。直線上の一点とか、二直線の交点だとか言うことから、直線は点の連続集合または連続接続だと考えられがちである。しかし、直線上の点とはその直線上の位置であり、切れ目であってその直線の部分または要素ではあるまい。羊かんに一つの切れ目を想像したとき、その切り口には羊かんはないのである。そして、その切り口を羊かんに附加したり取り去ったり、と言うことが無意味なのと同じく、一つの線分から例えばその両端を取り去った線（数学者の言う開区間）というのも無意味だと思われる。その線分上の切り口の集合、位置の集合からその両端点を取り去る、ということは十分意味がある。しかし、その線分の部分でも要素でもないのを、その線分から取り去る、ということは意味をなすまい。直線の実数度盛は切り口のアドレスであって、直線の部分の名ではない。

＊　ここでは直観的「長さ」を言っているのであってルベーグ測度のような数学的に「定義された」長さのことを言っているのではない。

同様に、瞬間は持続の部分でも要素でもなく、その切り口または位置時刻なのである。つまり、持続あっての瞬間なのである。それにもかかわらず、持続は瞬間の連続よりなるという考えにまどわせられる。その考えの下では、世界の運行や意識の流れは各瞬間での世界や意識の状態の連続的接続だということになる。

しかし例えば一瞬間での痛みというものを想像できようか。少しも持続しない、何億分の一秒とて続かない痛みをである。また、一瞬間における街の風景がどのように見えるか想像できまい。幾何学的一点の持つ色とか、幾何学的線の色、例えば日の丸の白地と赤丸の境界線の色とかを想像できないように（ないもの、無意味のものは想像不可能なのだ）、持続をもたぬ一瞬の色や形を想像することはできない。羊かんの切り口には羊かんがないのと同様持続の切り口にはいかなる風物のいかなる状態もない。一つの瞬間における怒りの状態とか思考の状態とかもない。

しかし意識状態はそうであっても、物理学者は各瞬間での物理系の状態を常に考えているのではないか。例えば力学では各瞬間での位置や速度を考えなければ力学自体が不可能となるだろう。

たしかに、或る瞬間における物体の位置というのは物理学に不可欠な基礎概念になっている（速度は位置の時間的変化率として位置概念を前提する）。しかし、何の持続をも持たない一瞬間に物体が或る場所に在るとはどういう意味であろうか。例えば、その瞬間にのみその場所に存在し、他のすべての瞬間にはどこにも存在しない、そういう物体がその瞬間にはそこに存在すると言うことに意味が与えられようか。与ええまい。だからゼノンの矢も存在しえない。一瞬間においては、飛ぶにせよ停止するにせよ、その矢自体がないのである。ここに量子力学と奇妙に照合するものがある。オッペンハイマーが述べたように、「電子は静止しているのかと問えば答はノーであり、それは運動しているのかと訊ねれば、ここでも答はノーでなければならない」（ケストラー『偶然の本質』、村上訳六七頁）。羊かんの切り口には羊かんは存在しないのである。そして力学が一瞬間における物体の存在位置を他の瞬間での在り方と独立に考えうるとするのは、この切り口にのみ存在する羊かんに類するものを考えているのである。

では力学はこの厚さゼロの羊かんの切れの如きものを基礎としているのか、ということになろう。が、もちろんそうではなく、そうではありえない。力学は幾何学的点における物質の密度を語るが、それは容積ゼロの点に物質が存在すると言っているのではなく、その点の近傍容積中の物質質量とその容積の比の収斂値をその点での密度と呼んでいるのである。それと同様、一瞬間での位置とは、長さのある持続の中での物質の存在領域がその長さをゼロに近づけるときの収斂位置を意味する。だからそれは、一瞬間に物質がその位置に存在すると言っているのではなく、また言うべきではない。丁度、幾何学的点位置に或る量の物質が存在すると言っているのではなく、また言うべきではないのと同様である。

たとえ数百万分の一秒以下の短命な素粒子といえども、ただ持続の中においてのみ存在すると言えるのである。

だが、持続の中に存在すると言えても、その持続の中の一瞬間に存在するとは言えないとは了解し難く思われよう。ましてや、われわれは持続の中にのみ生き存在しているが、その中の一瞬間に生き存在するとは無意味な言だ、ということこそ奇矯の言とのそしりを受けよう。

しかし、われわれはまさに時と存在の迷いの中に生きているのである。

だが次のことは言えると思う。

どんな時間の切片、歴史の切片を考えても必ずその時間の帯には「前《ビフォア》」と「後《アフター》」がある。前と後とをもたない時間帯はありえないのである（本書第2章「科学の罠」2節、第10章「虚想の公認を求めて」7節）。それゆえ、「現在」もまたその「前」すなわち過去と、その「後」すなわち未来から切り取られてあることは不可能である。ということは、現在目の前に（知覚的に）立ち現われている机も、その過去と未来が思いこめられずしては立ち現われること（すなわち、見えること）ができないのである。つまり、その机の過去と未来もまた「思い」的に現在立ち現われているのである。目の前の机、そして現在見え聞え触れているものは何であれすべて、「三世にわたって」立ち現われているのである。一刻の中断もなく常に、時空四次元の全宇宙が立ち現われているのである（本書第8章二六七頁以下）。過現未の三世から「現在」だけを切りとることはできない。「過去」も「未来」もフッサールの言葉で“gegenwärtigen”すなわち「現前」しているのである。しかも、その過去と未来は、過去の表象（記憶像）と未来の表象（予期像）として現前しているのではなく、直接「じかに」現前しているのである。ただその立ち現われ（現前）の様式が、見たり触れたりの知覚という様式ではなく、「思い」の様式（想起、予期の様式）であるだけである。つまり、今目にしている机にはその過去と未来が「思いこめられ」ているのであり、もし過去と未来を「非在」というならば、眼前の机は「存在」と「非在」のいとも奇態なアマルガムということになる。いや、私には過去と未来は現在ただ今どっしり存在しているとしか思えない。

## 14　帰納と確率——命賭け

明日は明日の風が吹く。だがどんな風がどのように吹くか、それは明日になってみなければわからない。しかし、何から何まで風まかせ、一から十まで明日待ちではあるまい。第一に、われわれは明日というものがあることを信じている。つまり、今夜もまた地球がまわり、明朝陽が東から昇ることを信じている。明日もまた、われわれが呼吸できる空気があり、その空気が動いて風が吹くことを信じている。それが北から吹くか南から吹くか、天気予報を信じない人も、北風ならば冷く乾き、南風ならば暖かく湿っていることを信じている。

ことは未来に限らない。昨日、また今でも、地球の中心部で何が起っているか、誰もが殆んど知らない。しかし、そこで起っていることはエネルギー恒存則に従い、熱力学の法則に従っていることを信じているだろう。また、その骨のかけらだけを残したピテカントロプスも肺で呼吸し、ネアンデルタール人が心臓で血液をめぐらせていたことを疑うまい。

こうして、われわれは直接見聞きすることを越えて、多くのことを信じ、多くのことを推定する。これが帰納と言われてきたものである。この帰納なくしてはわれわれの生活は実際的には不可能である。一呼吸するごとに、その空気が窒息性のものではないと信じ、一口ほおばるごとに、それが毒物を含まぬことを信じていなければ、息もつけず食べることもできない。しかし、何ごとをも信ぜず、絶えず死を覚悟して呼吸し食事をする人は別である。そして、このような杞人の憂いにも強い理由がある。

それは帰納の根本的性格に根ざしている。帰納は未知の何ごとかについて何ごとかを語ることである。それゆえ、その帰納の正しさはその未知のことがらを調べて後に最終的に判定される。しかし、その判定以前に、その正しさを保証するものは何であろうか。その保証があるとすれば、それは過去の経験、つまり既知の知識に基づく以外にはあるまい。だが、この問題を明確に提起した最初の人であるヒューム*（〔6〕第一書、第三部、§12）は、「たとえ、対象が屢々又は常に連なって起ったことを観察したとしても、これら経験済みの対象以外の対象については如何なる推定をする根拠もない」ときっぱり否定している。もし彼の否定が正しければ、「われわれには、明日も陽が上り、パンは石よりも滋養があり、屋根から飛んだら落ちると思う理由がない」（Russell〔16〕Ⅳ章 p. 69）。では、全く何の理由もなくわれわれは石ではなくてパンを食べ、屋根から飛ばないで玄関からでてゆくのだろうか。もちろん、帰納は誤ることもあるが、多くの場合に正しい、つまり的中するからである。では、何が正しい帰納と正しくない帰納を区別するのか。またその区別にどんな根拠があるのだろうか。これが昔から論議されてきた、「帰納の問題」なのである。

＊ 以下〔 〕内の番号は章末の参考文献の頭記番号を示す。

## 1 帰納と確率

帰納とは、未知のことがらについての発言である。そのことから、その正しいか否かはそのことがらを調べてから判定される。その判定の以前に、必ずそれが正しいという保証があるとは誰も思うまい。徹底した決定論者といえども、彼の予言が必ず的中するという保証を持ちだすことはできまい。彼が次の日蝕がいついつに起ると予言したとする。彼の予言は或る天体力学の法則によってなされるだろう。しかし、彼の依拠した法則が今後も成り立つという保証があるだろうか。その法則は今まで見事に成り立ってきた、それゆえ今後も成り立つはずだ、と彼が言うとすれば、彼は帰納を行なっているのである。われわれは彼に、過去における法則の成立がその将来の成立をどうして保証できるのかと尋ねる。そのような保証があるとすれば、それは帰納そのもの、それも例外のない完全な帰納である。つまり、決定論が帰納を保証するのではなく、完全な帰納（そのようなものがあるとして）が決定論を保証するのである。

ミル（J. S. Mill〔11〕）のいわゆる「斉一性の原理」Principle of the Uniformity of Natureには、この帰納と決定論の循環が明瞭に自覚されている。彼の言う自然の斉一性とは原因結果の間の法則に従う世界の運行である。そして彼は、もし帰納推論が演繹的三段論法として表現されるのであれば（従って、その帰納が演繹的確実性を持つためには）、大前提としてこの斉一性、つまり自然法則が必ず成り立つという原理が必要であると考える。しかし、この大前提自体は「また帰納の一例であり、しかも決して明白な種類のものではない。すべての帰納に先立って確立されるものでは決してなく、反対に、他の帰納の後で帰納されるもの、少くとも他の帰納の最後に初めて哲学的正確さを与えられるものの一つである」（Ⅲ部、Ⅲ章§1）。その斉一性の確立以前には、特定の斉一性（特定の法則）は「厳密な帰納によったものでないことはもちろんであり、ルースで不確かな単純枚挙の帰納法によって得られたものである」、そして「こうして得られた結果を集めた斉一性の原理もまた当然それら特殊法則上によい根拠を持つものではない」（Ⅲ部、XXI章§1）。しかし、ミルは、この帰納と斉一性の原理の循環がその各々を弱めるとは考えず、逆にこの循環が両者を相互に支え合うことによって両者を強め、「今や遂に、人間の観察できる範囲に限って適用する限り、斉一性の原理は幾何学の公理（ミルにとって幾何学も経験科学である）と同等にまで証拠固めができたと考えることは完全に正当である」（同上、§3）。

　このミルの結論の当否は別としても、ミルが斉一性の原理をこの世界における経験法則だと認めていることには疑いない。そうとすれば、その真理性もまた経験的真理としてただ蓋然的であるにとどまる。従って、個々の帰納もまた蓋然的であるにとどまる。このことを認めるならば、帰納の問題は少しその姿を変えねばならない。帰納は「明日必ず陽が上る」ことを言うのではなく、（ありそうにはないが）或いは陽が上らぬかも知れぬことを認めた上で「恐らく陽が上る」ことを言うものである。つまり、帰納は定言命題ではなく確率命題を主張するのである。

このことは一面では帰納の果す役割の負担を減らすことになる。「必ず」よりは「恐らく」の方が言うこと少く、主張が弱いからである。だが、それと逆に、こんどはその主張の的中不的中（検証）の判定が困難になる。「恐らく雨が降るだろう」と言って雨が降らなかったら、この命題は間違ったことになるのだろうか。また、「次に3の目がでるのは6ツに1ツの割である」という予言に対し、次に何の目がでればその予言が当り、何の目がでれば当らなかったことになるのだろうか。こうして、こんどは「確率」が何を意味しているかが問題となる。この事情はこうも言えよう。われわれは、間違いっこのない予言をする方法はあり得ないと断念した。その代りに、間違うこともありうる予言をするのである。しかし、間違うこともありうるという但し書を持った予言が当った当らなかったとどうして決められるのか、ということになるのである。当然、帰納の問題は確率の問題に導く。

## 2　確率の意味

確率の意味は単純ではない。様々な場合に様々な意味が使われ、またそれら異なる意味の間にも複雑な関係がある。多くの人達がこれまでその分類を試みたが、ここではいわば中分類を採ってみよう。

(1)　信念の度として。

(2)　可能性の比として。これは古典的確率論で代表されるように、起りうべきあらゆる場合の中での着目現象の分布比率を以って確率とする。

(3)　相対頻度（relative frequency）、又はその極限としての確率。これは或る系列（例えばサイコロを投げて出る目の系列）の中での着目した性質（例えば3の目）を持つものの割合である。その系列が無限であり、その割合がその中で収斂する値を持つ場合には、その値が「相対頻度の極限」と呼ばれる。

(4)　証拠の支持の度合。或る証拠があるとき、或る命題（例えば予言や推定や法則）がその証拠によって支えられる度合。

これらの中で、どれが「真の」確率を意味するかを争うのは不毛であろう。実際にわれわれが確率と言うとき、或る時はその一つ、或る時は他の一つ、そして時には同時に二つ以上のものを考えている。ここで必要なのは明確な分類と、それに基づく相互間の関係である。例えば、(2)、(3)、(4)の意味での確率は適当な条件の下ではすべて通常の数学的確率論の公理系を満足する（この公理系がひどく簡単なものであることをみれば、このことは別に驚くにあたらないが）。更に、(1)の信念の度ですら、賭の状況を設定してそこで測定された値を信念の度の表現と仮定するならば、近似的にそれが確率論の公理系を満たすことも起り得るのである。したがって、少くとも上の(2)、(3)、(4)を同一の公理系の異なる解釈（異なる、または一部重なりあう領域での）と考えることもできる。

一方、その違いの方をみるならば、まず(1)は主観的、少くとも心理的な確率として他から区別されよう。また恐らくはそれが度合を許さず、高々限られた範囲での比較（より強い、より弱い）だけを許す点で(2)、(3)と区別されよう、(4)についてはそれを定量的にしてよいか、またするとすれば如何に、ということには多くの議論がある。しかし、或る範囲での定量化の試みは少くない（確率論の公理系を満たすのは勿論この定量化された(4)である）。さらに、(1)はそれ以外の(2)、(3)、(4)がすべて相対的であるという意味において相対的ではないことで際立っている。「3の目のでる確率は1/6である」という確率命題では、そのサイコロがどんな形（正立方体、正四面体、歪んだ六面体等）であるかを指定せねば、また投げ方や受け方を指定せねば、(2)と(4)における確率の意味を持つことができない（このことを最も強調したのはJ. M. Keynes〔7〕p. 6である。――ただ単に「bが確からしい」とだけいうことは「bは等しい」、「bはより大きい」というと同様に無効である）。また、(3)の意味の確率は系列によって変ることは明白である。

しかし、最も重要な差異は確率命題の検証において現われる。(1)の意味で「Pは確からしい」という命題の検証はその発言者の心理的状態がどうであるかによって検証される。それゆえ経験的検証が直接にできるが、しかしそれはP自体の真偽には何の関係もないという特徴を持っている。一方、(2)と(4)の意味での確率命題は全く分析的、すなわち非経験的な命題であり、経験的検証とは無縁なのである（このことは後に精しく検討するつもりである）。他方、(3)の頻度の意味での確率命題はその意味からして経験的であるが、無限系列での頻度の極限の場合には困難が生じてくる。

この経験的検証の場における差異こそ様々な確率概念の性格を最も端的に示すものと思う。また同時に、この検証の場においてこれら互いに異なる確率概念の間に一連の関係が生じ、そこに帰納の問題が露呈されてくると言えよう。それゆえこの検証という視角からそれぞれの確率概念を検討してみる。

## 3　信念の度

今日では殆んどの人が信念の度を確率の意味として採ることを拒んでいる。理由はもちろんそれが心理的なものであり、或る人の信念について何ごとが知られようとそれはその信念の内容の真理性、確実性に寄与しないからである。しかし、このことは些かも「確からしさ」の意味が心理的な要素を含まないとか含んではならぬということを証するものではない。むしろ、素直に観察するならば、現実にわれわれが「確からしい」「不確か」等と言うとき、われわれは心理的態度を表明していることを否定できない。サイコロを振って1の目が続けて10回でることは「恐らくない」。こう言うとき、私は単に確率論の計算でその確率が$\frac{1}{6^{10}}$という小さな数だということだけを言っているのではない。その数学的確率を参考、または念頭において、だからそのようなことは「まず起るとは思わない」と言っているのである。数学的確率または過去の経験での頻度に基づいて、私は或ることを信じ或いは信じない。或る場合には、それらに抗して、それらを無視して或ることを信じることもある。その信じ方の度合を表明するために「確からしい」等と言うのである。

この信念を定量的に測定することは恐らくできまい。心理学者が仕組む人工的な賭の状況の中での賭の比率として行動論的に指数を定めることは限られた場合にだけ可能である。

それが可能な場合にすら、その行動論的指数が主観的信念にどれ程正確に対応するかは疑わしい。この信念の度はごく粗い比較ができる程度以上には定量的なものではあるまい。万が一、十に一つ、七分三分で、と言うときのことを考えてみてほしい。このことは何も信念の度が粗雑で単純なものだということを意味しない。逆に、信念の度が数学的確率等より遥かに複雑だからこそ単純な測定を許さないのである。それは、オースチンが"performatory"と呼んだ性格を持っている〔Toulmin〔22〕〕。「明日は恐らく雨だ」と言うことは、もし雨でなかった場合に完全に誤りになるのではないが、一つの思い違いであったことには違いない。したがって、どうして恐らく雨だと思ったのかを釈明する、また、ただのに雨にならなかった理由の探究、等この見込み違いに対する責任を取る用意が或る程度まである。このことを「恐らく」という言葉の使用が含んでいるのである。

この信念の度はこうして複雑な様々な考慮、知識、経験、気分、習慣等の上に形成されるものである。そして直線的に数学的確率等に結びつくものではない。したがって、この信念の度と他の確率概念とを結びつけようとして「合理的信念」rational beliefという言葉が使われることになる（例えば、Keynes〔7〕, Carnap〔2〕）。「合理的」とは或る確率理論による確率の値に沿う（それと等しいとか比例するとか）度合を持つ、ということである。当然、異なる確率を与える理論は異なる「合理性」を与える。したがって、一つの「合理性」が他の「合理性」よりもより合理的であることを示す努力が払われることになる。通常、それは特定の「合理性」がよりよき「生活の導き」guide to life―Keynesであり、より高い「成功率」を持つことを示し、それによって対応する確率理論の「適切さ」ade-quacyを主張することである。そして、これは同時に「帰納法の正当化」ともなる。この努力が成功するかせぬかはしばらくおいて、この努力そのものの中に「信念の度」が確率論の中に果す役割を見てとることができる。それは、如何なる確率論も最終的にはこの「信念」に結びつかぬ限り、現実に適用できない、ということである。様々な確率論も最後には「信念への導き」、あるいは「信念への勧告」にならないでは単なる数学的理論に終ることになる。ここで注意すべきは、この信念の度への結びつきの必要性は、確率概念の経験的検証とは別のことである。或る確率命題が経験的に如何なる意味を持つか、ということに加えてこの信念の度への結びつきがなければ、その確率概念の実践的適用が保証されないのである。

## 4　可能性の比

フェルマー、パスカルに始まり、J・ベルヌーイ、ラプラスによってほぼ完成された古典的確率論にあっては、それらの著者がその叙述上屢々《しばしば》混入させた心理的な色合いを取除くならば、確率は一つの状況の中での特定の種類の事象が起る「可能性」(「ありうる場合」

という意味での）の数量的な度合として解釈されてきた（近代では「事象」の代りにそれを表現する「属性」「命題」等の言語的表現がとられる場合が多いが、以下ではこの区別がさして重要な差異を生まぬ限り、適当に混用する）。誰にも親しい例は、サイコロや銅貨を投げる状況である。サイコロには異なった目がでる（互いに排除的な）可能性が6ツあり、その中で2又は3がでる可能性は2ツである。その可能性の数の比である2/6を以って、その状況における着目事象（2又は3の目がでるという）の確率と呼ぶのである。

ここで直ちに疑問が起ろう。今私がサイコロを投げようとしている時、次の目が2又は3である（単独事象——single case）確率は、では何を意味するのだろうか。他でもない、上に述べた可能性の比率そのままを意味するか、またはカルナップ（〔2〕§10, A, 2）のように、2または3の目がでるという仮説が過去においてどの目も1/6の割合ででたという過去の事実（証拠と呼ばれる）によって2/6の度合で支持されている（confirmed）、ということを意味する以外にはない。例えばラプラスの有名な継起法則（rule of succession——これは奇怪な帰結を生むことで知られているが、今はそれは問題ではない）で、白と黒の球を含む壺から（毎回入れ戻して）$m$回引出した球が全部白であった場合、次に引出す球がまた白である確率は$(m+1)/(m+2)$であるとされる。だがこの意味は、次の球も白いという仮説の支持率が$(m+1)/(m+2)$であるということか、または壺の中の白と黒の構成の様々な可能性の中で次の球が白である可能性の比率がその値をとる、ということ以外にはない。従って、この命題の真理性は次の球が白とでようと黒とでようと全く関係がない。この命題は事実的結果と全く関わりなく、論理学や数学の命題と同様、上の確率の定義の下では分析的に真なのである。つまり、経験的検証とは無縁に真なのである。

かつては、ベルヌーイの定理(Poisson によって大数法則と呼ばれた)がこの確率概念を経験的相対頻度に橋渡しするものと信じられたが、これが全くの誤解であることは多くの人によって指摘されている(例えば、Popper〔14〕§62, von Wright〔26〕Ⅶ章 §3, Kneale〔8〕§29)。サイコロの例を取れば、1の目のでる確率(上の可能性の比としての)は1/6である。次にサイコロを$n$回続けて振ってみるとき、その$n$回の中で1の目のでる割合(相対頻度)は必ずしも1/6ではなく、0から1までの様々な可能性がある(割合が等しくても順序が違う可能性もある)。その様々な場合全部の数に対して、その中でその割合が$\left(\frac{1}{6}\pm\varepsilon\right)$の中におさまる場合の数の比を考える。すると、$\varepsilon$を任意に小さくしても、$n$を増してゆけばこの比はいくらでも1に近づく。これが大数法則の言うところである。このことは数学的に証明できることはもちろんであり、したがって分析的に真である。しかし、このことは実際に一つのサイコロ(考え得る限りの対称性を持った)を振ったときの1の目の相対頻度の分布がそのようなもの、つまり、ほぼ1/6であることが圧倒的に多いことを些かも保証しない。保証しないどころか、この経験的頻度について一言も語っていないのである。このことは、上の叙述から明らかであろう。誤解が生じた原因は、「可能性」

という言葉を、経験的な起り易さという意味での「確率」にすりかえがちなところにある。こうして、自然における「知性と計画性」の支配（De Moivre, 1718）を証明するものとさえ受取られたベルヌーイの定理も、何ら経験について発言するものではない。

この経験的検証と無縁である、ということとは別に、「可能性の比」という概念そのものに基本的な不明確さが残っている。それは「可能性」の数え方である。サイコロの場合には、可能な状況の数を6ツと数えた。しかし、例えば2の目が或る基本方向から30度の傾きででる確率を得ようとした場合には可能な状況の数をどう数えるべきだろう。このような連続的な状況での可能性の数え方は一意的に定めることは困難であり、その定め方によって異なる値が生じる（例えば円の弦の長さが或る所与の線よりも長い確率――ベルトランのパラドックス）。連続的でない場合にも、この不確定が消失するわけではない。例えば、或る大学の学生が数学科の学生である確率を求めようとするとき、状況の可能性の数として、その大学の学科の数をとるか（その場合確率はその逆数となる）、その大学の学生総数をとるか（確率は全学生と数学科の学生数との比となる）、これは確定されていない。

この不確定にもかかわらず、同じ確率の値を得ようとするならば、確率を状況の全可能性の数と着目事象の可能性の数との単純な比ではなく、それぞれの細分された可能性に適当な加重（weight）をかけたものの比を作らねばならない。しかし、適当な加重を得るには様々な仕方で分割された可能性を何らかの方法で比較せねばならない。その自然な方法の一つとして提出されたのが「等可能性」equipossibility の概念である、と見ることができよう。つまり、もし状況を互いに「等可能な」可能性（もちろん相互に排除的な）にまで細分でき、そして他の分割法による可能性がそれらの撰言として表現できるならば、後者の加重としてその撰言の撰言肢の数をとる。こうすれば、上の条件が満たされる限り、どの分割法をとっても同じ確率の値が得られることは明らかである。

しかし、同様に明らかに、この方法は当の困難を一寸先に延ばしたに過ぎぬことである。つまり今度は、「等可能」とはどういうことなのかを確定しなければならない。それに対して出された答が、ヤコブ・ベルヌーイ（J. Bernoulli, *Ars Conjectandi*）に始まる「不充足理由の原理」Principle of Insufficient Reason（Keynes〔7〕は Principle of Indifference と呼んだ）なる悪名高い判別法である。この原理の難点は既にそれを述べようとする時に始まる。それは「等可能性」を「等確率」でおきかえ、二つの可能性のどちらが他より起り易い（確率！）と判断する理由（又は証拠）がない時に「等可能」だと言うのである。若干の補正が試みられてきたが、このまさに「無知の一様分布」による判定法が甚だ不満足なものであることは説明を要するまい。それにもかかわらず、サイコロやルーレットを始めとし或る範囲ではこの原理によって「等可能」な可能性を実際的に判定しているようにみえる。しかし、それらの場合には、過去の様々な経験や自然法則の知識によって判定しているのであって、決して無知によって、また不充足理由によってそうしているのではない。しかも、この場合、「可能性の比」としての確率から離脱して「経験的頻度」の意味での確率を取っているのである。

この「等可能」の困難を避ける道はこの概念を捨ててしまい（少くとも表面的には）、いわば究極的に細分された可能性を指定してしまうことである。そして、それらの究極的な可能性を実質的には「等可能」として扱うか、または一層一般化して適当な加重をこれまた指定して、そこで可能性の比を計算する。この指定は原理的には任意のものであり、したがって特定の指定にはそれに応じた「適切性」の理由付け、又は弁護が必要となる。

この方法は使用する言語に依存することを見てとるのはたやすい。事象の「可能性」は言語で叙述され、したがって、「究極的に」細分された「可能性」とは、使用する言語で「究極的に」叙述できるものである。曖昧な日常言語では、当然この究極性も曖昧となる（Kneale〔8〕§35 の領域理論がこれをよく示している）。この曖昧さを避ける一つの方法はケインズ（〔7〕p. 256）の如く、述語の数を有限だという仮定をすることであろう（性質有限の原理——Principle of Limited Variety. カルナップ〔2〕p. 75 はこの原理が理論物理学の言語で成り立っていると考えるが、例えば速度の実数無限の連続性をみれば誤りと思う。なお、ラッセル〔15〕6部3章に精しい説明がある）。しかし、最も明確な方法は、日常言語から離れるという犠牲をはらって、上に述べたように一挙に「究極的」な可能性に対応する基本命題、または基本命題に入る基本述語を指定することである。簡単に言えば、言語を指定することである。ヴィトゲンシュタイン〔Wittgenstein〔25〕5.15以下〕の確率の定義がそれであり、またカルナップ〔2〕の"degree of confirmation"の解釈を「可能性の加重比」に変えれば、彼の理論がこの方法の最も代表的なものとなる。彼の「状態描写」state descriptionがこの「究極的に」細分された可能性を表現する基本命題に他ならない。

しかし、「可能性の比」としての確率の理論がその内部で難点を克服しても、先に述べたその基本的性格、すなわち経験的検証と無縁であるという性格は些かも変らない。この理論がカルナップの場合のように明確な姿をとればとる程、それが分析的真理であることも明確になる。もとの例にもどれば、この理論でサイコロの1の目がでる確率が1/6となろうと、3/4となろうと（1と0は例外）、私の投げるサイコロの1の目のでかたと何の関わりもない。

しかし、これではこの理論は机上の空論（それ自体として悪いわけではないが）に終る。したがって、常にこの確率論を経験に結び付けようとする努力がなされてきたことも当然である。先に述べたベルヌーイの定理、またその逆定理とも言われるベイズの定理をその橋渡しにしようとする試みもそのためであったが、それは誤解に基づくものであったことは上に述べた。

今最も端的に確率を経験に結びつけようとするならば、「可能性の比」を捨てて経験的相対頻度をとらざるを得ない。たとえば、私の振ったサイコロの2の目が1000回の中

300回でたとしよう。更に続けて振ってもこの割合がほぼ保たれていたとしよう。「可能性の比」でもこれ、即ち1000回で300回2の目がでるということに対応する可能性の比が存在し、この場合のように$\frac{3}{10}$ではないが、或る極めて小さいが有限の値を持っている。しかし、「可能性の比」を変え（サイコロはいかさまで2の目のでる可能性は他の目と「等可能」でないとして）$\frac{3}{10}$としたところで、それで私の経験的サイコロの目ので方と何の関わりもないことには変りがない。それは依然として経験と関わりのない「可能性の比」について語っているだけであるからである。ここでもし、この経験に照し、2の目がでる確率を$\frac{3}{10}$と定めるのならば、これはもはや「可能性の比」ではない。それは経験的相対頻度である。

今一つ、直接にではなく間接に経験と結ぼうとする試みがある。すなわち、「可能性の比」を理論的概念だとし、そこから引出される命題を経験的検証にかけることができはすまいかと言うのである。よく引合いにだされるのは統計力学や放射性物質の半減期である。しかし、これらの理論を調べれば、この試みもまた誤解に基づいていると思われる。統計力学の中に使用されているのは、たとえ「確率」という言葉が使われていてもそれは特定の物理的状態の分布の割合に他ならず、仮定されているのは確率の仮定ではなく、この分布の仕方の仮定なのである（例えば、朝永〔23〕附録。ここで「滞在確率」と呼ばれているものは、位相空間内の或る領域に代表点が在る時間の割合の極限、つまりその領域に滞留する相対的時間の一つの表現である。Margenau（〔10〕14章）が上に私が述べたことと正反対のことを述べているのも彼の「確率」の意味が非常に広く多義的であることに基因する）。また、半減期の例をとってみる。ここでの理論とは、或る1個の原子核が例えば次の1年の間に崩壊する「確率」が（例えば）1/3である、ということ、そしてその経験的帰結の一つが、非常に多数の同種の原子核が集団で一年後にはその1/3が崩壊している、ということである。ここでの帰結を引出す根拠には先に述べたベルヌーイの定理が不可欠である。この定理によって、1/3の「確率」で起る事象を多く繰返せば、その中で当の事象が起る「割合」が1/3の近くである「確率」は繰返しの回数が増すにつれ幾らでも1に近づく、ということがいえる。しかし、言えるのはここまでである。そしてここまでに言ったことは分析的に真、つまりいかなる経験的事実とも無関係に真なのである。そして、この分析的な真理から、集団が1年後に1/3の崩壊を起すとか、そういう場合が大多数であるとかという経験的命題を引出すことはできない。そう考えたとすれば、それは先に述べたベルヌーイの定理についての誤解をまた繰返すことである。物理学が実際に行なっているのは、一年で原子核の集団の1/3が崩壊するという経験的事実から逆に個々の原子核の年崩壊「確率」が1/3だということに意味を与えているのである。

こうして、「可能性の比」としての確率から経験命題はどうしてもでてこない。それは、数学的な定義（または全く未定義な概念）による純粋幾何学の公理系から、経験幾何学の命題が引出せないのと全く同様な理由による。確率の理論から経験的命題を引出そうとするならば、幾何学の場合と同様、「確率」に経験的定義を与えなければならない。ここで提案されるのが経験的な事象の集合の中での「相対頻度」としての「確率」の定義である。

## 5　相対頻度、その極限

着目事象が或るそれより広い事象の中で起る割合としての確率の考えは新しいものでは決してない。それが既にアリストテレスにあった（Nagel〔13〕p. 6, von Wright〔26〕p. 167）としても何等驚くにあたらない。殆んどすべての人が当然抱いている考えだからである。ベルヌーイやラプラス等、「可能性の比」としての確率論を作りあげた人達にもこの「割合」としての確率が抜き難いものであったからこそ、この両者の混淆が起ったのである。しかし、この「割合」を明確に、また意識的に、確率の定義として採り、その上に確率論を作る試みは比較的新しい。

そのきっかけは、前節で述べた「可能性の比」が経験と結びつかない、特に「等可能性」が無知の原理によって述べられることへの不満であった。それを救うには、「確率」を経験に直接結び付ける他はないと考えられたのである。「二つの事象が等しく確かだと言うためには、そのいずれかが必ず起ることを知っているがその何れが起るかを推定する根拠を持たぬ、というだけでは充分ではない。経験が、この二つの事象が等しい頻度で起ることを示さねばならない」、「サイコロを投げて1の目のでる確率は1/6である。だが、これはラプラスの言うように、その場合を含む6ツの可能な結果がありそしてその中でどれが起るかの理由を知らぬということによるのではない。100回も100万回も投げれば1の目がほぼその1/6の割合にでることを知っているがためである」(Mill〔11〕Ⅲ部XVIII章§2)。

このように、相対頻度(或る広い事象に相対的に、着目事象の起る頻度)を確率の定義とすれば、確率命題は経験の事実報告又はその予言(或いは仮説)として経験に直接結びつく。もちろん、既に起ってしまったことの中でこの割合を数える事実報告には確率論一般の立場から興味がない。いかなるものにせよ、確率論はこの既知の知識に基づいての未知の事象に対する推定、すなわち帰納を目的とするのである。したがって、問題の中心は相対頻度の予言又は仮説にある。そこで例えば、サイコロをこれから120回投げるならば、その中で1の目がでる相対頻度は1/6、すなわち20回であろうと予言したとする。恐らく大多数の実験でこの予言は否定されるであろう。この予言はきつ過ぎるのである。或る意味でこれは確率的予言ではなく決定論的予言なのである。人がこの予言で意図することは、相対頻度がきっかり1/6だということではなく、他の相対頻度の予言にくらべてこの予言が一番「確からしい」ということなのである。この「確からしい」の意味を頻度解釈で明確に表現しようとすれば、次のようになる。このサイコロを120回投げる、ということをまた例えば100回繰返す（或いはこのサイコロと同様と推定される100個のサイコロを各々120回投げる。何れにせよ120×100＝1万2千回投げる）。この100回の中で、先の頻度1/6である集合（120回の投げで作られる）の割合が、他の特定の頻度の集合の何れよりも多い、と。これはもちろん検証可能であるし、また肯定的に検証されることが多いだろう。それはその言う所が少いからである。それを強めて、第二次の割合に特定の数値を与えるならば今度は反証される場合が多くなる。そこで、その数値が「確からしい」と言うことに後退すると、今度は上の1万2千の投げをまた何回か繰返すことになる。

この操作を何度重ねても、それが有限の範囲にとどまるならば、経験的検証には何の問題もない。そしてこの有限の範囲にとどまっても、この相対頻度の概念は初等確率論の公理（既知の確率相互の間の関係を示す簡単なものに過ぎない）を満たしていることを示すのはたやすい（例えば、Russell〔15〕5部Ⅲ章）。

しかし、ここに一つの明白なことがある。この有限相対頻度そのままでは、帰納に対しての導きとはならないことである。なる程、その予言は文句のない検証可能性を持っている。しかし、既知の知識をもととして、いかなる予言をすべきかを指示するものがここにはない。このままでは、いかなる予言をしてもよい。このめくら賭を規制するものがないのである。例えば、白黒の球を入れた壺から（入れ戻しのやり方で）100回引きだした球はすべて白であった。つまり白の相対頻度は1であった。だが、(入れ戻しで)次の50回の引き出しの中での白の割合(相対頻度)がいくらであるか、いくらとすればよいのか、或いはいくらとするのが「確からしい」のか、この有限相対頻度の概念からはでてこないのである。保険会社は例えば「死亡率」という有限相対頻度概念を使うが、サンプルの死亡率から母集団の死亡率を推定する方法は、この概念の中には与えられていない。

一方、この方法を部分的にでも与えようとすることは、何らかの形で未知の事象に賭けること、未来の事象を過去の経験から規定する(未来は過去に似るとか、自然の斉一性とか)ことにならざるを得ない。それゆえ、もしヒュームの懐疑が正しければ、いかなる方法に対しても成功の保証はあり得ない。しかし一方、保険会社は繁昌し、われわれも毎日おびただしい予言をして成功している。このことから、この相対頻度の予言を与える方法がいくつか考えられてきたのも当然である。その一つは近代統計学(Fisher, Pearson, Neyman等)であり、今一つはフォン・ミーゼス(von Mises〔12〕)とライヘンバッハ(Reichenbach〔17〕〔18〕〔19〕)に代表される、「相対頻度の極限」(limit of relative frequency)の概念である。ここではこの後者のみを扱う。

この概念(以後「極限」と略称、一方相対頻度を単に「頻度」と呼ぶことにする)の創始者であるミーゼスの考えの底には次のようなことがある。或る種の事象が日常的に曖昧な意味で或る確率を持っているとする。その事象が繰返しておこるとすれば、その1回毎にその確率で起り易いのであり、この起り易さはそれ以前とそれ以後の事象の起り方とは無関係である（ランダム性）。しかし一方、長い間繰返しが続けばその系列の中でのその事象の頻度はその確率に無限に近づくだろう（極限の存在）。さて、この考えから「曖昧な意味の」確率を取り去り、ランダム性をこの「極限」概念によって表現したものが、ミーゼスの定義であると言えよう。その定義（同上、p. 33-37）とは次のものである。まず、事象の（順序のついた）無限系列を考え、その最初の$n$個の中での着目事象（前の事象の一部）の頻度を$f_n$とし、$\lim_{n\to\infty} f_n$が存在すればそれを「極限」（相対頻度の）と呼ぶ。次に、元の系列から順序を乱さないで部分無限系列を引き抜く。但し、この引き抜き方は、何番目何番目という場所のみに依存するものでなければならぬ。その無限部分系列内での着目事象の頻度が原系列と同じ極限に収斂する、このことがすべての無限部分系列について成り立つとき、この系列を“collective”と呼ぶ（以下、ミーゼス系列と言おう）。ここで部分無限系列の引き抜きが順番だけに着目してなされることは、例えばルーレットで或る偏った意図をもって飛び飛びの勝負に着目してそこに一種の規則性（例えば赤の方がでやすい）を見てとることを封ずるもので、ミーゼスによって「賭のシステム不可能の原理」と呼ばれたようにランダム性を表現する。赤が3ツ続けば必ず次は黒といったような意図的抜きとりの系列を除外するのである。

この定義は、1回1回は偶然的だが長い間繰返せば或る場合に落ちついてゆくという直観的な確率をよく写しているが、この偶然性と規則性との微妙な折合いは難しく、ミーゼスの定義は数学的に整合的でないという指摘があり、ライヘンバッハ〔18〕、ポッパー〔14〕等の改良案があるが、ここでは立入らない。ここでの関心はこのミーゼス系列と経験的検証の関係にある。

しかしその前に二、三のことを指摘しておかねばならぬ。まず、極限のみならず一般に相対頻度は或る事象集合について定義されており、したがって単独事象について確率を云々することはできない。次に、或るミーゼス系列の中で或る事象は無限回出現するにもかかわらず、その極限（相対頻度の）が0であることがあり得る（Kneale〔8〕§32. しかしRussell〔15〕5部Ⅳ章、の素数の例はランダム性の点でミーゼス系列であることが疑わしい）。更に、系列の順序を変えれば異なる極限が生じうる。

これらの批判は、極限概念の適用可能範囲を制限するが、問題は範囲の如何にかかわらず経験的適用が可能かということにある。ふたたびサイコロの例をとろう。私はそれを振り続け、それまでに振った中での1の目の頻度（割合）を記録する。これからその極限について何が言えるだろうか。言えまい。その記録は例えば1000回までにかなりよく1/6に近づいたとしても、それを無限回続けた時にも1/6に近づき続けるという保証は何もない。それはまた何時それから遠ざかるかも知れず、永久に振動するかも知れない。極限が何であるかを推定できぬにとどまらず、その存在するか否かすら推定できない。さらに極限が判明したとしても（あり得ないが）、それを使用してランダム性をテストすることは再び有限回の範囲ではできない。ポッパー（〔14〕Ⅷ章）はミーゼスの「極限」を「相対頻度の集積点」に、そしてランダム性の要求を回帰的に定義できる範囲に狭めたが、それによって変る点は「集積点」は必ず存在するという点のみであり、それも単に有界無限集合には少くとも一つの集積点があるという単純な分析的真理による。これは上の基本的難点には殆んど影響がない。

或る人々は、しかしこの事情はミーゼスの極限概念に特殊な難点ではなく、物体の内部の幾何学的点でのその密度とか、一時点での速度という、われわれが使い馴れまた経験科学に不可欠な概念にも当てはまるものであり、したがって許容できると考える（例えば Nagel〔13〕p. 54, Russell〔15〕p. 365）。しかし、これらの人は重要な差異を見落している。それは有限の空間領域内でのすべての点での（極限）密度が与えられれば、その領域での平均密度なり質量なりが一意的に定まる。また各時点での（極限）速度が与えられれば、有限の時間間隔でのその位置の移動や平均速度が一意的に定まる。こうしてこれらの概念は経験と結ばれている（この逆、領域での質量が与えられたときには、密度分布は一意的に定まらぬことはもちろんである）。しかし、ミーゼスの極限の場合にはこのような結びつきが存在しない。サイコロの1の目のでる頻度極限が1/6であると知ったときにも、私が次に投げる100回、1000回、1万回の中での1の目のでる頻度は全くきまらない。それが何であっても、とにかく有限回数の中での頻度である限り、無限回数の中の頻度に一切影響がないからである。速度や密度の場合はいわば無限小領域への収斂であるのに対し、ミーゼス極限は無限大領域での収斂であることが、数学的には等しく無限数系列の収斂でありながら、経験的な差異を生むのである。

この点はまた、極限概念を使う命題を仮説命題として許容できるとの意見（例えば、Carnap〔2〕§106 B, Wright〔26〕, Wisdom〔24〕XXI章4）に対してもあてはまる。上のことからして、仮説の中の極限は何ら一意的な有限相対頻度を帰結しないのである。

この極限概念と経験との結びつきに、この概念の下でのベルヌーイの定理が働くかも知れぬという考えも誤っている。なる程、ベルヌーイの定理（極限概念での）はこの概念そのものから自然にでてくる。しかし、それが保証するのは、いつかは知らないがやがては頻度は極限のいくらでも近くに安定する、ということであり、その「どこから」安定が始まるかということを指定できない。当然、検証可能性を何ら保証できない。

こうして、極限概念は経験と結びつくことができない。検証もできなければ、また反証もできないのである。この原因は明白であり、頻度の無限系列という経験的テストの不可能な概念に基づくからである。したがって、これを検証（又は反証）可能にしようとすれば、無限系列をどこかで打切らねばならない。それをしない限り、ライヘンバッハ〔17〕〔18〕の手の込んだやり方をしても極限は「めくら賭」blind posit（〔18〕）であるにとどまらず、それが何に賭けているのかが経験的に不明なのである。実際的考慮から、或る程度の回数で打止めにし、それに基づいて、次の有限回数の中での相対頻度を仮説する、ライヘンバッハが実質的に行なっているのはこれである。そして、この実質的業務はミーゼス極限を使用せずして、保険会社や医師も行なっているのである（統計学の多くも同様）。その場合の方法は、未来は過去を繰返すという単純な帰納なのである。ミーゼスの極限は、こうして経験的な意味を失い、当然経験的予測に（他の方法では与えられぬ）指針を提供することはできない。

## 6　証拠による支持率

頻度解釈が与えることができなかった指針を与えようとする試みがある。その基本的概念が「証拠による支持率」degree of confirmation としての確率である。この「支持率」としての確率概念は、先の「可能性の比」としての確率と同根（共に Carnap〔2〕の Probability の表現として）であると共に、有限相対頻度の予測（estimate）という形で頻度解釈をその中に取りこみうる（同上、§41, D)。

簡単な例をとれば、サイコロは6ツの相互排除的な目の出方があるという証拠によって、次に出る目が1であるという仮説が或る程度まで支持される。もし、何らかの方式によってこの支持の程度に1から0までの間の数値を与えることができた場合に、その仮説はその証拠によってその値の「支持率」を得たという。そして、われわれが次の目が1である「確率」は1/6であると言う時、その意味は、1の目がでるという仮説が（或る計算法によって）持つ「支持率」が1/6である、ということだと解釈することになる。

この計算法は様々にあるが、それが適切さを持つためには二、三の直観的要請を満たさねばならない。例えば証拠eに対して仮説eの得る支持率は1、eに対しての仮説hの支持率はh∨gのそれより大きくはない、とかである。この要請の中にカルナップ（同上、§53）のように確率論の公理に平行するものを含めれば、当然「支持率」はその公理の一つの解釈となる（通常そうされるが、ポッパー〔14〕X章、附録＊ix はリスクの多い仮説が当った時に与える支持率のボーナスを考慮して通常の確率論の要請と異なるものをとる）。

この「支持率」について、二、三の点が明白である。第一に、その適用範囲が非常に広く、その適切さの点を別とすれば、単独事象にも、集団事象の相対頻度の予測にも、また科学的仮説や理論についても「支持率」を語ることができる。しかし、丁度二つの経験命題の間の論理的関係（内含、整合等）は経験的でないように、証拠と仮説が共に経験的命題であっても、「支持関係」も「支持率」も論理的関係であって一切の経験的検証と無縁である（Keynes〔7〕p. 4. Carnap〔2〕p. 181）。さらに、この「支持率」の理論は唯一つしかないのではなく、無数の理論がありえて、それぞれ異なる「支持率」を与える。

このことから、「支持率」は一切経験と無関係なのだろうか。いやそうではない、とこの立場を取る人は言う。経験において、この「支持率」を指針として使うのである、と。例えば、「支持率」のより高い仮説を選ぶとか、非常に高い「支持率」を持つ値を予測値として使うとかである。だが、そのように使えば、必ずその有効性の評価が問題となる。この有効性とは結局、経験においてそれを使用したときの成果による。その成果とは、経験との適合、つまり「支持率」によって未知の経験に賭けたときの成功の度合によって判定されよう。こうして、やや回り道をしてではあるが経験的判定が可能となり、それによって経験と結びつくことができる。

しかし、これを具体的に遂行するのは容易ではない。すでに「支持する」confirm という概念に様々な困難やパラドキシカル（パラドックスではない）な事態を生じることはヘンペル（Hempel〔5〕）やグッドマン（Goodman〔4〕Ⅲ章4）のパラドックスと言われるものが見つかっているし、カルナップの体系では普遍命題の「支持率」は彼のC*関数においては0になる（Carnap〔2〕§110 F）ことでもわかろう。そして、明確な「支持率」の体系はカルナップの場合のように制限された人工言語の上にのみ可能なのかも知れない。

だが、これらの困難が克服されて、現実に使用できる体系ができたものとする（カルナップや統計学の体系は或る範囲内で使用可能であるし、実際にも使われている）。しかし、次には、その有効性の判定、特に局部的なものではなく総合的判定の方法を定めねばならない。

これは何らかの意味での成功率を長期にわたって採点することになるだろう。ここで例えばカルナップ（[3] §18）は、或る一つの帰納法（「支持率」の理論）をとった場合、「それをしばらくの間帰納的問題に使ってみて、その方法が与えたサービスに不満であれば、いつでもそれを捨てて、よさそうな他の方法を採ってよい。……帰納法とは観察事実に基づいて世界像を作り、特に実践の導きとして未来の事象を予想するための道具である」と言う。

しかし、「よさそうな」方法をどうして決めることができようか。それは過去の実績による他はあるまい。とすれば、すべては昔からの、帰納法の正当化の問題に立ち戻ったこととなる。今日まで成功した方法（「支持率」の理論）が明日もまた成功するという保証があるだろうか、この問題である。これは全く単純な問題である。しかし、ここまでに検討してきたどの確率理論も、その数学的ものものしさにもかかわらずこの単純な問題に答えることができないのである。その理由もまた単純である。この問題は数学的問題ではないからである。確率論のはなばなしい成功は、「今日もまたこれまで通り」ということの保証を与えることができたことに基づくのではなく、逆に、保証なしで「今日もまたこれまで通り」であったことに基づくのである。

## 7　帰納法の正当化

こうして如何なる解釈をとろうと、確率論は帰納の意味を明確にはしたが、帰納の問題に解決を与えることができなかった。むしろ確率論の経験への適用可能性が帰納の正当化に依存するのである。これは既にヒューム（Wright〔26〕p. 223による）が明瞭に述べていた考えをあらためて再確認することになる。「いや、更に、未来は過去に沿うということを確率的な議論で示せなかったと言いたい。確率的な議論はすべてこの未来は過去に沿うという前提の上に立っており、したがってそれを決して証明できない。この未来と過去のconformityはmatter of factなのである」。

多くの人がこれと同じ結論に導かれている。しかし、この結論がでる理由、またこの結論の意味するところはヒュームと同じではない。ストローソン（Strawson〔20〕9章、10–12）は、個々の法律の是非を判定する法体系そのものの正当化を云々するのが無意味と同様、帰納法そのものの正当化は意味を持ちえない、と言う。未知の事態を知るのに「成功」する方法を「帰納」と呼ぶのだから、「帰納」が「成功」するということは分析的に真なのであり、したがって「成功」によって「帰納」を正当化するということが無意味なのである。カルナップ（〔2〕§41, F）にあっては、確率の高い命題が的中する確率が高い、ということは分析的真理であり、それに従って行動することはその成功失敗に全く関係ない「合理的」reasonable なのである。一方、帰納法の正当化が不可能なことは、これまた分析的に正しく（Wright〔26〕IX章）、その不可能性は、古代の円の平方化の問題と同様に、論理的な不可能性である（Black〔1〕p. 159）。

しかし、これで帰納の正当化の問題が「消失」し（Wright）、この問題が未解決であることではなく、それがまだ問題として残っていることこそ哲学のスキャンダル（Black）だと言えようか。私はそうは思わない。

正当化が論理的に不可能だ、ということは全く正しい。理由は簡単で、ヒュームの言う通り、過去が未来を些かでも規定するという保証が些かもないからである。しかも、何の正当性もなくわれわれは現に無数の帰納を行なっている。それが定義上「合理的」だからである、と言うことは念入りな冗談と言う以外にはない。

何と言われようと明白なことは、われわれが未来は過去に似るという信念に賭けていることである。この賭に明日も勝つという保証は一切ない。過去の成功は未来の成功を何ら保証しないからである。しかし、この賭はわれわれの「生き方」を形成する骨格なのである。この賭の上にわれわれの生活があるとか、この賭を基として生きている、というのではなく、この賭がわれわれの現に生きている「生き方」そのもの、少くともその部分なのである。この賭をしない、ということは現にしているような「生き方」をしないということなのである。この賭を含まない「生き方」がどのようなものであるのか、それを描写することはわれわれの言語ではできない。なぜならば、われわれの言葉はこの賭の中で作られた言葉だからである。「犬」という名詞一つをとっても、それはこの賭の言葉である。それは幾つかの属性の集合を意味し、この属性の集合が明日もまた今日までの如くであること、その意味が明日もまた今日までの如く解し解されるということ、この賭の中で作られた言葉なのである。またかりに、明日から毎日前日までの賭が敗れたとしても、われわれは賭を止めないだろう。明日もまた、今日までの如く、賭は敗れるという賭をするだろう。

日々の食事、就寝、覚醒、いや単に一つのものを何ものかとして見、聞くこともこの賭の中にあり、この賭の一部である。そして、科学的研究も確率論の応用もこの賭の中にあって、賭の一部を作っているのである。いかに賭けるか、つまりどのような内容の賭をするか、これは人によりまた時代により異なる。今日の「生き方」では、鰯の頭が災厄を防いだり、気胸療法が結核に対する有効性を持つことに賭けない。科学者は、百万年後の一日が24時間だとは賭けないし、五十億年後にも一日に朝があって陽が上ることには賭けない。

賭の中味は過去の経験、過去の事実の知識の大小、精度、科学理論の有様等によって変るのであり、従って「生き方」も変る。それは過去をどう見るか、どのような視点からどのようなまとめ方をして見るかによって変る。しかし、いかに見られるにせよ、そう見られた過去に、そう見られた点で、未来がその過去に似ると賭けることに変りはない。外挿法の基になる曲線が変れば、外挿値は変るが、外挿する、ということには変りがない。確率的判断についても同様である。保険会社が例えばカルナップの「支持率」で今日まで利益があったとすれば、明日も利益があるだろうと賭ける。しかし、もしその理論は過去100年の中1年の割合でしか成功していなかったことを知れば、今年成功しても、来年それが成功するとは賭けない。それは、過去の100年と同様、次の100年の中で1年だけ成功することに賭けるからなのである。また、或る原子核がこれまで1時間に100個に7個の割合で崩壊したが、特定の原子核が崩壊するかしないかを予測できなかった、そしてそれに理論的説明までついているとすれば、未来においても、その原子核の集団の1時間での崩壊の割合が7％であるが、特定の核のそれは予測できないことに賭けるのである（従ってこの賭は決定論、非決定論との問題には中立的である）。

この、未来と過去との類似、過去世界の世界像の未来への外挿はこれまで何の根拠もない独断的仮定として非難されてきた。しかし、これは仮定ではなく賭なのである。そして、何の根拠もない賭なのである。たしかにこの賭は賭け方（賭の中味）の不手際から、多くの誤りを犯し、絶えず訂正されてきた。しかし、全体としてこの賭は成功であったことに疑いない。今日までの人類の存続と繁栄がその証拠（というよりその記録）である。だが、明日の成功を保証するものは何一つとしてない。しかし、これがわれわれの今日まで生きてきた「生き方」なのである。ヒュームもまたこの生き方で生きた、或いは生き延びたのである。彼が単にこの賭を懐疑するだけにとどまらず、この賭をするのを拒絶したなら、彼の懐疑を記すこともできなかったはずである。

この賭、われわれの「生き方」は、些かの比喩もなくわれわれの住んできた世界の自然淘汰の合格生存者なのである。この世界はこの賭を成功させるような世界であったのである。では明日の世界は？　明日の世界での成功の保証は何もない。われわれはただ賭けるだけである。それが生きることだからである。さあ、賭けよう、さあ、生きよう、ととことん賭に敗れて息の根がとめられるまでこうするのがわれわれの生き方なのである。命を賭けねば命がないのである。

〔1〕 M. Black, *Problems of Analysis*, Cornell University Press, Ithaca, 1954.
〔2〕 R. Carnap, *Logical Foundations of Probability*, University of Chicago Press, 1951.
〔3〕 R. Carnap, *The Continuum of Inductive Methods*, University of Chicago Press, 1951.
〔4〕 N. Goodman, *Fact, Fiction and Forecast*, Harvard University Press, 1955.
〔5〕 C. Hempel, "A Purely Syntactical Definition of Confirmation," *Journal of Symbolic Logic*, Ⅷ, 1943.

〔6〕 D. Hume, *A Treatise on Human Nature*, 1739.

〔7〕 J. M. Keynes, *A Treatise on Probability*, London, New York, 1929.（11版）

〔8〕 Kneale, *Probability and Induction*, Clarendon Press, 1949.

〔9〕 Laplace, *Théorie analytique des probabilités*, Paris, 1812.

〔10〕 H. Margenau, *The Nature of Physical Reality*, McGraw-Hill, 1950.

〔11〕 J. S. Mill, *System of Logic*, Harper & Brothers, New York, 1850.

〔12〕 R. von Mises, *Probability, Statistics and Truth*, New York, 1939.（原本 *Wahrscheinlichkeit, Statistik und Wahrheit*, Wien, 1928）

〔13〕 E. Nagel, *Principles of the Theory of Probability*, University of Chicago Press, 1939.

〔14〕 K. Popper, *The Logic of Scientific Discovery*, Basic Books Inc., New York, 1959.（原本 *Logik der Forschung*, 1934）

〔15〕 B. Russell, *Human Knowledge; Its Scope and Limits*, Simon & Schuster, New York, 1948.

〔16〕 B. Russell, *The Problems of Philosophy*, Oxford University Press, 1959.（初版 1912）.

〔17〕 H. Reichenbach, *Wahrscheinlichkeitslehre*, Leiden, 1935.（英訳 *Theory of Probability*, Berkeley, 1949）

〔18〕 H. Reichenbach, *Experience and Prediction*, Chicago, 1938.

〔19〕 H. Reichenbach, "Die logischen Grundlagen des Wahrscheinlichkeitsbegriffs," *Erkenntnis*, 3, 1932–33.（英訳 Feigl, Brodbeck, *Readings in the Philosophy of Science*）

〔20〕 P. F. Strawson, *Introduction to Logical Theory*, Methuen & Co., London, 1952.
〔21〕 I. Scheffler, *The Anatomy of Inquiry*, Knopf, New York, 1963.
〔22〕 S. Toulmin, "Probability," *Essays in Conceptual Analysis*, ed. by A. Flew, Macmillan, London, 1960.
〔23〕 朝永振一郎『量子力学Ⅰ』みすず書房、一九五二年。
〔24〕 J. Wisdom, *Foundations of Inference in Natural Science*, Methuen, London, 1952.
〔25〕 L. Wittgenstein, *Tractatus Logico-Philosophicus*, Humanities Press, New York, 1951.
〔26〕 G. von Wright, *The Logical Problem of Induction*, Basil Blackwell, 1957.
〔27〕 G. von Wright, *A Treatise on Induction and Probability*, Routledge & Kegan Paul, London, 1951.
〔28〕 市井三郎『哲学的分析』岩波書店、一九六三年。

# 解説　立ち現われ論は観念論か

青山拓央

大森荘蔵の哲学は、咎《とが》めたくなる哲学である。将棋や囲碁で言う「咎める」とは、隙だらけに見える常識外の手に対し、的確にその欠陥を突くことだ。そうした手はしばしば挑発的であり、もしそのまま見過ごせば、一気に相手のペースとなりかねない。

大森の残した論文の多くは、一読した瞬間、どこかがおかしいと感じる。「この論文は間違っている、なぜなら……」と、自分の意見を述べたくなる。ところが、意見を述べていくうちに、隙に見えたものは隙でなくなり、挑発に見えたものは挑発でなくなり、異形の哲学的問題そのものが徐々に目の前に立ちあがってくる。大森哲学について特筆すべきは、読者を誘い込む、この力である。

隙があるだけの論文は、もちろん、こんな力をもたない。たんに奇抜な論文も、こんな力はもっていない。私自身、大森哲学の誘引力によって哲学を始めた一人として、優れた哲学的議論とは何よりも、咎めたくなる議論だと思うようになった。一般に、ほとんどの哲学論文は——残念ながら——ただ素通りされて終わる。あえて時間を割いてまで批判をしたくなる論文は少なく、まして、そうした批判を通じて、問題が立ちあがってくる論文はなお少ない。

本書『物と心』にも、咎めたくなる議論は多い。大森の著作群のなかでも、とくに多いと言えるだろう。それはつまり、大森のいくつかの名著のなかでも、選り抜きの名著だということだ。その大きな理由の一つは、本書における新奇な道具立てにある。その中心にあるのは「立ち現われ」であり、さらに、それを補完する「思い」や「虚想」や「抜き描き」である。

本書は論文集であり、どこから読むこともできるため、一気に最深部に触れたい読者は第6章から読むのもよいだろう。第6章の「ことだま論」には本書の要点が詰まっており、同章の第4節からは「立ち現われ」の詳細な検討もなされる（もちろん第1章から読んでもよいが、同章は執筆の時期が早いため、「立ち現われ」などの表現はまだ用いられていない）。

*

『物と心』に代表される中期大森哲学は、「立ち現われ一元論」としばしば称される。そこで執拗に拒まれているのは、対象と表象との二元論であり、その同曲異演としての、物と心との二元論である。このように書くと少々いかめしいが、大森はここできわめて素朴な――素朴すぎて異様な――実感を語ろうとしている。

いま私はこの解説の草稿を、京都の五重塔（東寺《とうじ》）の近くで書いている。前方には五重塔が知覚的に立ち現われており、さらに同時に、十年以上前に京都に来たときの出来事が思い的に立ち現われている。大森を真似てこのように述べるとき、肝心なのは、そうした立ち現われがじかに現われていることだ。

五重塔の実物（対象）があり、その像（表象）が見えているのではなく、十年以上前の出来事の実物があり、その像をいま思い浮かべているのでもない。像のような仲介物なしに、五重塔や十年以上前の出来事が、いまここにじかに現われていること。大森はこれをありのままの事実として認め、実物が何らかの処理を経た像として現われるという、二元論的な図式を退ける。

もし二元論的図式が正しいなら、私はけっして実物なるものに到達できないに違いない。その図式において、私が捉えうるのはすべて像であり――視覚・聴覚・触覚その他を経たものとしての――いっさいの像を介在しない実物とは何か、不明である。実物とは何かが分からない以上、ある像が実物の正確なコピーになっているかどうかを判断することも、私にはできない。

自然科学にて幾何学的に記述される物質が実物にあたると考えるのは「科学の罠」（本書第2章）であり、とりわけ、そうした物質が原因となって心に知覚像が生じるという見方を、大森は批判する。大森の一元論的見解からすれば、まず全体としての立ち現われがじかに在り、幾何学の表現を用いてその立ち現われを「思い」的に「抜き描き」したものが——すなわち思い的立ち現われの記述の一種が——自然科学での物質描写である。だから、物質としての五重塔が、その知覚像としての五重塔を作り出すということはない。前者も後者も、同じ一つの立ち現われにもともと含まれていたものであり、そこに実物と像の関係をあてはめようとするのは誤っている。

五重塔の軒下の鐘が揺れるとき、物質としての鐘と知覚像としての鐘はともに——同じ立ち現われのもとで「共変」的に——揺れるのであり、物質としての鐘が揺れたから知覚像としての鐘が揺れたのではない。そしてもちろん、知覚像としての鐘が揺れたから物質としての鐘が揺れたのでもない。五重塔だけでなく、光線や眼球や脳を例にとっても、大森のこの論点は揺るがない。私の脳が変化すれば五重塔の見えも変化するだろうが、これもまた共変であって、因果的な変化ではない（第2章第5節）。

物と心とをあえて区分して、いま述べたことを言い直すなら、物が心に先立つのでもなく、心が物に先立つのでもなく、同じ一つの立ち現われにおいて——立ち現われの様式の差異として——その区分が便宜的になしうるだけである。それゆえ、大森の立ち現われ一元論を観念論（すべてを心的なものに回収する一元論）と見なすことはできないが、私の知る限り、そうした誤解はかなり広まっているようだ。

＊

とはいえ、その誤解の流布には一定の根拠がある。いまから、その点を少し「咎めて」みたいが、その前に次の確認をしておこう。さきほど私は、過去の出来事を想起する際にも、自然科学的な物質記述をする際にも、思い的立ち現われが働くと述べた。思い的立ち現われの働きは広く、端的に言って、それは知覚的立ち現われ以外の立ち現われ様式の全体をカバーする。つまり、思い的立ち現われとは、非知覚的立ち現われのことである。

それゆえ、思い的立ち現われと知覚的立ち現われの差異を、物心の差異にそのまま重ねることはできない。思い的立ち現われのなかでは、出来事の想起や物質の記述のほかに、じつにさまざまなことがなされる。五重塔を前にして懐かしい気持ちとなるとき、懐かしさは思い的に立ち現われるが、重要なのはこうした「情」もまた、じかに立ち現われることだ。つまり五重塔は有情のものとして、すなわち「懐かしい五重塔」として初めから立ち現われる。無情の五重塔が原因となって、懐かしい気持ちが生じたのではない（抜き描きの図式はここでも一貫している）。

そして思い的立ち現われには、大森の言う「虚想」も含まれる（第10章第3節）。五重塔の正面を見ているとき、その背面は見えていない。だが私は、その背面の姿を想像しており、その架空の後姿をもったものとして五重塔を見ている。この架空の思いがあってこそ、五重塔は今ある通りに——つまり五重塔として——見えている。「虚想」とはこうした架空の思いであり、「この虚なる思いがこの実の世界で実の働きをする」(同節)。すなわち虚想の働きが、この現実を現実たらしめている。「実の働きをする」点が、虚想がたんなる空想と異なる点であり、そして、虚想が知覚にとって不可欠となる理由である。虚想は思い的立ち現われの一種であるが、それなしには、知覚的立ち現われは成立しない。大森はこの虚想の働きを、反事実的可能性などへと展開していくが(仮になめたなら甘いであろう砂糖は、その虚想がこめられた「甘い砂糖」として初めから立ち現われている)、たしかに反事実的可能性もまた、それなしには知覚が知覚として成立しがたいものだろう。

＊

物と心との二元論に立ち現われ一元論を対置させるとき、立ち現われ一元論を観念論と見なすことは、先述した意味で誤解だと言える。だが、その誤解にはわけがあり、それはつまるところ、大森の論文を他者であるわれわれが——厳密に言えば「私」が——読んでいることに起因する。

『物と心』での多くの議論には、意外なほどに論証がない。ただ大森が見たままの世界が描き出された議論と言える。「哲学は論証を重んじる」と学生によく伝えている身としては、『物と心』は客観的にその素晴らしさを規定しづらい著書である。にもかかわらず、同書が多くの人々の心を強くとらえてきたのは、大森が見たままの世界が——同書を読むことで——読者にも次第に見えてくるからである。事実、立ち現われ一元論の議論をある期間続けて読んでいると、本当に、世界がそのようなものに見えてくる。

こうした、大森から読者への立ち現われ一元論の伝達は、「心」の意味を二重化させる。この二重化が、立ち現われ一元論を観念論に見せる理由であり、そして、大森哲学がしばしば独我論的と言われる——だが、どのような意味で独我論的なのかは表現しがたい——理由の一つでもある。

もう一度、立ち現われの各様式と、物心の区別との関係を見ていこう。先述の通り、自然科学的な意味での「物」は、思い的立ち現われの一種——幾何学的な「思い」——として現われる。では、その他すべての立ち現われの様式は、一般的な意味での「心」に対応するのか。大森自身の叙述を見る限り、そのような理解は好ましくない。そもそも、立ち現われ一元論においては、「心」の領野を便宜的にさえ確保する理由が乏しい。なぜなら、すべてはじかに立ち現われており——知覚できないものでさえ「虚想」として立ち現われている——外部から隔てられた内部としての「心」は要求されないからだ。

しかし、大森の論述を私が読んで共感するとき、大森の語る立ち現われは、どうしても、こちらから隔てられている。内外の仕切りなど要らないという主張が、明らかにこの立ち現われの外側から——大森の立ち現われから——届いている。そのように読むのでないならば、大森の立ち現われ一元論に私が共感することはありえない。ある世界の形式論としてのみ立ち現われ一元論を理解するなら、それはたんに、大森が見ているらしい某世界についての、論証の欠けたスケッチにすぎない。

なるほど、その某世界には物と心との分断はないが、その世界全体が大森にとっての何かであり、私はその何かの外にいる。しかし、私が大森に共感し、私にとっての何かの外にこそ大森の何かがあると実感したとき、立ち現われ一元論は深い納得をもたらし、まさに世界はそのようなものに見える。問題は、その「何か」とは何かであり、それを「心」と呼んだとき、立ち現われ一元論は観念論と「誤解」される。

つまり、問題はこうである。物との対比にて「心」を考える限り、立ち現われ論はけっして観念論ではない。だが、他我との対比にて第二義の「心」を考えるとき、立ち現われ論は独我論的な性格をあらわにし、そして幸か不幸か、立ち現われ論が他者に共感されたとき、それは上記の意味での「観念論」となる。同じことを次のように表現することもできるだろう。心理—物理の二元論から立ち現われ一元論は解放されているが、主観—客観の二元論からは十分に解放されておらず、日常語としての「心」には、心理と主観との二義性がある、と。たとえば第3章「痛みと私」にて、物と心の対立を、物と「私」の対立として語るとき、大森もこの、「心」の二義性に揺れている。

*

大森の立ち現われの内部において「心」と世界の敷居が消えていくこと、つまり、思考や感情もまた世界のあり方に吸収されていくこと。これは重要な点であり、この点に注目した場合、立ち現われ論からは「心」が消える。大森はときにこのことを「主客」の消失として表現する。だが、第二義の「心」について主客はまったく消えておらず、それが一見、消えたように見えるのは、大森が初めから他者にとっての「心」を（他者にとっての「私」を）――他我問題を扱うときを除いて――議論の外に置いているからだ。

大森の叙述にて、第二義の「心」に代替する重責を果たしているのは「視点」である。大森はしばしば、知覚的立ち現われが特定の視点をもっていることを指摘する。知覚的立ち現われは、なぜか単一の視点をもっており、それを包含する立ち現われの全体が、現実の存在のすべてである（それは文字通り「すべて」であり、四次元的な宇宙全体が今ここに立ち現われている、とされる）。

「虚想」はこの単一の視点から逃れて、いわば、すべての虚の視点――それは空間的・時間的・様相的な仮の視点である――から見た現われを、現実の立ち現われのなかに持ち込むが、それでもなお、この単一の視点の特別さは消えない。「この虚なる思いがこの実の世界で実の働きをする」ことは、虚想が、実なる思いとして実の働きをすることとはまったく異なり、だからこそ、いま、ここからの立ち現われが、いま、ここからの立ち現われであることは、けっして揺るがない。「全宇宙は常時立ち現われているが、その立ち現われの姿は刻々と変貌する」（第8章第4節）。もし、虚想上の仮の諸視点が、この単一の視点と真に対等であるなら、全宇宙は——神の目からすべてを一望したように——ただ一つの立ち現われによって捉えられ、それが時間的に変化することはありえない。だが大森は上記の通り、虚想の働きをそのようなものとは考えていない。つまり、大森の立ち現われにはつねに特権的な視点があり、その視点から——そしてその視点からのみ——開かれた現実の世界が、第二義の「心」の代替品となる。だからこそ、立ち現われ論を観念論と「誤解」させる理由は、大森の議論それ自体にあり、読者にとって彼の議論はどうしても独我論的な色彩を帯びる。

*

立ち現われ論の一側面に焦点をあてた解説をしてきたが、『物と心』に含まれる興味深い考察はまだ多い。たとえば第Ⅱ部の各章では、意味抜きの言語論が展開される。そこでは、実物—像の仲介物としての「意味」が消去され、声によってじかに物事が立ち現わされる（「声振《こわぶ》り」論）。あるいは第Ⅳ部の各章では、論理・時間・確率についてのまとまった考察を読むこともできる。これらはいずれも、それぞれについて咎める価値をもった議論である。

最後に、この解説の場を借りて、少しだけ雑感を述べさせて頂きたい。本書での瑞々しい大森の論考に対し、古き良き時代への憧憬を抱く研究者は多いだろう。とりわけ国際《グローバル》化のような題目に縛られず、散文的に、直截《ちょくせつ》に、哲学ができた時代への。

今日、大森のような論文を書いても、それが研究の「業績」として認められるかどうかは怪しい。海外文献にほとんど触れず（たまに触れても我田引水の）、日本語ならではの表現に満ちた、著者自身の問いと納得にこだわった論文が。しかし、過去の哲学史において十分に国際化しえた哲学は、多かれ少なかれ大森の哲学に似た、内向きな《ドメスティック》――そもそも外など気にしない――性格をもっており、その種子が大切に育てられた結果、国際的なものとなったにすぎない。

海外の最新の哲学が好きで、追いかけたい人は、それをすればよい。そこに自分で付け足せるものがあれば、さまざまな言語でそれを書けばよい。こうした営みは、もちろん価値をもつ。だが、日本の哲学研究の国際化なるものが本当になされたとすれば、それはまず何よりも、「いま日本では何が論じられているのか」という質問に、答えをもっていることだろう。「あなたの国と同じです」という答えとは違った答えを。

大森荘蔵の哲学は、少なくとも一時、その答えとなりえた。それは大森だけの手柄ではなく、彼が内向きに撒いた種子に、人々が水をやったためである（その記録は現在、幾人かの著作で読むことができる)。とはいえ、人々が水をやったのは、結局、大森の力によるのかもしれない。つまり、彼の哲学に秘められた、どうしてもそれを咎めたくさせる力に。恐るべきことに、彼は死後もなお、その力を持ち続けている。本書を読んだ方もまた、その力に動かされるに違いない。

# 初出一覧

## I

科学の地形、と哲学（原題 哲学的議論）
……… 岩波講座『哲学』Ⅶ“哲学の概念と方法”岩波書店、1968年
科学の罠 ……………………………………『理想』1974年9月号、理想社
痛みと私 ……………………………………『心』1975年11月号、平凡社
無心の言葉 ……… 日本文化会議シンポジウム“ことばと文化”1975年
ロボットと意識
……………… 関英男編『ロボットロジー』ダイヤモンド社、1971年

## II

ことだま論 ……『講座哲学』2“世界と知識”東京大学出版会、1973年
記号？ 意味？（原題 ことばと物事）
……… 滝田文彦編『言語・人間・文化』日本放送出版協会、1975年
宇宙風景の「もの－ごと」……………『理想』1975年10月号、理想社

## III

三つの比喩 ……………………………『理想』1973年11月号、理想社
虚想の公認を求めて ……………………『思想』1975年4月号、岩波書店
ナンセンス　その詩と真実
……『別冊現代詩手帖』第2号“ルイス・キャロル”思潮社、1972年

## IV

論理と世界
………… 大森荘蔵・城塚登編『論理学のすすめ』筑摩書房、1971年
時の迷路 …………………………『言語』1973年10月号、大修館書店
帰納と確率 …………… 岩波講座『哲学』X“論理”岩波書店、1968年

本書は一九七六年二月二十五日、東京大学出版会より刊行された。文庫化にあたり『大森荘蔵著作集』第四巻（岩波書店、一九九九年三月八日刊）を適宜参照した。［　］内はちくま学芸文庫編集部による補足である。

増補 ソクラテス　岩田靖夫

ソクラテス哲学の核心には「無知の自覚」と倫理的信念に基づく「反駁的対話」がある。その意味と構造を読み解き、西洋哲学の起源に迫る最良の入門書。

重力と恩寵　シモーヌ・ヴェイユ　田辺保訳

「重力」に似たものから、どのようにして免れればよいのか……ただ「恩寵」によって。苛烈な自己無化への意志に貫れた、独自の思索の断想集。ティボン編。

ヴェーユの哲学講義　シモーヌ・ヴェーユ　渡辺一民／川村孝則訳

心理学にはじまり意識・国家・身体を考察するリセ最高学年哲学学級で一年にわたり行われた独創的かつ自由な講義の記録。ヴェーユの思想の原点。

工場日記　シモーヌ・ヴェイユ　田辺保訳

人間のありのままの姿を知り、愛し、そこで生きたい――女工となった哲学者が、極限の状況で自己犠牲と献身について考え抜き、克明に綴った、魂の記録。

有閑階級の理論　ソースティン・ヴェブレン　高哲男訳

ファッション、ギャンブル、スポーツに通底する古代略奪文化の痕跡を「顕示的消費」として剔抉した、経済人類学・消費社会論的思索の嚆矢。

論理哲学論考　L・ウィトゲンシュタイン　中平浩司訳

世界を思考の限界にまで分析し、伝統的な哲学問題すべてを解消する――二〇世紀哲学を決定づけた著者の野心作。生前刊行した唯一の哲学書。新訳。

青色本　L・ウィトゲンシュタイン　大森荘蔵訳

「語の意味とは何か」。端的な問いかけで始まるこのコンパクトな書は、初めて読むウィトゲンシュタインとして最適な一冊。（野矢茂樹）

法の概念〔第3版〕　H・L・A・ハート　長谷部恭男訳

法とは何か。ルールの秩序という観念でこの難問に立ち向かい、法哲学の新たな地平を拓いた名著。批判に応える「後記」を含め、平明な新訳でおくる。

解釈としての社会批判　マイケル・ウォルツァー　大川正彦／川本隆史訳

社会の不正を糺すのに、普遍的な道徳を振りかざすだけでは有効でない。暮らしに根ざしながら同時にラディカルな批判が必要だ。その可能性を探究する。

**大衆の反逆**
オルテガ・イ・ガセット
神吉敬三訳
二〇世紀の初頭、《大衆》という現象の出現とその功罪を論じながら、自ら進んで困難に立ち向かう《真の貴族》という概念を対置した警世の書。

**死にいたる病**
S・キルケゴール
桝田啓三郎訳
死にいたる病とは絶望であり、絶望を深く自覚し神の前に自己をすてる。実存的な思索の深まりをデンマーク語原著から訳出し、詳細な注を付す。

**ニーチェと悪循環**
ピエール・クロソウスキー
兼子正勝訳
永劫回帰の啓示がニーチェに与えたものは、同一性の下に潜在する無数の強度の解放である。二十一世紀にあざやかに蘇る、逸脱のニーチェ論。

**世界制作の方法**
ネルソン・グッドマン
菅野盾樹訳
世界は「ある」のではなく、「制作」されるのだ。芸術・科学・日常経験・知覚など、幅広い分野で徹底した思索を行ったアメリカ現代哲学の重要著作。

**新編 現代の君主**
アントニオ・グラムシ
上村忠男編訳
労働運動を組織しイタリア共産党を指導したグラムシ。獄中で綴られたそのテキストから、いま読み直されるべき重要な29篇を選りすぐり注解する。

**ハイデッガー『存在と時間』註解**
マイケル・ゲルヴェン
長谷川西涯訳
難解をもって知られる『存在と時間』全八三節の思考を、初学者にも一歩一歩追体験させ、高度な内容を読者に確信させ納得させる唯一の註解書。

**色彩論**
ゲーテ
木村直司訳
数学的・機械論的近代自然科学と一線を画し、自然の中に「精神」を読みとろうとする特異で巨大な自然観を示した思想家・ゲーテの不朽の業績。

**倫理問題101問**
マーティン・コーエン
榑沼範久訳
何が正しいことなのか。医療・法律・環境問題等、私たちの周りに溢れる倫理的なジレンマから101の題材を取り上げて、ユーモアも交えて考える。

**哲学101問**
マーティン・コーエン
矢橋明郎訳
全てのカラスが黒いことを証明するには？ コンピュータと人間の違いは？ 哲学者たちが頭を捻った101問を、譬話で考える楽しい哲学読み物。

命題コレクション　哲学　坂部恵／加藤尚武編

ソクラテスからデリダまで古今の哲学者52名の思想について、日本の研究者がひとつの言葉（命題）を引用しながら丁寧に解説する。

命題コレクション　社会学　作田啓一／井上俊編

社会学の生命がかよう具体的な内容を、各分野の第一人者が簡潔かつ読んで面白い48の命題の形で提示した、定評ある社会学辞典。（近森高明）

貨幣論　岩井克人

貨幣とは何か？　おびただしい解答があるこの命題に、『資本論』を批判的に解読することにより最終解答を与えようとするスリリングな論考。

二十一世紀の資本主義論　岩井克人

市場経済にとっての真の危機、それは「ハイパー・インフレーション」である。21世紀の資本主義のゆくえ、市民社会のありかたを問う先鋭的論考。

相対主義の極北　入不二基義

絶対的な真理など存在しない――こうした相対主義の論理を極限まで純化し蒸発させたとき、そこに現れる「無」以上の「無」とは？　（野矢茂樹）

スピノザ『神学政治論』を読む　上野修

聖書の信仰と理性の自由は果たして両立できるか。スピノザはこの難問を、大いなる逆説をもって考え抜いた。『神学政治論』の謎をあざやかに読み解く。

知の構築とその呪縛　大森荘蔵

西欧近代の科学革命を精査することによって、二元論による世界の死物化という近代科学の陥穽を克服する方途を探る。（野家啓一）

ヘーゲルの精神現象学　金子武蔵

ヘーゲルの主著『精神現象学』の完訳を果たした著者による平易な入門書。晦渋・難解な本文に分け入り、ヘーゲル哲学の全貌を一望する。（小倉志祥）

歴史・科学・現代　加藤周一

知の巨人が、丸山真男、湯川秀樹、サルトルをはじめとする各界の第一人者とともに、戦後日本の思想と文化を縦横に語り合う。（鷲巣力）

**『日本文学史序説』補講**　加藤周一

文学とは何か、〈日本的〉とはどういうことか、不朽の名著について、著者自らが縦横に語った講義録。大江健三郎氏らによる「もう一つの補講」を増補。

**沈黙の宗教――儒教**　加地伸行

日本人の死生観の深層には生命の連続を重視する儒教がある。墓や位牌、祖先祭祀などの機能と構造や歴史を読み解き、儒教の現代性を解き明かす。

**中国人の論理学**　加地伸行

毛沢東の著作や中国文化の中から論理学上の中国的特性を抽出し、中国人が二千数百年にわたって追求してきた哲学的主題を照らし出すユニークな論考。

**あいだ**　木村敏

自己と環境との出会いの原理である共通感覚「あいだ」。その構造をゲシュタルトクライス理論および西田哲学を参照しつつ論じる好著。（谷徹）

**自分ということ**　木村敏

自己と時間の病理をたどり、存在者自己と自己の存在それ自体の間に広がる「あいだ」を論じる木村哲学の入門書。（小林敏明）

**自己・あいだ・時間**　木村敏

間主観性の病態である分裂病に「時間」の要素を導入し、現象学的思索を展開する。精神病理学者である著者の代表的論考を収録。（野家啓一）

**分裂病と他者**　木村敏

分裂病者の「他者」問題を徹底して掘り下げた木村精神病理学の画期的論考。「あいだ＝いま」を見つめ開かれる「臨床哲学」の地平。（坂部恵）

**新編 分裂病の現象学**　木村敏

分裂病を人間存在の根底に内在する自己分裂に根差すものと捉え、現象学的病理学からその自己意識や時間体験に迫る、木村哲学の原型。（内海健）

**ドイツ観念論とは何か**　久保陽一

ドイツ観念論は「疾風怒濤」の時代を担った様々な思想家たちとの交流から生まれたものだった。その実情を探り、カント以後の形而上学の可能性を問う。

レヴィナスを読む　合田正人

アウシュヴィッツという異常な事態を経験した人間の運命と向き合う思想家レヴィナス。その眼差しを通し、他者・責任など時代の倫理を探る。

増補改訂 剣の精神誌　甲野善紀

千回を超す試合に一度も敗れなかった江戸中期の天才剣客真里谷円四郎。その剣技の成立過程に焦点を当て、日本の「武」の精神文化の深奥を探る。

増補 民族という虚構　小坂井敏晶

〈民族〉は、いかなる構造と機能を持つのか。血縁・文化連続性・記憶の再検証によって我々の常識を覆し、開かれた共同体概念の構築を試みた画期的論考。

朱子学と陽明学　小島毅

近世儒教を代表し、東アジアの思想文化に多大な影響を与えた朱子学と陽明学。この二大流派の由来と実像に迫る。通俗的理解を一蹴する入門書決定版！

増補 靖国史観　小島毅

靖国神社の思想的根拠は、神道というよりも儒教にある！　幕末・維新の思想史をたどり近代史観の独善性を暴き出した快著の増補決定版。（與那覇潤）

かたり　坂部恵

物語は文学だけでなく、哲学、言語学、科学的理論にもある。あらゆる学問を貫く「物語」についての領域横断的論考。（野家啓一）

流言蜚語　清水幾太郎

危機や災害と切り離せない流言蜚語はどのような機能と構造を備えているのだろうか。つかみにくい実態を鮮やかに捌いた歴史的名著。（松原隆一郎）

現代思想の冒険　竹田青嗣

「裸の王様」を見破る力、これこそが本当の思想だ！　この観点から現代思想の流れを大胆に整理し、明快に解読したスリリングな入門書。

自分を知るための 哲学入門　竹田青嗣

哲学とはよく生きるためのアートなのだ！　その読みどころを極めて親切に、とても大胆に元気に考えた、斬新な入門書。哲学がはじめてわかる！

ちくま学芸文庫

物《もの》と心《こころ》

二〇一五年一月十日　第一刷発行

著者　大森荘蔵（おおもり・しょうぞう）

発行者　熊沢敏之

発行所　株式会社　筑摩書房
東京都台東区蔵前二―五―三　〒一一一―八七五五
振替〇〇一六〇―八―四一二三

装幀者　安野光雅

印刷所　株式会社加藤文明社

製本所　株式会社積信堂

乱丁・落丁本の場合は、左記宛にご送付下さい。
送料小社負担でお取り替えいたします。
ご注文・お問い合わせも左記へお願いします。
筑摩書房サービスセンター
埼玉県さいたま市北区櫛引町二―六〇四　〒三三一―八五〇七
電話番号　〇四八―六五一―〇〇五三



ISBN978-4-480-09643-2 C0110